世界大学ランキングと知の序列化

大学評価と国際競争を問う

石川真由美 編

目　次

序章　大学ランキングと知の序列化
　　── 国際競争のなかの日本の大学（石川真由美）　　1

1　「学術軍拡」と日本の大学　　3
2　ランキング低下と大学批判　　10
3　ランキング時代の大学と研究　　15
4　知のヘゲモニーを超えて　　27

第1部　大学ランキングの社会経済構造

chapter 1　誰のために，何のために？
　　── 大学ランキングと国家間競争（スーザン・ライト）　　37

1　教育の技法から監査の技法へ
　　── 序列化の技法に荷担する大学　　39
2　成績序列化の社会史　　40
3　グローバル・スケールへの転換と競争国家　　46
4　説明責任としてのランキングか，それとも駆け引きとしての
　　ランキングか？　　50
5　ランキングと世界の留学生市場　　56
6　大学は内省的な実践者を育てうるのか　　62

chapter 2　科学と民主主義の問題としての「大学ランキング」
　　　　　　（佐藤文隆）　　　　　　　　　　　　　　　69

1　歴史的・体験的素描　　　　　　　　　　　　　　　72
2　ポリアーキーとしての「大学と研究」　　　　　　　83

第 2 部　世界で評価されるとは ── 現場からの報告

chapter 3　高等教育のグローバル競争とキャッチアップ終焉意識
　　　　　　（苅谷剛彦）　　　　　　　　　　　　　　99

1　奇妙な序列意識と焦燥感はどこから来たか ── 問題の設定　　101
2　「遅れている我々」── 問題構築の出発点　　　　　　102
3　二つのレンズ ── キャッチアップとその終焉　　　　107
4　キャッチアップ時代と終焉宣言時代との認識のズレと共通性　　115
5　二つのレンズから解釈できる現代の問題構成 ── 考察と結論　　123

chapter 4　「周辺」からの抵抗
　　　　　── 英語出版の試みに関する私的ノート（杉本良夫）　131

1　アクシデンタル・ソシオロジト　　　　　　　　　133
2　英語出版の実験　　　　　　　　　　　　　　　141
3　エミック・エティックの交錯　　　　　　　　　153

chapter 5　知のコミュニケーションの再構築へ
　　　　　── 学術出版からランキングと大学評価を考える（鈴木哲也）　159

1　「ランキング」の前提に問題は無いか？
　　── 学術コミュニケーションからの問い　161
2　学術コミュニケーションの実態を計測できないビブリオメトリクスの問題点　164
3　メディア・コングロマリットの支配と「ランキング」　169
4　大学の側に内在する問題点
　　── とりわけ人文学・社会科学と社会の関係性について　183
5　「専門外への関心」を育む大学を ── 評価を支える知の再構築へ　189

第3部　ランキングと世界の高等教育の再編成

chapter 6　大学の「ワールド・クラス」競争と
　　　　　世界的な階級（クラス）闘争（デイヴィッド・ポスト）　199

1　「ワールド・クラス・ユニバーシティ」の優位性に関する三つの古典的な視点　202
2　意図した結果と意図せざる結果　206
3　知識労働者たちは基準を自ら定められるか ── 結びの問い　213

chapter 7　高等教育グローバル化に目覚めた中国
　　　　　── 大学の国際化と海外拠点の活動を通して（大谷順子）　217

1　大学グローバル化の参与観察 ── 最前線からのレポート　219
2　大学グローバル化の情報チャネルとしての海外拠点事務所　227
3　中国における高等教育のグローバル化の波　229

4 世界ランキングの中の中国とどう向き合うか	238

chapter 8　台湾学術界における SSCI 症候群（周祝瑛） 241

1 新自由主義の台頭と台湾の高等教育	243
2 政策の転換	244
3 SSCI 症候群	251

chapter 9　東アジアの高等教育の変容と世界大学ランキング
—— 中国・香港・日本における研究評価の比較（李軍） 269

1 研究大学変容の経験を国際比較する	271
2 中国，香港，日本の事例と政策環境	276
3 研究活動はどう変わったか	281
4 研究評価の影響	289
5 ランキング・システムの矛盾	291

第4部　新しいメトリクスのために

chapter 10　比較可能なデータシステム構築のために
—— 欧州における新たなランキング・研究評価の動向
（藤井翔太） 297

1 あたらしい評価・ベンチマーキング方法の登場	299
2 最新のランキング動向と今後の予測	301
3 U-Multirank が映し出すもの	305
4 REF のインパクト評価にみる研究成果の可視化	310

5 比較可能なデータシステムの構築のために　　　320

chapter 11　学問分野による「卓越性」指標の多様性
　　　　　　── 多様な研究成果への報償の必要（林隆之・土屋俊）　325

1 はじめに　　　327
2 ビブリオメトリクス指標の適用可能範囲　　　331
3 ピアレビューとの関係　　　335
4 卓越性を示す多様な指標　　　338
5 おわりに　　　343

基礎解説1　世界大学ランキングの概要　　　346
基礎解説2　研究の計量評価の問題点
　　　　　　── 「ビブリオメトリクス」データとランキング ──　355

あとがき　　　361

索引　　　364

執筆者紹介　　　372

大学ランキングと知の序列化
―― 国際競争のなかの日本の大学

石川真由美

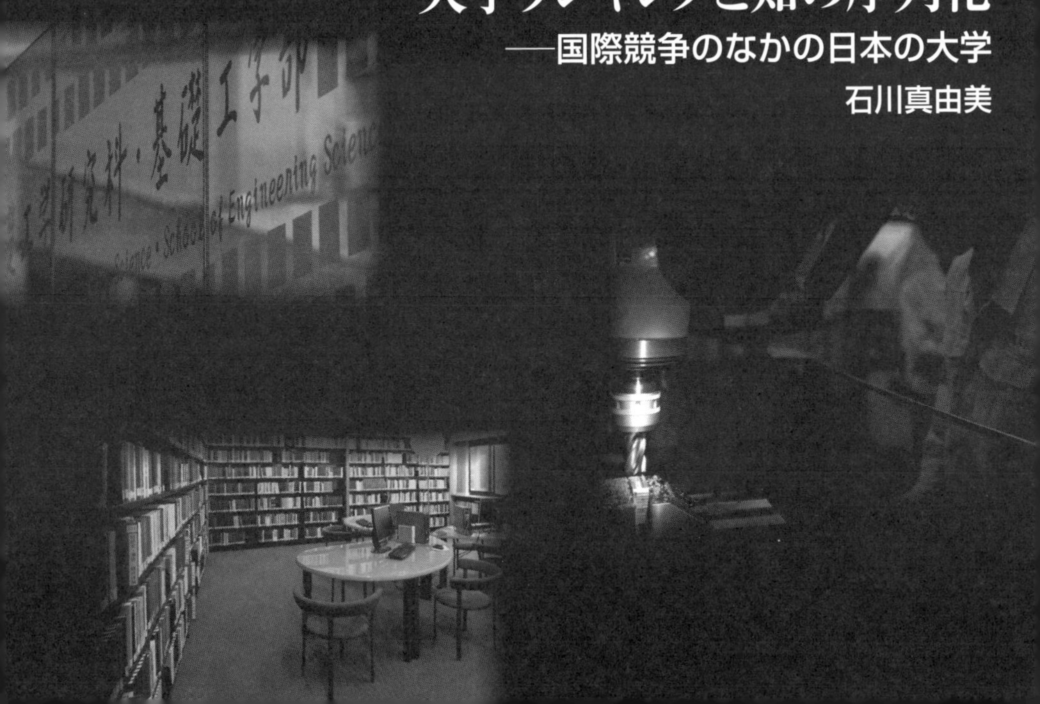

本章には，Ishikawa, M. (2014). Ranking Regime and the Future of Vernacular Scholarship. *Education Policy Analysis Archives*, 22(30). http://dx.doi.org/10.14507/epaa.v22n30.2014. を改訂した内容を含む。

1 「学術軍拡」と日本の大学

(1) 世界大学ランキングと国家の威信

　世界大学ランキングが「学術版の軍拡」(Hazelkorn, 2008: 209) とも称される世界競争を生んでいる。多くの国が「わが国の○校をトップ○位入りさせる」という目標を掲げ,「ワールド・クラス」「トップ」「エクセレント」等と名付けた政策で重点大学へのテコ入れを行っている。例えば,中国は世界的なトップ大学建設を目指す「211 工程 (プロジェクト)」「985 工程」を経て,ワールド・クラスの大学建設を目指し (本書第 9 章李論文参照),さらに厳しい大学間競争と峻別による C9 (チャイニーズ・アイビーリーグ) への資金集中を行ってきた。その結果,上海交通大学の実施する世界大学ランキングのトップ 500 にランク入りする中国の大学が 2004 年の 8 校から 2015 年には 32 校に急増するなど,年々存在感を増している。ちなみに 2015 年にトップ 500 位入りした日本の大学数は 18 校である。さらに他のアジア諸国に目を転じると,韓国の「ワールドクラス大学プロジェクト」,台湾の「5 年 500 億計画」,シンガポールの海外著名大学誘致策による大学国際化と強化策など,様々な競争的政策の例を挙げることができる。世界大学ランキングにおいて存在感を示し得ていなかったロシアも,2020 年までに 5 大学をトップ 100 入りさせることを目指す「5/100 計画」を 2013 年に開始した。欧州も例外ではなく,本書第 1 章ではスーザン・ライトがヨーロッパ・トップ 10 に 1 校,世界 100 位に 2 校のランク・インを目指すデンマークの事例を紹介している。大学のワールド・クラス化計画は,外国人留学生と研究者の増加,特に国際的に著名な研究者の招致,英語論文の刊行,英語での講義の拡充,

といった国際化の試みとしばしば並行して推進される[1]。

このように世界規模で大学序列争いが激化するなか,わが国では2013年,下村博文前文部科学大臣が「世界大学ランキング100位以内に日本の大学を10校入れる」という目標を発表した。どの世界大学ランキングでの順位向上を目指すのか記者会見での明言はなかったが,産業競争力会議への提出資料[2]にはタイムズ・ハイアー・エデュケーション（THE）世界大学ランキングの結果が示されており,このTHEランキングに政府が注目していることがわかる。さらに,世界のトップ大学と比較して劣っている領域として,「論文引用」と「国際指標」が挙げられた。つまり,日本の大学には,これらの「弱い」分野で,国際共著論文の増加や外国人教員の呼び込み,留学生数増加などの成績向上の努力をすることが期待されている。これらの目標を達成するために,文部科学省は2014年から10年間にわたり,大学国際化を重点的に支援する「スーパーグローバル大学創生支援」事業を開始した（第3章苅谷論文参照）。このようにして,世界大学ランキングは,日本の大学の国際競争力や存在感を計る尺度として公認されるに至る（石川,2015）。

多種多様な世界の大学を同じ尺度で数値化・序列化するランキングは,「妥当性も,厳密さも,意味のある価値もない」（Boulton, 2010: 5）と批判されてきた。にもかかわらず,大学は自らの順位を上げるために,格付け機関の採点方法にあわせてパフォーマンスを向上させる誘惑にかられる（Rauhvargers, 2011: 15）。このような状況で,さらにランク上昇を自国政府から要請される

---

1) 各国の例については,中国Mohrman (2008); Guo & Ngok (2008), Oleksiyenko (2014: 489-492), 韓国のShin (2009); Kim & Nam (2007), 台湾Lo (2013); Song & Tai (2007), シンガポールSidhu (2005), ロシアOleksiyenko (2014: 491)を参照されたい。
2) 下村博文文科大臣が第7回産業競争力会議に提出した文書。2013年4月23日付け首相官邸ウェブサイト http://www.kantei.go.jp/jp/singi/keizaisaisei/skkkaigi/dai7/siryou07.pdf を参照。国立大学改革によって,今後10年以内に少なくとも10校を世界の大学ランキング100位以内にするという政策目標は,2013年6月14日の閣議で採択された安倍首相の「日本再興戦略 ── Japan is Back」に盛り込まれている。

ようになる。大学ランキングの影響力が高まるに従って，国際的な名声や評判が大学にとって重要性を増すとともに，国のパフォーマンスも注目されるようになった。「美人コンテスト」(Cantwell & Taylor, 2013: 201) とも揶揄されてきた大学ランキングであるが，機関別の順位だけでなく「国別」の評価も公表されるため，まるで国家の威信をかけたオリンピックのメダル争いのような様相も呈し始めている。今や「評価対象とされるのは，個々の学生の質（学力）ではなく，国の教育制度全体の質なのである」(Brown, Lauder & Ashton, 2008: 133)。すなわち，第1章（ライト論文）が指摘するように，ランキング＝「競争国家の成績表」と化したわけである。

(2) 世界大学ランキングと評価・認定ツールの混同

多くの政府や機関が，自国を代表する研究大学の国際的な地位や評価を高めるため，様々な取組を導入している (cf. Altbach & Balán, 2007; Hazelkorn, 2008)。とりわけアジア諸国の政府はランキングに過敏とも言われており (Lo, 2013: 462; Shin & Cummings, 2010: 581-2)，わが近隣諸国の高等教育機関と研究者たちは，所属機関のランキングと評価を高めるべく研究を行い成果を挙げるプレッシャーにさらされている。このような動きのなかで，もともと海外の格付け機関やメディアが商業目的で行っている世界大学ランキングが，高等教育の評価・認定と混同され (Hazelkorn, 2008: 211)，さらには大学のパフォーマンスを評価する政策ツールとして誤用されるという問題さえ起きつつある (Hazelkorn, 2008; Deem, Mok & Lucas, 2008)。

大学ランキング向上の圧力によって，例えば周祝瑛（第8章）が指摘するように，台湾では，政府が英語中心の雑誌データベースを研究評価ツールに採用したことに人文・社会科学系の研究者たちが強く反発している。また韓国でも，多くの大学が大学ランキングに用いられる指標を学問領域に関わり

なく研究評価に採用していることが指摘されている。このような評価手法では，国内の学術雑誌論文や書籍よりも国際的な学術雑誌論文の出版の方が高く評価されるため，昇進や給与の査定において，自国語で研究成果を発信してきた人文・社会科学系の研究者が不利益を被る（第 8 章および Chu, 2009; Shin & Cumming, 2010: 591-3）。その結果として，国内のニーズに応える研究や自国語による研究への関心が薄れる懸念が指摘されている[3]。このような状況は単に対岸の火事と考えることはできない。

　他方，大学ランキングで評価に使われる英語学術雑誌論文出版数や被引用数などのビブリオメトリクス指標（本書巻末「基礎解説 2」参照）が，多くの国で研究者の人事査定・評価と明確に結びついていることで，非英語圏諸国においても英語論文数が急速に伸びている。例えば，採用・報償・昇進などの人事評価と国際雑誌の論文刊行実績が明確に結びつけられている中国においては（第 7 章大谷論文，第 9 章李論文），2000 年から 2012 年までの間に国際雑誌論文総数が 6 倍以上に，論文数の世界シェアも 3.8 パーセントから 14.3 パーセントへと急伸し，国際的な存在感とランキング順位を高めている。韓国の総論文数も同時期にほぼ 3.5 倍に伸びている。一方で日本の論文数の伸びは 7.6 パーセント，世界シェアは 9.4 パーセントから 6.1 パーセントへと下がっている[4]。同じ時期に，データベースに所収される総論文数はほぼ 1.7 倍に増加していることからみると，論文数でみる日本の学術生産性は停滞と言うよりむしろ減少していると捉えられる。

　数値による評価に問題があることは第 1 章でライトが，第 11 章で林隆之と土屋俊が指摘する通りである。学術出版業界の寡占化や雑誌価格高騰などの状況もこれに由来するといってよい（第 5 章鈴木論文）。しかし，近隣諸国

---

3) 例えば，Chou (2014); Chou, Lin & Chiu (2013); Deem et al. (2008: 91); Kang (2009) を参照。

4) 『科学技術指標 2013 統計集』(MEXT, 2013) にあるトムソン・ロイター社 Web of Science (SCIE, CPCI: Science) のデータに基づき算定 pp. 126-132。

のめざましい学術生産の向上と存在感の拡大に，研究評価や大学ランキングの与えた影響は無視できない．

(3) 世界大学ランキングの投げかける問い

　日本国内では，大学の改革が叫ばれ，大学・学部の統廃合を含めた大規模な再編を進める動きが加速している．このような状況で，重要な政策ツールとして「世界大学ランキング」が使われることに対し，大学関係者からは困惑や反発の声があがっている．しかしながら，大学ランキングの順位の変動ばかりが注目される一方で，ランキング・システム自体が充分に理解されているとはいえない．また，グローバルな視点から，大学ランキングや数値指標の濫用が世界の知識生産にどのような影響を与えているのかを論じた研究もほとんどみられない．さらには，世界競争のなかで，わが国の大学の国際評価向上と存在感の拡大は，いかに達成されるべきなのか．ランキングへの注目の高まりに比べて，このような問いに対しても，国内での議論が活発になされているとは言い難い．

　以下，本章では，世界大学ランキングの影響力拡大が，非英語圏の社会における研究と知の構築にどのような影響を及ぼすのかを日本を具体的な事例として検討していきたい．極端に単純化された指標による大学序列化は，日本のような非英語圏において特に大きな問題を孕むことを，筆者はすでに指摘してきたが (Ishikawa, 2014, 2012 (2009))，本章ではまず世界大学ランキングへの注目が高まった日本国内の社会状況を次節で考察する．世界ランキングが国内で大きな注目を集めるようになったのは，2010 年に「日本の大学のランク凋落と国際存在感の低下」がメディアで報道された後のことである．国際ランキングが社会的な関心を呼び始めた背景について，ほぼ時期を同じくして顕著になった社会の大学への厳しい視線，企業からのグローバル

人材への要請や学生の「内向き」批判，雇用状況，省庁間対立などに注目し，これらの複数の要因が絡み合いながら，大学ランキングが国家競争力を測る尺度とされていったプロセスを明らかにする。

　続いて第3節では，世界大学ランキングの受容が日本の大学につきつける喫緊の課題を論じる。本章では，特に，1) 学術論文出版における文理二極性，2) 監査文化 (audit culture) の大学評価への影響，そして，3) ランク向上のための「選択と集中」政策（特定の機関や分野への資金集中）に焦点を当てる。大学ランキングのもたらす課題は数多いが，これらは本書に所収された多くの論考の議論に通底するものである。

　これらの諸課題は，世界大学ランキングが広く普及し，英語による研究成果特に欧米の学術雑誌論文の指標が評価対象とされる背景にある，論文数や被引用数等に基づいた「ビブリオメトリクス指標」（「基礎解説2」参照）による研究評価の拡大が広がったことに起因する[5]。近年，日本の大学の順位が各種ランキングで低下しているのは，これら欧米由来の指標において高く評価されないことが大きな要因であり[6]，そしこのような指標をめぐる攻防は，冒頭に述べた「学術軍拡」の前線ともなっている。そもそもビブリオメトリクス指標とは何であり，それがどのように使われているのかについては「基

---

5) ビブリオメトリック指標は，誤用をめぐって批判が繰り返されているにもかかわらず (例えば Anninos, 2013; Ciancanelli, 2007; Dolan, 2007: 25-28; Guédon, 2001; van Raan, 2005)，多くのランキングで研究パフォーマンスを測る尺度として用いられている。これらの指標は，英語の学術雑誌論文中心のデータベースに基づき，特に非英語の研究成果の多い各国における人文・社会科学系の論文については，ほとんど考慮されない（本書「基礎解説2」，第5章（鈴木論文），Montgomery, 2013: Chap. 4 などを参照）。

6) 調の分析（日本経済新聞2015年10月26日）によれば，2015年のTHEランキングにおける日本の大学の順位低下の一つの原因は，ビブリオメトリクス指標による評価，特に被引用数が低いことに原因がある。国際化スコアが低いことは喫緊の課題としても，ウェートの低さからたとえ国際化を飛躍的に進めても順位への影響は限定的と考えられる。

礎解説2」に譲るとして，本章では，まず人文・社会科学系の「自立性」と自然科学系の「国際性」（もしくは欧米「依存性」）が併存する日本の学術論文発信の二極分化の問題をとり上げる。

続く第3節では，欧米で問題視されてきた「測れる数値データに依拠する評価主義」（監査文化）のグローバルな拡散のもとでの日本の大学（特に国立大学）の機関評価を検討する。新自由主義的な監査文化の浸透の下，英米をはじめとする世界の大学は，いわば「世界大学ランキング向き」の体力をつけてきた。オーディット（監査）というゲームのルールに従って行動する大学と研究者に対しては，ランキングでそれなりの評価が与えられるからである。その基本理念は数による支配と測れるものへの信仰である。一方，日本では，組織としての大学に説明責任を求める声が強まり，評価はより厳しく細目にわたって実施され，大学の管理が強化されるようになってきた。しかしその一方，個々の研究と研究者に対する評価手法の確立が進んでいない。つまり，個人の評価が総体として機関の評価とはなっておらず，個人のパフォーマンスの向上と組織の評価向上が必ずしも結びついていないのである。

このような課題を抱えたままで「世界トップ大学」を目指せば，少数の大学や限られた分野への資金集中が加速することになる。しかしながら，大学改革は，世界における順位向上だけでなく，世界や地域社会の将来に貢献する研究を支え，個人のパフォーマンスを向上させると同時に，世代間やジェンダーの格差を解消し，評価の公平性と透明性を保証するというニーズにも対処しなければならない。我々は「スーパーグローバル」を目指すなかで，そのような方向に向かっているのだろうか。

世界大学ランキングのグローバルな拡大が投げかける問いは多い。しかし，我々は佐藤文隆が論ずるように，「社会における大学と研究の意味が変革する時代」（第2章）にいることを自覚し，将来と向き合わねばならない。その際に，「成熟した」国として日本は主体的に対処できるのか（第3章苅谷論文）。このような問題意識は，本書に所収された多くの論文が共有している。

2 ランキング低下と大学批判

(1) ランキング凋落の衝撃

 2010年, タイムズ・ハイアー・エデュケーション (THE) は, それまで大学ランキング作成のパートナーであったクアクアレリ・シモンズ社 (Quacquarelli Symonds: QS) との提携関係を解消し, トムソン・ロイター (Thomson Reuters) 社と共に新たな世界ランキングを発表した。「基礎解説1」で述べるように, 変更に伴う手法の改変は, 日本の大学の順位に大きな影響を与えた。例えば世界の上位200校入りした国内大学数が前年の11校から5校に減ったこと, アジアの大学の最高峰にあった東京大学が香港大学に抜かれたことなど, メディアは「日本の大学の凋落」として大きく報道したが[7], そこではTHEランキングが前年までのTHE-QSランキングとの連続性を欠き, 方法とアプローチを一新した事実は無視された。THEはその後2015年にも研究評価に使うデータベース会社を変え, 手法を改定し, その結果, 東京大学がシンガポール国立大学と北京大学に抜かれるなど, 日本の大学の順位が大幅に再下降したことは記憶に新しい。かくして2010年以降, 毎年発表される世界大学ランキングの成績動向が注目されるようになっている。結果が悪ければ識者や政治家などから嘆きの声, 厳しいコメントが相次ぎ, 良くも悪くも世界ランキングと日本の大学の国際的な存在感が広く社会

---

7) 例えば, 共同通信は「アジア1位は香港大, 東大抜く 世界大学ランキング」と題した記事を2010年9月16日配信し, THEで上位200校に入った日本の大学が減った一方で6校がランクインした中国に「アジア1位の座を奪われた」と報じた。また, 日本経済新聞が同年9月13日に, 朝日新聞が10月27日 (山根, 2010) に順位低下に関する記事を掲載した。

で注視されるようになった。

　多くの教育関係者は，ランキング凋落の報に接して，2003年のいわゆる「PISAショック」を想起したかもしれない。PISAとは，生徒の学習到達度を調べるOECDの「国際生徒評価のためのプログラム」のことである。PISAショックとは，同年の調査結果で，日本は数学的リテラシーが前回の1位から6位へ，読解力が8位から14位へと後退したことが国内で大きな波紋を呼んだことを指す。「国際的な成績悪化」により日本の教育制度への批判が高まった結果，初等・中等教育政策の見直しが行われるに至ったことは記憶に新しい（OECD編2012; Ishikawa, Fujii & Moehle, 2015: 83-85）。このエピソードは，21世紀の世論における国際競争力への期待，国内の教育政策の結果と質を検討するに当たって国際比較が重要という認識が国内社会にも広まったことを示している。世界大学ランキングやPISAが，国の威信をかけた「知識戦争」の舞台となり，その前線においては学校，大学，シンクタンク，研究機関等が競合している（Brown et al. 2008: 133，本書第1章ライト論文，第2章佐藤論文）。

　日本の大学の順位下落により国際的存在感が低下したという報道，しかも「タイムズ」という名前のブランド効果もあってか[8]，THE世界大学ランキングは日本で広く知られるに至った。皮肉なことに，この年の凋落報道により，国内におけるTHEの知名度は，先行する上海交通大学の世界大学学術ランキング（Academic Ranking of World Universities; ARWU，2003年開始）やQS世界大学ランキング（QS World University Rankings, 同2004年）をも凌ぐようになった。「基礎解説1」で詳しく述べるように，THEは，様々な大学ランキングのなかでも，これまで手法，提携先，使用データベース等をしばしば変更し

---

[8]　THEは英国の大学情報誌で，かつてタイムズ紙の付録紙Times Higher Education Supplement（THES）であった（現在は別会社）ことから，その名前とブランドイメージを維持している。しかしTHEランキングはあくまで商業ランキングの一つで，他のランキングに比べて特に伝統や格があるわけではない。

ており，一貫性に欠けることはよく知られている。これがある種の政策ツールとして参照され，順位向上が期待されたことには，少なからず問題がある。

(2) グローバル人材育成

折しも新 THE 世界大学ランキングの結果が大きく報道され，日本の大学の国際的存在感の低下やアジアの大学の追い上げが注目を集めた頃，日本人大学生の海外留学数の減少と「内向き志向」，海外で活躍できる「グローバル人材」育成の必要性が国内メディアでさかんに議論されるようになった。このような一連の動きと社会の変化，日本の大学にとっての意味について整理しておきたい。国内メディアの報道ぶりは，日本の大学の現状に対する社会，特に経済界の不満の声を反映していたと思われる。世界大学ランキングのトップ 200 校入りする日本の大学数が GDP に比べて低い（22 位）だけでなく，日本の大学の経済発展への貢献度も他の先進諸国より低い（Goodman, 2013: 38）という指摘もある。

日本政府による大学国際化の方針は，2008 年策定の「留学生 30 万人計画」のように，外国人留学生の受入数増加を明確な目標として設定していたが，2010 年代になると，日本人学生を国外に送り出し，将来グローバルに活躍できる人材の教育を行うことの重要性が強調されるようになった。2000 年以降，世界の留学生の数が急増するなか，日本人の高校生，大学生の海外留学数は伸び悩む状況で（OECD 2012: 362），日本の若者の「内向き」志向がマスコミにとりざたされたことは記憶に新しい[9]。海外留学の低迷は必ずしも

---

9) 学生が海外留学に積極的でないことを，若い世代の「心の変化」や「外国語でコミュニケートする能力」から論じ，問題提起する報道が続いた。例えば，グレン・フクシマ（Glen S. Fukushima）"Reverse Japan's Insularity" Japan Times（2010 年 4 月 8 日），「日本人留学生はなぜ増えぬ」（保母武彦『日本経済新聞』2010 年 4 月 8 日

若者の意欲や心理的要因によるものではなく，経済的理由や就職活動など複合的な要因の結果である。しかし，理由の如何にかかわらず，日本の次世代リーダーたちに国外で学びたいという強い意欲や機会を求める姿勢が欠けているとする論調が目立ったため，社会が大学の次世代育成教育をも疑問視するようになったと考えられる。

奇しくも大学の国際競争力や「グローバル人材」の育成を求める声の高まりと時期を同じくして，日系企業の雇用が海外に開かれ始める。THE の改訂ランキングが 2010 年に注目を集めた頃から，企業の採用が，主に国内大学の新卒を対象としてきた従来のやり方から，国内外を問わずグローバルな人材を求める方向へ転換し始めた。例えば，新規大卒者の採用数では日本最大規模のパナソニックは，2010 年に，翌年春の採用枠のうち 80 パーセント（合計 1390 人中 1100 人）を海外分とし，国内の採用数を 40 パーセント削減する計画を発表した[10]。また，楽天とユニクロで知られるファーストリテイリングが社内言語を英語に変更したり，社員や新規採用者に英語力強化を義務づけ，あるいは期待する例が報道され，大きな注目を集めた（『読売新聞』2010 年 8 月 25 日付）。

つまりこの時期に，従来国内にあったホワイトカラー・大卒の雇用の海外流失が始まったのである。雇用の前線で起きたこのような変化は示唆的で，国内大学のグローバル人材の育成の問題というより，むしろ経済の構造的変化による。ホワイトカラー雇用の海外流出と国内労働市場の空洞化は，経済

夕），「留学しない東大生」（辻篤子『朝日新聞』夕「窓」2010 年 4 月 13 日）などである。

10) パナソニック以外にも，多くの日本企業が同じような採用方針を表明した。2010 年 6 月 15 日付け『日本経済新聞』の社説によると，三菱重工業は，アジアを中心に外国人の社員数を年間約 800 人，5 年間で計約 4000 人増員する計画を発表した。その一方で，国内での大学新卒者の採用は 4 割減の年平均 2000 人との方針である。同様に海外での人材採用を増やした東洋エンジニアリング，ダイキン工業などの例も紹介された。

のグローバル化に伴って多くの先進国ですでに起きつつある現象である。しかし，第3章で苅谷が指摘するように，教育のグローバル対応の遅れがあたかも経済の停滞につながるように論じられ，国内の教育問題として責任が転嫁されている観がある。

　学生の内向き傾向が論議される一方で，国内の有力大学を「パス」して，海外に雄飛する学生も増える兆しがみえる。今のところ，国内の著名大学を卒業すれば安定した職に就くことは可能かもしれないが，グローバル化する企業採用や経営を考えると，先行きの保障はない。しかも，世界ランキングでの日本の大学の順位は芳しいとはいえない。このように考える学生や保護者が，世界大学ランキングの上位に位置する海外の有名大学進学を志向する動きもみえ始めている。特に富裕層の間で，グローバル化する世界市場での競争力を高め，将来への保障あるいは投資として，国内大学よりもあえて世界で評価の高い大学を選択する若者や親がさらに増える可能性がある[11]。

(3) ランキングと大学の費用対効果

　ランキングの序列低下は，政府財政赤字拡大と大学への公財政支出削減の動きのなかで，大学に対してさらに費用対効果の改善を迫る力となっている。高等教育に対する日本の政府支出はOECD加盟国中最低レベルであることは，しばしば指摘されてきた[12]。しかし，例えば，2011年に民主党政権が実

---

11) これは，近年，米国の主要大学への進学を目指す高校生を対象とする新たな進学準備校や予備校，塾が開設されていることからもうかがえる (Ishikawa, 2012: 90)。例えば，『日経ビジネス』誌 (2013年10月14日号) の「世界のトップ大学」と題する特集には，日本の大学よりも米国の有名大学への進学を選んだ若者たちのインタビューが掲載されている。

12) 対GDP比でみると，OECD諸国平均の1.3パーセントに対し，日本は0.6パーセントである (OECD 2013：199)。

施したいわゆる「事業仕分け」において，財務省はその前年の THE 世界大学ランキングの結果を引用して，日本の大学の国際競争力の低下，国立大学の費用対効果の悪さ，努力不足を強く批判した[13]。その際，総合大学と理工系大学の国立 2 大学の例が比較され，理工大は総合大に比べて運営費交付金の規模がほぼ半分であるにもかかわらず，論文の被引用数は 1.3 倍と大きく上回っていることが「研究力と予算に相関性がない」ことの根拠とされた。ここで「論文数」，「トップ 10 パーセント論文数」，「被引用数」などが大学の研究パフォーマンスを測定する手段として公的に使用されたことが注目される。これについては後に詳しくみることにしたい。

政府内外からの批判を受けて，文科省は，国内の大学の国際的な名声を高めるという具体的な目標を，国民の目に見える形で設定するに至った。世界的な名声を映す鏡として世界大学ランキングが使われたことで，順位があたかも大学の国際競争力の指標であり，社会への説明責任の問題であるかのようにみなされた。しかし，第 1 章でライトが問いかけるように，大学ランキング向上への圧力は，本当に国際競争力の強化などの意図した結果をもたらすのだろうか。以下では，大学ランキングが現在，日本の大学につきつけている課題を検討していきたい。

3 ランキング時代の大学と研究

(1) 世界への研究発信 —— 自立と依存の狭間で

世界大学ランキングが社会で注目されるようになった背景には，複数の要

---

13) 平成 23 年 11 月 21 日実施の行政刷新会議ワーキンググループ「提言型政策仕分け」WG-A2 資料（内閣府行政刷新会議事務局）より．

因があることはすでにみた通りである。総じて，大学ランキングは，世界の留学生の急増や高等教育の商業化といったグローバルな要因だけでなく，国内社会の変化や時代の要請にも適合し，広く受容されたと考えて良い。本節では，世界大学ランキングの受容が日本の大学にもたらす課題として，1) 研究発信，2) 監査と大学評価，3) 資金集中の三つをとりあげる。大学ランキングの投げかける課題は数多く，商業化やブランド化（第10章藤井論文），人材の欧米への集中なども日本の大学にとって深刻である。しかし，この三つは本書において多くの論文に通底するテーマでもあり，日本の事例とともに考察を行いたい。

まず，ランキング評価に頻繁に利用される，論文数や被引用という指標に焦点を当て，これらが日本の大学における研究活動に与える影響について検討する。日本の大学のランキングでの不振は，この論文数や被引用数などビブリオメトリクスを用いた評価の低さに由来するといってもよい。詳細は「基礎解説1」に譲るとして，国際学術雑誌データベースに大きく依拠している世界大学ランキングは，概して，日本人研究者による自然科学系の研究成果については勘案しても，人文・社会科学系の研究成果はほぼ評価されない，ということを確認したい。つまり，日本語で書かれた人文・社会科学分野の論文や著書は，日本の国外では「見えない」(invisible) ため，大学ランキングで業績として評価されない。つまり，日本の大学は，まるで欠けた月のように部分像 (cf. Brenneis, 2004; Considine, 2006) でランク付けされている。

日本における学術研究の成果発信，特に論文の刊行は二極化構造をしている。一方の極では「ハード・サイエンス」つまり理系分野の研究者たちが，大半の研究論文を国外の学術雑誌に発表している。もう一方の極，人文・社会科学の研究は，日本語に深く根をおろしている。ただし，理系・文系といった大枠のなかでも，評価される研究の形が分野ごとに異なることは，本書11章の林・土屋論文で検討されている通りである。

学術論文の言語別の刊行状況について，筆者の所属する大阪大学を例にと

ろう。大阪大学は各種の世界大学ランキングの上位 100 位, 200 位に入っており, 日本の研究総合大学の参照例としてよいだろう。2003 年度から 2005 年度にかけて, 阪大の「研究者総覧」データベースに所収された論文を調査したところ, 自然科学・工学・医学系の 80 パーセント以上の論文は英語で書かれていた。一方, 文学・法学研究科では, それぞれ平均 91 パーセントと 87 パーセントが日本語論文であった (大阪大学国際企画室, 2006：I-3, 9)。経済学では 7 割が英語論文 (2005 年度。外国人との共著を含む) と日本語論文数を上回ったが, それ以外の人文・社会科学の研究成果の大部分は日本語であった。ただし, 同分野であっても, 機関ごと, 年ごとのばらつきが大きい[14]。

より長いスパンをとって, 2013 年までの過去 20 年の文系論文の使用言語・出版媒介・テーマ等の変化について, 教育政策と文化人類学の 2 分野を対象にパイロット・スタディを行った結果[15], この間に目立った変化はなく, 95 パーセント以上の論文が国内雑誌等に日本語で掲載されていた。また雑誌論文よりも, 単著・論集を含めた学術書が変わることなく重視されている。人文・社会科学系の研究は, 「適度な質と規模をもつ聴衆・同輩者」(日本学術振興会, 2011: 202) の存在により, 国内市場を対象として発信されてきたことは周知の通りである。国内社会への責任が堅持される一方, 優れた研究結果であっても海外で認知されず, 国際連携と発信に弱いという課題も指摘される[16]。

14) 日本の研究大学 12 校の経済学部を比較した調査によると, EconLit などの国際データベースに収録された教員 1 人当たりの論文数は, 外国人教員の比率, 教員の留学経験や国外での研究経験の有無によって, 大学ごとにかなりばらつきがある (Yamauchi, 2006: E125-131)。

15) 世界規模大学ネットワーク (WUN) の研究助成プロジェクト "World-class Universities, Publication and Research Assessment: Rethinking the Mission of Higher Education in the Global Age" (RDF/WUN, Ref.: 49930217) による 6 カ国の学術雑誌論文出版動向の比較調査。

16) 一方で, 英語で論文を発表することは人文系においても, 以前よりも一般的になった。事実, 2003 年から 2009 年までに, 日本で発行される人文系の英文学術雑誌数

一方，理系の研究者たちは，学問分野によって違いはあるものの，研究成果を発表する際，海外の学術雑誌に大きく「依存」してきた。2009 年に，日本の学術論文の 80 パーセントは国外の学術雑誌に掲載され（MEXT, 2012: 3-4, 40），文部科学省の検討部会等でこのような「アンバランス」と「論文の海外流出」は問題視されてきた（MEXT 2006: 73-74）。日本には 2000 以上の学術雑誌があるが（MEXT, 2006: 70），そもそもビブリオメトリクスのシステム上の問題として，インパクト・ファクター（「基礎解説 2」参照）が計測される対象になる雑誌の数が少ない（第 5 章鈴木論文）。理系研究者は国際的に認知され，研究資金の申請等にあたって高評価される「トップジャーナル」への投稿を重視する。その結果，日本人研究者や大学図書館は，国内で行われた研究成果であっても，近年高騰する海外の学術雑誌を購読せねばならない（MEXT, 2012: 70, 73）。また，影響力のある論文が国内で発表されないことは，国内雑誌の評価にもマイナスである。

　ここで，日本における学術成果の刊行の二極化とその意味を検討しておきたい。日本の自然科学コミュニティが国際的な学術雑誌にある意味で依存している一方，人文社会科学系の研究分野はより自立的であり，伝統的に国内社会に対して貢献をするとともに，日本語による学術市場に支えられてもいる。自然科学系の研究者は，世界大学ランキングのように論文数や学術雑誌のインパクト・ファクターが質を測る尺度として用いられる場合に，日本発の科学研究の成果の可視性を確保してきた。第 7 章で大谷が指摘するように，世界ランキングのトップ 100, 200 位に入る日本の大学のほぼ全ては，優れた理系・医学系の学部を擁する総合的な研究大学で，多くは国立大学である。

は 25 誌から 51 誌と，ほぼ倍増した（MEXT, 2012: 40）。また，日本の研究者が，Web of Science に収録されている学術雑誌に発表した社会科学系と人文系の論文数をみると，2010 年までの 5 年間に世界シェアは変わらないものの，年間論文数はそれぞれ 9.9 パーセント，10.7 パーセント増加したという船守（2012: slide 13）の報告もある。

つまり，日本の大学の世界でのレピュテーション（評判）は，ある意味，理系分野が欧米雑誌に「依存」することによって形成されてきた。一方，人文・社会科学の分野で評価の高い国内大学が，世界ランキングで高順位を得ることは非常に困難である。

それでは，日本語論文（日本語学術雑誌）が，ランキングに使われる海外のデータベースに収録されれば問題は解決するのか。事態はそれほど簡単ではない。英語以外の言語で書かれた論文は世界市場のなかでは読者層も，テーマへの関心も，アクセスのしやすさも限られている。当然，引用回数もインパクトも世界市場にある論文と同等であることは期待できない。よって，発行部数が比較的少ない学術雑誌に発表される非英言語による論文は，大学ランキングでカウントされる論文1本当たり，あるいは研究者1人当たりのポイントを下げてしまう。加えて，非英言語による学術雑誌は市場が限られているため，商業的な利益を上げる見込みも小さい。一方で，大学ランキングが世界中で注目され政府の目標ともなるに従って，メジャーな学術雑誌やデータベース，分析ツールの売り上げはますます伸び，学術雑誌を発行する出版社や商業データベースを販売する会社は，莫大な利益を得ている（第5章鈴木論文および Rank Scholarship [Editorial] 2012: 7）。

さらに，2011年の日本学術振興会報告書「人文・社会科学の国際化について」によれば，文系の研究者は研究言語を変えることの困難さ，そもそも外国語で発表する意義についての問題意識に加え，おしなべて，英語での発表にインセンティブがない，報われない，評価されないことを指摘している。問題の根は深いが，次節でさらに検討したい。

(2) 監査文化（オーディット・カルチャー）と日本の大学評価

日本は明治以降，自立性が高い高等教育・研究制度をつくりあげてきた

(cf. 天野，2009)。そして教授・研究言語としての日本語を確立させ，大学教員を国内人材で賄ってきた。また，国内の研究者コミュニティと読者層が，日本語の学術出版を支えてきた。しかし，今日人気を集める大学ランキングにあっては，よく引用される（すなわち海外のメジャーな学術雑誌に掲載される）英語論文が評価され，また外国人比率が高い方が高得点を得られるので，人材育成の自立性，日本語による学術コミュニケーションが確立していることが，かえって「海外から人材を惹きつけない魅力のなさ」「海外（英語）発信の少なさ」として，評価を下げてしまう。世界大学ランキングの順位を上げることだけが目的化すれば，国内の大学は，外国人人材の増加とあわせて，今後自らの成果発信を国際的な指標に見合ったものへ再編する圧力を受ける可能性がある。このような事態は，第 8 章（周論文），第 9 章（李論文）にあるように，近隣国ではすでに進行している。世界大学ランキングにおける序列を高めたいと願う研究大学がとりうる具体的方策の一つとしては，教員に国際データベースに収録されている学術雑誌に英語論文を発表するよう誘導する人事・評価策がある。

　新自由主義的な政策とイデオロギーが世界に広がり，世界の大学で監査・評価や質保証が重視されるに従い，雑誌のインパクト・ファクターや被引用数などのビブリオメトリクス指標は，「ゆがんだ植民地化効果」を拡散する力となった (Scott, 2012: 115-6)。この力は，様々な世界大学ランキングが普及し受容されるにつれて強化され，全世界に広がっている (Amster & Bolsmann, 2012: 292)。言い換えれば，大学ランキングは英国発の「監査文化（オーディット・カルチャー）」(Shore & Wright, 1999; Strathern, 2000) のルールに従うものに報償を与え，報いることで監査文化をより拡散させる役割も担うに至っている。ランキングを通して，英語圏諸国で生まれた監査の理念とツールが世界に輸出され，その基本理念である数による支配と測れるものへの信仰が世界に浸透している。

　一方，日本においては，1990 年代以降，全国的な大学改革の流れのなかで，

認証制度や教育研究の質的保証のための制度整備が進み，2004年には全ての大学が自己点検評価と第三者評価を受けることが義務づけられた（逸村・安井，2006：131-2）。また，大学院重点化，国立大学法人化などの一連の動きのなかで，研究の質の指標として，雑誌のビブリオメトリクス指標を用いた評価が次第に普及してきた（cf. 逸村・安井，2006：131-133；Kaneko, 2013: 177-180）。2000年代半ばまで，文科省は学術雑誌のインパクト・ファクターを研究評価に用いることに慎重であったが（例えば，MEXT, 2005），研究者が研究資金を申請する際に，特に自然科学・医学系の分野で広範に用いられるようになった。2004年の国立大学法人化以降，公的支出に占める競争的な研究資金の割合が増大したことも，数的指標の広がりに貢献した。国立大学法人化は，ちょうど世界大学ランキングの登場と時期を同じくする。

　日本の研究大学（特に国立研究大学）はどのように評価されてきたのか。そして，これは世界大学ランキングにおける評価といかなる関係にあるのだろうか。金子が指摘するように，国立大学法人化に至る一連の日本の大学改革は，英国でサッチャー政権が1980年代に推進した，新自由主義的な政策と非常によく似ていた（Kaneko, 2013: 177）。つまり，日本においても，政府主導の評価の実施により，「監査文化（オーディット・カルチャー）」が受け入れられた。国立大学の独立性を高めるはずであった法人化政策が，皮肉なことに，大学に対する政府のコントロールを弱めることにつながらなかったことは，政策の国際比較の観点からも指摘されている（OECD編，2009）。しかし，日本のオーディット・カルチャーは英国流そのままとはいえず，日本独特の特徴をもつに至った。

　国立大学の評価は，6年ごとに個々の大学が中期目標・中期計画を策定し，設定した目標の達成度を測るものとされている。すなわち英国のRAE (Research Assessment Exercise) のような個別の研究者の評価とは異なり，主として研究者個人ではなく，大学を対象とする自己点検・評価として実施されてきた。英国の監査（オーディット）制度は，国家ではなく研究者自らがピ

ア・レビューによって行うもので，政府の規制から独立して推進されるのに比べて，日本は英国流のピア・レビューあるいは外部評価の歴史を欠く（Goodman, 2013: 43-44, 48）。また，米国の例のように，「客観的」と考えられる評価方法の導入が，平等や民主主義といった理由づけで推進されている（Scott, 2012: 119, 127）こととも性格を異にする。

　佐和（2011, 7-9）は「個人の評価」ではなく「組織の評価」に重きを置き過ぎる「集団主義日本」の国立大学評価制度について，中央統制でむしろ「自由で競争的な研究環境」が阻害されかねないと批判する。そして，中期計画に基づく国立大学の評価制度は，個人の着想と独創を評価せず，大学法人の創意工夫の余地をせばめ，公正な自由競争を阻害することで地方大学を衰退させると強く警鐘を鳴らす。そして，個々の専門領域ごとの，少数の専門家によるピア・レビューの必要性を示唆している。

　また，日本の監査文化は，世代間の不公平感をも生んでいる。竹内（2010）が，日本の大学教員の間の「世代間格差，衝突，軋轢」について辛口の論を展開している通り，終身雇用，推薦での人事採用，年齢と空きポストにより昇進してきた年配の教授と，求人の長期化，競争の激化，短期雇用の常態化にさらされる若い研究者の経験の間には大きな溝がある。研究職市場の競争激化に直面して，若手研究者は生産性の向上を迫られ，英語で「ペーパー・トレイル」（paper trail）と呼ばれる，研究業績をよりよく，厚くみせるための記録づくり，論文書きに追われる（Barth, 2000: 9; Shore & Wright, 1999: 567）。日本の年配の研究者は日々増える雑務に追われるとはいえ，少なくとも身分を保障されてきたのとは対照的である。

　数値評価の総本山ともいえる米国の状況はさらに厳しい。J. スコットは70年代，80年代のアメリカにおいて，新自由主義的政策の結果，教育を含めた多くのセクターで公正と説明責任という旗印のもとでの監査が常態化し，学校，病院，警察など全てを採点し，ランク付けするようになったと批判する。アメリカ人は「束縛を嫌う，個人主義者の国というイメージとは逆

に，実際には世界で最も標準化され，監視されている国民である」(Scott, 2012: 127) とも嘆く。このように，英米ネオリベラリズムの申し子とも言える監査強化と説明責任という圧力に対して，世界で研究者から怨嗟と批判の声が上がっている。例えば，デイヴィッド・ポスト（第6章）は，大学が車や携帯電話と同様に判定される不条理を，知識労働者クラスの「階級闘争」という観点から論じている。

　その一方，新自由主義的な監査文化の浸透の下，英米をはじめとする世界の大学は，着々と「世界大学ランキング向き」の体力をつけてきた。先に述べた通り，世界大学ランキングは，オーディット（監査）というゲームのルールに従って行動する大学と研究者に対しては，それなりの見返りを与える。学術雑誌に掲載された論文の数，雑誌のインパクト，引用回数に関する評価指標は，世界的に比較可能な研究力の指標として世界大学ランキングを支える柱でもあるが，大学と大学に属する個人の評価の指標としてしばしば用いられる数値でもある。

　他方，日本の国立研究大学を対象として行っている法人評価の主眼は，大学の説明責任であり，前もって設定した目標の実現である。機関の評価システムは，今までのところ個人のパフォーマンス強化につながっておらず，大学間の平等や公正を促進するようにも見えない。にもかかわらず，業績評価の考えは市民権を得て，アカデミックな就職市場に参入したばかりの若手研究者たちがより重荷を背負わせられる。世界大学ランキングと日本の国立大学法人評価は，いずれも大学全体のパフォーマンスを計測し，比較するところは共通している。しかし，「組織の評価」である共通点を除けば，両者の間には大きなずれがある。

(3) 資金集中とその影響

　政府が日本の大学を少なくとも10校,世界ランキング100位以内にするという目標を設定したことに伴い,トップ100を狙える研究大学の評価は,大学ランキング風の評価法に変更されるのであろうか。それは,大学に何をもたらすのだろうか。世界大学ランキングにおける日本の大学の序列を引き上げるという政府の方針が打ち出された今,国立大学法人評価を含む大学の評価制度は,引用データベースや外部資金の受け入れ総額などの評価指標を,従来以上に重要視する可能性がある。日本がランキングのトップ10,あるいはトップ100に入る「ワールド・クラス」の大学を作ることを目指せば,世界各国の学術軍拡政策の多くがそうであるように,少数の大学への資金集中がさらに加速するだろう。必然的に,少数の選ばれた研究大学への資金集中と,数値で示しやすい分野への公的研究資金の集中が強まる可能性は大きい。

　すでに,国立大学法人化以降の研究資金の「選択と集中」が,「切り捨て」につながる弊害を生むことが指摘されている。尾池和夫前京都大学総長は,日本の学術研究は裾野を狭くして高いものを目指す「スカイツリー型」ではなく,裾野の広い「ピラミッド型」であるべきで,基礎研究の重視と同時に「自国の文化を大事にして多様性を認める」国際化を呼びかけている(日本経済新聞,2013年6月13日付)。

　このような批判にもかかわらず,世界大学ランキングの影響力拡大に伴い,「測れるものを測る」という監査文化が,国内でもより広く深く浸透する懸念は現実のものである。そうなれば,Web of Science (WoS) や Scopus 等のデータベースに収録される学術雑誌論文,つまり国際的に「見えて,測れる」アウトプットをより多く生産し,ランキングの順位を上げるのに貢献できる学問領域が強化されることが予測される。しかし,先にみたように,また林隆

之と土屋俊の分析（第 11 章）にあるように，日本の学術研究においては，ランキング方式で計測可能な業績は，英語圏諸国とは比べものにならないくらい限定されている。欧米の商業データベースは，そもそも日本の大学全体の評価，研究の多様性と質を評価するツールとしては全く適していないのである。

　しかしながら，これらのツールに代わるものがあるかといえば，それも見当たらないのが現状である。日本における自然科学分野の研究成果の発表は，国内の研究を評価するための独自のシステムを開発するには，すでにあまりにも「国際化」し過ぎており，一方，人文・社会科学系の研究はあまりにも「自立的」過ぎて，グローバルなインプットを欠いている。どちらも，国内の研究成果を適切に評価し，かつグローバルに有意・重要な指標を作り出すための解決策を示し得ていない。

　このような状況でしゃにむにランキング向上を目指せば，計測可能で世界的な競争力のある科学分野ですでに多くの業績が国際的に認められ，世界でも著名で比較的年齢層の高い少数の研究者と，彼らが率いる研究チームに有利に作用することが予想される。他方，人文系の学問分野は，さらに軽視され，評価もされず，資金不足に陥ることになる。その先鞭が，2015 年 6 月に政府が国立大学に求めた，人文・教育・社会系学部の組織転換と統廃合プランと考えられる。

　人文・社会科学の統廃合については，多く論じられていることから（例えば，『現代思想』2015 年 11 月号の「大学の終焉 —— 人文学の消滅」特集など），ここでは詳述しない。むしろ，近い将来，人文・社会科学系分野においても，英語による研究成果の刊行がより重要な意味をもつことを前提として，そのためには何が必要かを考えたい。世界との連携を促進し，世界に開かれた研究を推進することは，今世紀の人文科学の新たなミッションである。つまり，従来の国内社会への責任を維持しつつ，現在，圧倒的に欧米から国内一方向に向かう知識の流れを双方向に変えること，つまり，日本と海外の人文・社

会科学のコミュニティ相互のコミュニケーションを活性化させることである。本書第4章では，文字通り世界を舞台に活躍する杉本良夫が，そうしたバランスのとれたグローバルな学術コミュニケーションにおける日本のパフォーマンスの問題を指摘している。言うまでもなく，国内社会への責任を果たしつつ世界に発信することは，研究者としては二重の役割を演じることとなり，決して簡単ではない。重責を支える支援だけでなく，二つの役割が適正に評価される必要がある。ここに，日本の大学評価制度がもつ課題がある。

　本章で国立大学評価制度を例にみてきたように，現行の制度は大学の自己評価であり，学部・研究科や研究所の評価であっても，個々の研究者のパフォーマンスを高めるダイナミクスに弱い。当然ながら，自発的に自らの研究を広く世界に紹介するため日本語以外の言語で成果を刊行する研究者もいるし，競争が激化している研究職を目指す若手研究者のなかには特に，国際的に高く評価される学術雑誌に論文を投稿する者もいる。しかし，若手研究者の英文著作は，採用の選考時点を除けば，必ずしも高く評価されないばかりか，国内では読まれず，知られないで終わる危険性もある。これでは，日本の人文系の研究者が英語で成果を発表しようというインセンティブはほとんど働かない。さらに，研究資金の申請書類や膨大な報告書作成のために，研究時間を確保することすら難しくなっていることが，昨今の大学の内情である。

　さらに，本章の冒頭で紹介した外国人の研究者の採用を増やすという政府の方針が，大学ランキングを向上させる方策として実施されるならば，欧米から非欧米へのベクトルに偏っている知識の流れがさらに偏る可能性すらある。外国人の採用を進め大学の人員を多様化することは，教育研究環境の国際化を進める上で重要ではあっても，そのことでランキングの向上を目指して報われる可能性はあまりない。さらに，多様な経歴をもつ研究者が日本の大学でより多く活躍するためには，国際的な観点から評価の透明性と公平性

を保障することが重要となる。年齢，ジェンダー，国籍や文化的背景に左右されることのない人事の公平性，業績評価の機会を与えることは，大学ランキングのためでなく，大学国際化の重要な前提として理解せねばならない。

　最後に，日本語での研究発表の重要性とは，文系にのみ当てはまるものではないことを付記したい。理系の研究者にとっても，国内の学術雑誌や学会は，しばしば最先端の研究のための重要な発表の場，「培養」の場として機能している。筆者が大阪大学で聞き取り調査を行った理系研究者の多くが，国内における研究成果の発表の場と，日本語によるコミュニケーションが，独創的な概念形成にとって極めて重要であることを強調している。例えば，ある化学のベテラン教授によると，革新的な研究は「新し過ぎて」海外の権威ある学術誌に投稿しても査読で却下されるため，最初の3年から5年間は国内の学会や雑誌で発表され，叩かれ，磨かれる。真に重要な研究成果であれば，国内の熟成期間を経て，5，6年後にはじめて国際誌での引用が爆発的に延びる。つまり，国内学会には斬新な研究のインキュベーター(孵卵器)機能があるということだ。ノーベル賞を獲得するような革新的な科学研究でも，最初は国内で発表された場合が少なからずある。ランキングのポイントをかせぐ国際誌論文のみが評価されれば，日本の科学技術基盤を弱体化することにさえなりかねない。日本語のサイエンスを軽視することが，「国際競争力」の向上に貢献するとはとても思えないのである。

4　知のヘゲモニーを超えて

　世界でランキングの影響力が増すなか，この10年，世界では大学ランキングに関する数多くの研究が分野をこえて蓄積されてきた。その多くは「方法論のフェティシズム」(Amsler & Bolsmann, 2012: 292)とも呼ばれるように，メソドロジー，評価・統計手法や配分などに関わる定量的な分析が中心であ

る。しかし，世界の学術研究にとって大学ランキングの投げかける基本的かつ重要な課題は，アイデンティティ，権力や覇権主義，正義に関する問いである。世界の大学は，その国や土地の言語と文化を反映し，多様な学術成果と人材を生み出してきた。それらの価値が今，問われている。何が，誰が，どのように優れた大学と学術を定義し，その理念を広め，利益を享受するのか。その背後にどのような力が介在するのか。グローバル化の旗印の下，世界の知識生産の中心と周縁において何が起き，そこに展開される様々な関係の背後に何があるのかを明らかにするには，多くの事実を実証的に検討し，積み重ねるしかない。このような観点から，本章においては，ランキングの国内での注目と政策目標の設定について，日本の学術発信や大学評価の特徴に照らして分析し，順位向上策のもたらす資金集中の影響について論じてきた。

学生や研究者の国際流動に与えるランキングの影響力，海外の大学の追い上げ，研究成果のデータ化と商品化，学術出版の寡占化，利潤の追求と高等教育・学術との齟齬等，無視できない多くの課題が日本の研究大学につきつけられている。学術と科学の進歩，世界と地域社会の未来を担う人材育成には様々な行程があり方法がある。その価値はグローバル化のもとでも不変である。一方で，綺麗事ではすまない世界競争の現場に大学と大学人は置かれている。世界大学ランキングが，21世紀の高等教育の舞台から消えてなくなることを願っても，しょせん無駄であろう。各種ランキングは将来細分化・差別化するかもしれないが，世界で注目を集め続けると考えた方がよい。ランキングに背を向けるのはもはや現実的ではなく，我々はその本質的な問題を自覚しつつ，グローバル化のもたらす競争と協調の機会に主体的に対峙し，享受したい。そのような考えから本書は生まれた。

以下に続く各章では，上のような諸課題を検討しつつ，高等教育政策，学術コミュニケーションのあり方，研究業績評価だけではなく，言語・地域・文化の多様性と価値，これらを格差づけする覇権主義，高等教育のグローバ

ル化の背後にある世界市場主義，国家間競争といった社会的諸問題を扱う。問題の所在と重要性を明らかにするだけでなく，先進的な事例に学び，研究者個人，組織としての大学，さらには国のレベルにおける戦略的な対応について考察する。世界に広がるオーディット・カルチャーや欧米のトップ大学モデルへの迎合ではない方法で，日本の大学と研究者は世界に自らの成果を説明するしかない。非英語圏にある日本の人文社会科学にとって，その挑戦は簡単ではない。しかし，挑戦のための数々の課題だけでなく，将来へのヒントも本書の各論考の内にある。

参照文献

天野郁夫（2009）『大学の誕生（上）帝国大学の時代』，中公新書。

Altbach, PG & Balán, J (eds.) (2007) *World class worldwide: Transforming research universities in Asia and Latin America*. Baltimore, MD: Johns Hopkins University Press.

Amsler, SS & Bolsmann, C (2012). University ranking as social exclusion. *British Journal of Sociology of Education*, 33(2): 283-301. http://dx.doi.org/10.1080/01425692.2011.649835

Anninos, LN (2013). Research performance evaluation: Some critical thoughts on standard bibliometric indicators, *Studies in Higher Education*: 1-20. http://dx.doi.org/10.1080/03075079.2013.801429

Barth, F (2002) An anthropology of knowledge. *Current Anthropology*, 43(1): 1-18. http://dx.doi.org/10.1086/324131

Boulton, G (2010) University rankings: Diversity, excellence and the European initiative. League of European Research Universities Advice Paper 3. Leuven: LERU Office. Retrieved from http://www.ireg-observatory.org/pdf/LERU_AP3_2010_Ranking.pdf

Brenneis, D (2004) A partial view of contemporary anthropology. *American Anthropologist*, 106(3), 580-588. http://dx.doi.org/10.1525/aa.2004.106.3.580

Brown, P, Lauder, H & Ashton, D (2008) Education, globalisation and the future of knowledge economy, *European Educational Research Journal*, 7(2): 131-166. http://dx.doi.org/10.2304/eerj.2008.7.2.131

Cantwell, B & Taylor, B (2013) Global status, intra-institutional stratification and organizational segmentation: A time-dynamic tobit analysis of ARWU position among U.S. universities. *Minerva*, 51(2), 195-223. http://dx.doi.org/10.1007/s11024-013-9228-8

Chou, CP (ed.) (2014) *The SSCI syndrome in higher education: A local or global phenomenon*.

Rotterdam, The Netherlands: Sense Publishers.

Chou, CP, Lin, HF & Chiu, Y-J (2013) The impact of SSCI and SCI on Taiwan's academy: An outcry for fair play. *Asia Pacific Education Review*: 1-9.

Chu, WW (2009) Knowledge production in a latecomer: reproducing economics in Taiwan. *Inter Asia Cultural Studies*, 10(2): 275-281. http://dx.doi.org/10.1080/14649370902823405

Ciancanelli, P (2007) (Re) producing universities: Knowledge dissemination, market power and the global knowledge commons. In D. Epstein, R. Boden, R. Deem, F. Rizvi & S. Wright (eds.) *World Yearbook of Education 2008*: pp. 67-84. New York: Routledge.

Considine, M (2006) Theorizing the university as a cultural system: Distinction, identities, emergencies. *Educational Theory* 56(3): 255-270. http://dx.doi.org/10.1111/j.1741-5446.2006.00231.x

Deem, R, Mok, KH & Lucas, L (2008) Transforming higher education in whose image? Exploring the concept of the 'world-class' university in Europe and Asia. *Higher Education Policy*, 21(1): 83-97. http://dx.doi.org/10.1057/palgrave.hep.8300179.

Dolan, C (2007) *Feasibility study: The evaluation and benchmarking of humanities research in Europe*. Humanities in the European Research Area (HERA). Retrieved from http://www.aqu.cat/doc/doc_34869796_1.pdf.

Editorial (2012) Rank Scholarship. *Comparative Education Review*, 56(1): 1-17. http://dx.doi.org/10.1086/663834.

Fukushima, G (2010, April 8) Reverse Japan's insularity. *The Japan Times*. Retrieved from http://www.japantimes.co.jp/opinion/2010/04/08/commentary/reverse-japans-insularity/

船森美穂 (2012, 5月6日)「日本および世界の論文投稿状況の分析 —— これからの方向性を探る」、平成23年度研究開発評価シンポジウム報告プレゼンテーション http://www.mext.go.jp/component/a_menu/science/detail/__icsFiles/afieldfile/2012/05/24/1321315_01.pdf。

Goodman, R (2013) The changing role of the state and the market in Japanese, Korean and British higher education: Lessons for continental Europe? In R. Goodman, T. Kariya & J. Taylor (eds.) *Higher education and the state: Changing relationships in Europe and East Asia*: pp. 37-54. Oxford: Symposium Books.

Guédon, J-C (2001, May) In Oldenburg's long shadow: Librarians, research scientists, publishers, and the control of scientific publishing. Paper presented at the 138th Membership Meeting of the Association of Research Libraries (ARL), a meeting held in conjunction with the Canadian Association of Research Libraries in Toronto.

Guo, W & Ngok, K (2008) The quest for world class universities in China: Critical reflections.

Policy Futures in Education, 6(5): 545-557. http://dx.doi.org/10.2304/pfie.2008.6.5.545
Hazelkorn, E (2008) Learning to live with league tables and ranking: The experience of institutional leaders. *Higher Education Policy*, 21(2): 193-215. http://dx.doi.org/10.1057/hep.2008.1
保母武彦（2010, April 8）「日本人留学生はなぜ増えぬ」『日本経済新聞』（2010 年 4 月 8 日付）。
Ishikawa, M (2012 [2009]) University rankings, global knowledge constructions and hegemony: Critical reflections from Japan. In B. Pusser, K. Kempner, S. Marginson, & I. Ordorika (Eds.), *Universities and the public sphere: Knowledge creation and state building in the era of globalization*: pp. 81-99. New York: Routledge, Taylor & Francis. Originally published in 2009 in *Journal of Studies in International Education*, 13(2): 159-173.
―― (2014) Ranking regime and the future of vernacular scholarship. *Education Policy Analysis Archives*, 22(30). http://dx.doi.org/10.14507/epaa.v22n30.2014
石川真由美（2015）「世界の大学ランキング ―― イノベーション，知的体力を育む教育が必要」『大学ランキング 2016 年版』朝日新聞出版，108-111 頁。
Ishikawa, M, Fujii, S & Moehle, A (2015) Japan: Restoring faith in science though competitive STEM strategy. In B. Freeman, S. Marginson, & R. Tytler (eds.) *The age of STEM: Educational policy and practice across the world in science, technology, engineering and mathematics*: pp. 81-101. London: Routledge.
逸村裕，安井裕美子（2006），「インパクトファクター ―― 研究評価と学術雑誌」『名古屋高等教育研究』6，131-144 頁。
Kaneko, M (2013) The Japanese higher education and the state in transition. In R. Goodman, T. Kariya, & J. Taylor (eds.) *Higher education and the state: Changing relationships in Europe and Asia*: pp. 171-197. Oxford: Symposium Books.
Kang, M (2009) 'State guided' university reform and colonial conditions of knowledgeproduction. *Inter Asia Cultural Studies*, 10(2): 191-205. http://dx.doi.org/10.1080/14649370902823355
Kim, KS & Nam, S (2007) The making of a world-class university in the periphery: Seoul National University. In P. G. Altbach & J. Balan (eds.) *World class worldwide: Transforming research universities in Asia and Latin America*: pp. 122-142. Baltimore, MD: Johns Hopkins University Press.
Lo, WYW (2013) University rankings as a zoning technology: A Taiwanese perspective on an imaginary Greater China higher education region. *Globalisation, Societies and Education*, 11(4): 459-478. http://dx.doi.org/10.1080/14767724.2013.819275
Mohrman, K (2008) The emerging global model with Chinese characteristics. *Higher*

Education Policy, 21: 29-48. http://dx.doi.org/10.1057/palgrave.hep.8300174
文部科学省（MEXT）（2005）「文部科学省における研究及び開発に関する評価指針」
　　http://www.mext.go.jp/b_menu/shingi/gijyutu/gijyutu0/toushin/05111501/shishin.htm。
──（2006）「学術情報基盤の今後の在り方について（報告）」科学技術・学術審議会，学術分科会研究環境基盤部会，学術情報基盤作業部会 http://www.mext.go.jp/b_menu/shingi/gijyutu/gijyutu4/toushin/__icsFiles/afieldfile/2013/07/16/1213896_001.pdf。
──（2012）「学術情報の国際発信・流通力強化に向けた基盤整備の充実について」科学技術・学術審議会，学術分科会研究環境基盤部会，学術情報基盤作業部会．http://www.mext.go.jp/b_menu/shingi/gijyutu/gijyutu4/toushin/1323857.htm
──（2013）『科学技術指標2013統計集』科学技術・学術政策研究所　科学技術・学術基盤調査研究室。
Montgomery, SL (2013) *Does science need a global language? English and the future of research*. Chicago: University of Chicago Press. http://dx.doi.org/10.7208/chicago/9780226010045.001.0001
日本学術振興会（2011）「人文学・社会科学の国際化について」人文・社会科学の国際化に関する研究会。
『日本経済新聞』（2010年6月15日）「海外で幹部候補大量採用　三菱重工やパナソニック」（http://www.nikkei.com/article/DGXNASDD1406A_U0A610C1MM8000/）。
──（2010年9月13日）「世界大学ランキング，香港大がアジア首位　東大抜く」（http://www.nikkei.com/article/DGXNASGM10027_T10C10A9NNC000/）。
──（2013年6月13日）「「選択と集中」の弊害　研究資金，裾野広げよ　京都大学前総長尾池和夫氏」。
OECD (2012) *Education at a glance 2012: OECD indicators*. Paris: OECD.
── (2013) *Education at a glance 2013: OECD indicators*. Paris: OECD.
OECD編（2009）『日本の大学改革 ── OECD高等教育政策レビュー：日本』（森利枝訳，米澤彰純解説），明石書店。
──（2012）『PISAから見る，できる国・頑張る国2 ── 未来志向の教育を目指す：日本』（渡辺良監訳），明石書店。
Oleksiyenko, A (2014) On the shoulders of giants? Global science, resource asymmetries, and repositioning of research universities in China and Russia. *Comparative Education Review*, 58(3): 482-508.
大阪大学国際企画室（2006）「大阪大学国際共同研究交流現状分析 ── 学術論文調査から」『世界の中の大阪大学 ── 国際交流に関する現状分析報告書』（国際企画室ワーキングペーパー1），添付資料I, 1-27。
Rauhvargers, A (2011) *Global university rankings and their impact*. Brussels, Belgium: The

European University Association.
佐和隆光（2011）「国立大学法人化の功罪を問う」会計検査院『会計監査研究』44, 5-12頁。
Scott, JC (2012) *Two cheers for anarchism: Six easy pieces on autonomy, dignity, and meaningful work and play*. Princeton, NJ: Princeton University Press.
Shin, JC (2009) Building world-class research university: The Brain Korea 21 project. *Higher Education*, 58(5): 669-688. http://dx.doi.org/10.1007/s10734-009-9219-8.
Shin, JC & Cummings, WK (2010) Multilevel analysis of academic publishing across disciplines: Research preference, collaboration, and time on research. *Scientometrics*, 85(2): 581-594. http://dx.doi.org/10.1007/s11192-010-0236-2.
調麻佐志（2015）「激震大学ランキング（中）少ない論文引用が響く」『日本経済新聞』2015年10月26日付。
Shore, C & Wright, S (1999) Audit culture and anthropology: Neo-liberalism in British higher education. *Journal of the Royal Anthropological Institute*, 5(4): 557-575. http://dx.doi.org/10.2307/2661148.
Sidhu, R (2005) Building a global schoolhouse: International education in Singapore. *Australian Journal of Education*, 49(1): 46-65. http://dx.doi.org/10.1177/000494410504900103.
Song, M-M & Tai, H-H (2007) Taiwan's responses to globalisation: Internationalisation and questing for world class universities. *Asia Pacific Journal of Education*, 27(3): 323-340. http://dx.doi.org/10.1080/02188790701594067.
Strathern, M (2000) *Audit cultures: Anthropological studies in accountability, ethics and the academy*. London: Routledge. http://dx.doi.org/10.4324/9780203449721.
竹内洋（2010）「大学教員の世代間格差と衝突・軋轢」IDE大学協会『IDE ── 現代の高等教育』519(4), 12-18。
辻篤子（2010）「留学しない東大生」『朝日新聞』4月13日付。
van Raan, AFJ (2005) Fatal attraction: Conceptual and methodological problems in the ranking of universities by bibliometric methods. *Scientometrics*, 62(1): 133-143. http://dx.doi.org/10.1007/s11192-005-0008-6
山上浩二郎（2010年10月27日）「世界大学ランキングの波紋広がる」Asahi.com。
Yamauchi, N (2006) The evaluation of the internationalization of Japanese universities: With reference to publicly available data. Developing evaluation criteria to assess the internationalization of universities, Grant-in-Aid for Scientific Research (A) (2), final report of research activities for fiscal year 2004-2005. E112-136.
『読売新聞』（2010年8月25日）「英語が社内公用語となる時代」。

第 1 部

大学ランキングの社会経済構造

chapter 1

誰のために，何のために？
——大学ランキングと国家間競争
スーザン・ライト

本章は下記の論文をもとに，本書への寄稿論文として改変し日本語に翻訳したものである。

Wright, Susan (2012) Ranking universities within a globalised world of competition states: to what purpose, and with what implications for students?, In Hanne Leth Andersen & Jens Christian Jacobsen (eds.) *Uddannelseskvalitet i det 21*. Århundrede, Frederiksberg: Samfundslitteratur, pp: 79—100.

1 教育の技法から監査の技法へ
―― 序列化の技法に荷担する大学

　学者の中には，自業自得だと言う者もいるだろう。教育のように複雑なものを成績として数値化し，数値を最上位から最下位まで成績一覧表として公表するやり方は，元をただせば学生たちの学業を採点評価し序列づけするために大学が編み出したものだった。これは，ミシェル・フーコーの言葉で言えば「政治的な技術」(Dreyfus and Rabinow, 1982: 196)であり，時空を越えてはるばると旅を重ねた末に，当初とは異なる別の目的をもって大学に舞い戻ってきたのである。

　現在の大学の成績付けとランキングが目指す目的を明らかにするために，それらがたどった歴史を先ず簡単に振り返ってみよう。次に，ランキングとは「競争国家」のもつ一つの技術であり，競争国家は自国の研究教育機関がグローバルな規模で競争できるように投資する役割を担っていることを明らかにする。このような観点から見れば，大学のグローバルなランキングにおける順位は，その大学が国家による公共投資を有効に用いたことを示すものであり，国家への説明責任の一つの形としての意味をもつ。

　しかし，グローバルな規模で好成績を上げるという場合に肝心なのは，市場における競争，とくに留学生獲得競争で好成績を上げることである。留学生市場において大学は，大学のブランド化とマーケティング，学生のリクルートと国際的な移動に携わる数多くの企業の中の一つの組織に過ぎない(Robertson et al., 2012)。このような事情を考慮すれば，ブランドと外見が教育と経験以上に重視される懸念はあるものの，ランキングは大学のレピュテーション（評判）管理（reputation management）には重要である。大学がこのような技術の転換，すなわち学生の成績評定から，機関全体を成績評定し，ランクづけし，営業する道具への変化に荷担しているとすれば，大学は学生と教育についてどのように考えるのであろうか。

2 成績序列化の社会史

　1817年，ニューヨーク州ウェスト・ポイントにある陸軍士官学校の新任校長シルヴァヌス・セイヤーは，フランスの高等教育機関エコール・ポリテクニークから，数値による成績評価方式にもとづく教育システムを導入した。セイヤーは士官学校にヒエラルキー構造を設立し，学生に対する規則は上から下へと，成績評価などのシステム化された報告は下から上へと定期的に流れるような仕組みを作り上げた。陸軍士官学校の成績評価システムの研究者たちは，その構造を次のように説明する。

　　これは，「トータル・アカウンタビリティ・システム」（総合的に説明責任を果たす制度）である。すなわち，学業面と素行面の成績に関わるすべての側面を，数値と言葉を一体化した言語 ── 士官学校での共通語 ── を用いて絶え間なく計測し，評価し，記録するのだ（Hoskin and Macve, 1988: 49）。

　ホスキンとマクヴェによると，学生全員の教科知識は，毎日，週1度，半年に1度の頻度で試験され，規格化・標準化された7段階の数値尺度によって採点される。学生たちの適性，学習習慣，品行が「軍人」に十分ふさわしいか否かも，週ごとの報告書，月ごとの報告書，半年ごとの報告書に記載され，「優秀」から「凡庸」までの7段階の記述的な尺度によって評価づけされる。これら2種類の報告書は，ヒエラルキーを上に向かって流れる。記載された評価にもとづいて，各学年の学生は成績別に4つにクラス分けされる。それぞれの学生は，自分の席次がどこであり，ランキングを引き上げるには何をすべきかをわきまえていた。

　　それは徹底的にヒエラルキーに基づく，反射的な指揮・伝達システムであり，……（理念的には）士官学校内のすべての個人を絶えず可視化し，自らの行動に対して責任をもたせるものだった（Hoskin and Macve, 1988: 59）。

ウェスト・ポイントの学生たちは，計画的で慎重で，責任遂行能力を備えた個人へと仕立てあげられた。彼らは，どのような規範にもとづいて自分たちの成績や評価が決定されるのか，自分の成績を引き上げるには何をすべきかを学びとった。彼らに与えられる最終的な評価によって，卒業後の最初の任務がどの程度格上になるかが決まることになった。そして在学中の成績は，軍人生活の全期間はもちろん，退官後も彼らについて回ることになった。

このシステムは，米国国内で最も優秀なエンジニアたちを輩出した。さらに，兵器工場，鉄道，新興の製造企業においても，最も優秀なマネージャーを生み出した。彼らは自分たちが属するそれぞれの組織にヒエラルキー構造を導入し，そのヒエラルキー構造内を，上から下へはきめ細かな規則が伝達されるように，下から上には数値に基づき標準化された評価を記した報告書が流れるようにした。こうした報告書は個々の従業員の生産性をランク付けしただけでなく，各ユニットを比較するための共通の尺度にもなった。そのため，個々の従業員は「記録を通して，会社の目がいつも自分たちに注がれていると感じたし，しばしばそのことを口にした」(Chandler, 1977: 267-8, Hoskin and Macve, 1988: 67 に引用)。要するに，米国の実業界の組織編制のあり方は，経営者と労働者を計画的で慎重かつ責任遂行能力を備えた個人へと転換するための，組織と規律のシステムをいかにして構築するかというウェスト・ポイントの卒業生たちの経験的知識に，大きく依拠していたのである。

この経営システムは米国の実業界に広く波及していった。そして，フォード・モーター社の社長時代のロバート・マクナマラの下において頂点に達した (Martin, 2010)。1950 年代，マクナマラは，スプレッドシートに様々な数字を書き入れるために，新たに登場した IBM のコンピュータを活用した。各部門のマネージャーは目標値を指定され，それぞれの業績は，より上位の監督部門によって判定された。このようにして，こなすべきタスクの重圧に追われる，きわめて競争の激しい文化が形成され，各セクションは互いに競い合い，組織内での自分たちの地位を守るためにこのシステムを手段として

用いるようになった。このシステムは，組織内部の競争と権謀術策の方が，製品である乗用車の品質の達成や顧客の満足度といった大きな目標よりも重視されるに至って，逆効果を生み始めた。

　有名な経営学の本 *In Search of Excellence*（邦訳『エクセレント・カンパニー』英治出版，2003）の共著者の一人トム・ピーターズは，次のように揶揄している。

> テーラー主義から出発して，それにマクナマラ主義を一服加え……，1970年代末までに行き着いたのは，カネ勘定にしか関心がない会計担当者たちによって運営される，偉大なる米国企業というわけだ。(Peters, 2001: 88)。

　マクナマラはケネディ政権の国防長官として，同じシステムをベトナム戦争遂行にもちこみ，「歴史，文化，政治に関する我々の深刻な無知」(Martin, 2010: 16) を「ボディ・カウント」で，すなわち死体を数えて補うという破滅的な過ちを犯した（訳注：敵と味方の区別もつかないなかで死体の数を基準に戦局を判断したことで，アメリカが敗北したこと）。産業と軍事における失敗にもかかわらず，複雑な組織と活動の成果を示す数値指標は，1980年代に「ニュー・パブリック・マネジメント」の重要な要素として公共部門に導入され，公共サービスの質，金額に見合う価値の有無，効率性の指標として「重要業績評価指標」(Key Performance Indicators: KPIs) が考案された。学校，高齢者向けのサービス，病院，その他の大半の公共サービスは数字に矮小化され，それぞれの分野別「順位表」の上でランクされた (Shore and Wright, 2000)。各分野の最上位者の仕事ぶりが抽出され，文脈から切り離され，他の者たち，とりわけ順位表の最底辺に位置することを「公表され恥じ入っている」者たちがお手本にすべき「ベスト・プラクティス」として賞賛された。

　大学も例外ではなかった。英国で1986年に実施された最初の研究評価 Research Assessment Exercise (RAE：本書第10章で詳述) では，173大学の2598学科から評価申請がなされた。各学科の研究成果は，当該分野の専門

家グループが読み，7段階に評価・ランキングされた。政府の大学に対する研究予算のうち，当初この評価結果にもとづいて配分されたのは14％に過ぎなかったが，その比率は1989年には30％に増え，1992年以降は100％になった。2001年までには，研究予算の75％がトップ層にある学科に集中配分されるようになった（Wright, 2009）。RAEが実施されてから程なく，「教育評価」（Teaching Quality Assessment: TQA）という第2のシステムが導入されたが，その狙いは，一つには，RAEの導入によって研究者の時間と活動が研究に傾き過ぎることになったのを受けて再びバランスを回復することであり，もう一つには，教員の負担を増やして予算を減らせば，教育の質への影響は避けられないと政府に再認識させることにあった（Shore and Wright, 1999）。そして更に高等教育質保証機構（QAA）が実施した第三のシステム，「大学監査」によって，個々の大学の管理運営上の効率と有効性が評価された。

　歴史的に見ると，成績評価とランキングのシステムは，大学から民間部門の管理運営へ，民間部門から公共部門へと導入されることで，再び大学へと適用されることになったのだが，それに伴っていくつかの重要な変化が生じた。ストラザーン（Strathern, 1997）は，英国の大学監査について論じる中で，ある変化を指摘している。すなわち，当初は大学において個人を試験する手段として始まり，次いでビジネスの会計システムに取り入れられたパフォーマンスを測るシステムが，組織としての大学のパフォーマンスを検査し社会に対する説明責任を果たさせるための方法として，大学に再導入されたことである。もう一つの変化は，これらの評価・ランキングの技法が，個人と組織だけでなく部門（セクター）全体を管理するシステム，ホスキンとマクヴェの言葉を借りれば「トータル・アカウンタビリティ・システム」を作り出すために用いられた際に生じた。OECD（経済協力開発機構）は，各国の政府によってすでに導入された「数値を用いた操縦法」（Frolich, 2008）と大学間の競争を煽るための様々な方法について記録している。中には，英国のRAEの

手法を，国内の大学のパフォーマンスと質を測定しランクづけするために援用した国々もあった（香港は 1993 年に，2003 年以降にはニュージーランドも業績連動研究資金配分（Performance-Based Research Fund: PBRF）に適用）。

　他方，営利目的で作成されるサイテーション・インデックスとインパクト・ファクターを用いたり，あるいはランクづけされた学術雑誌に発表された論文に得点を与えたりする，ビブリオメトリクス（計量書誌学的）（巻末「基礎解説 2」参照）指標に焦点を合わせる国々もあった。学術雑誌のランクを用いるシステムの事例としてよく知られているのが，オーストラリアのケースである。オーストラリアでは，このシステムが「オーストラリア研究評価」(Excellence in Research for Australia: ERA) と称する評価システムに一旦組み入れられたものの，機関の研究管理者が研究者に対して上位の（訳注：すなわち A* や A クラスなどの）学術雑誌への論文掲載目標数を義務づけている証拠があるとの理由で，担当大臣によって最終的に導入が見送られた。大臣は，管理者によるそのような行為を「不見識で好ましくない研究マネジメントである」(Carr, 2011) と断じた。同じシステムがスカンジナビアでは「ノルウェー型モデル」として知られており，デンマークでは資金の競争的配分のための一つの指標として採用された。オーストラリアが否定的な立場を取った一方で，デンマークでは，「ビブリオメトリクス指標を用いたポイント・システム」が，研究者たちに「トップクラス」の学術雑誌への論文発表を促すために利用されそうな気配である (Wright, 2011)。

　当然ながら，どのような成績づけ方法やランキングであっても必ず歪みをもたらす影響があることは，研究者たちも試験対策のための教育や試験の波及効果についての文献から重々承知している (Cheng et al., 2004)。大学の研究成果を測り，評価するための様々なシステムがもたらす歪みについて論じた報告は多数あり，呼び名が定着した例も多い。たとえば，サラミを薄く切るように研究成果を小さく切り分けて一切れずつ薄い雑誌論文を濫造する「サラミ切り」。研究成果が出そろって十分に熟考し分析した上で成果を発表

するのでなく，部分的にでも研究成果が得られ次第「急いでプレス（出版）」することしかり，剽窃しかり，また「ゲームズマンシップ（訳注：反則すれすれの巧妙な駆け引き）」たとえばビジネススクール協会のリストで疑惑がもたれているように，認められた学術雑誌のリストを作成することで狭い専門分野の優位性を高めたり（Willmott, 2011: 436），上位の学術雑誌を牛耳るカルテルを結成するなど（Macdonald and Kam, 2011）もそうである。英国の庶民院科学技術委員会（House of Commons' Science and Technology Committee, 2004: 21）は，RAE を「インチキ，ごまかし，馬の売買に似た抜け目のない駆け引き」であり，「信頼性を失い始めている」と断じた（Wright, 2009）。同様に，権威のある英国学士院政策センター（British Academy Policy Centre）の報告書は，内部で問題を診断して解決し発展を促すのではなく，名前を公表して恥をかかせるために統計的な指標やランキングを懲罰的に用いれば，歪んだ影響をもたらすと警告している（Foley and Goldstein, 2012）。

　このような歪みと，オーストラリアの担当相が指摘したような管理者による不見識な目標設定は，学術的な価値という観点からは望ましくないのかもしれない。しかし，成績やランキングを用いたガバナンスとは，まさにそのように機能するものである。たとえばウェスト・ポイントにおいては，学生たちを教科の知識と軍人としての態度の成績で競わせるような操縦技術が，組織のすべての側面に浸透していった。成績は頻繁に序列づけされ，将来の職をも左右する記録として残るため，学生たちを互いに競争させることになった。トップの学術雑誌に刊行された論文数によって大学をランクづけし，同じ手法で研究資金を配分するやり方は，同様に操縦技術として効果的に機能することが期待されている。すなわち大学セクター全体が優位性をめぐる競争により再編を促され，組織の経営陣は目標とインセンティブの設定に力を注ぎ，個々の研究者が自己管理して「カウントできるもの」に集中的に取り組むように仕向ける。数値によるガバナンスは，個々のスケールで，また全スケールで横断的に機能し，全体としてトータル・アカウンタビリティ・

システムを構築するように意図されている。

3 グローバル・スケールへの転換と競争国家

　1990年代初頭に，教育研究機関に期待される活動と評価・ランキングのレベルが，国からグローバルへとシフトした。キャメロンとパラン（Cameron and Palan, 2004）は，同時代の世界の空間的構成を再想像する三つの語りを提示する。第一に，グローバル化した「オフショア」経済が，国家の規制の空洞化を招く一方で，工業生産，貿易市場，金融市場における時間と空間の戦略的な利用による資本蓄積の新たな機会が開かれた。第二は，対極にある，しばしば「近隣」や「地域社会」と呼ばれる局部的な貧困地域であり，そこでは貧しい人々が身動きできず，周辺化され，新たに開かれた機会から排除されている。第三に，上記の二つの仲立ちをするのが，いわゆる「競争国家」である（Cameron, and Palan 2004: 109; Cerny, 1990）。国・地域・都市・個人等あらゆるレベルで競合する単位によって構成されることが想定された世界においては，国家の役割はもはや均質的な国民に対して万人向きの福祉サービスを提供することではなくなった（Jessop, 2002）。むしろ，競争国家の役割は，可能な限りのすべての生産的な資源を動員し，競争で優位に立てるよう配置することである（Pedersen, 2011）。すなわち国家は，法・規制・金融に関わる枠組みを提供することで資本に対して「オフショア」に新しい開拓地を提供し，教育等の諸サービスが経済の競争力向上に寄与するよう再編し導き，さらに，すべての個人が自らのスキルとグローバルな労働市場における自らの立場の最適化が出来るようにすることで，結果として国全体が繁栄するという考えである。

　そもそも「競争」とは，いったい何をめぐる競争なのだろうか。産業組織と社会組織の新たな形態をめぐる広範な議論の焦点となったのは，新しい資

源としての「知識」であった．1990 年代末に OECD は，様々な議論を集約して，「グローバルな知識経済」を定義した．新たな知識を生み出し，その知識を革新的な製品ないしは新しい経営手法へと変換するスピードが競争の優位性を獲得する鍵となるような未来は，すでに不可避でしかも間近に迫っている．デンマーク政府が同国のグローバル化戦略で指摘したように (Danish Government, 2006)，OECD 諸国が世界の中で最も豊かな国という現在の地位にとどまるためには，高度人材と，知識を生み出し産業界で実用化するための効率よいシステムが不可欠である．大学はグローバルな知識経済で国が成功するための主体として，国家によって動員され，舞台の中央に引きずり出されたわけである．

競争国家によって規定し直された大学は，グローバル化された世界において想像される三つのすべての空間において機能することを期待された．第一に，オフショアのグローバルな空間に企業のように乗り出し，学生と研究契約の獲得を目指して国際市場で競争すること．第二に，新たな資源である知識を国の産業界に提供することで国家経済に貢献すると同時に，労働者として最新の知識・ネットワークだけでなく，新しいフレキシブルな労働市場で自発的に物事を処理し，チームワークに貢献し，移動性の高い労働者としてのスキルを身につけた学生を産業界に供給すること．そして最後に，平等なアクセスを保障する政策を通じて，機会から疎外された人々に国際的な労働市場に参与できるという希望を与え，高度技能経済がもつ社会分断的な側面を軽減させること (Reich, 1991)．これら全ての面で，大学は自らの属する競争国家，地域ないしは都市のイメージに貢献することが期待された．20 年足らずの間に，大学は，経済的利害や政治的利害から一線を画していたかつての存在から，技術革新のための知識や高度人材を国に提供することによって，グローバルな知識経済を牽引する機関へと変貌した．さらに，大学そのものもグローバル経済の一部となった．

デンマークはかねてからガバナンスの大改革に乗り出していたが，2003

年には大学もこの改革の対象に加えられた。デンマークの財務省は，国家が巨大な官僚機構を通じて公共サービスを運営することをやめ，政府は政治的な目標と，サービス提供のための予算的・法的枠組みを設定することとした。政策の実施については官僚機構と公共セクターの一部を「独立した法人組織」へと鞍替えし，大学については「自立的な機関」に変え，これらの法人に外注するという方法をとった (Wright and Ørberg, 2008)。財務省がこのような「目標と枠組み」による操縦システムを提案したのは，現場に対する中央集権的な支配を強め，請負機関（コントラクター）を政策の方向転換に迅速に対応させることを重視したためであった。これに対し，研究省は，改革により大学が国のニーズと国際市場の動向により迅速かつフレキシブルに対応できると考えたようである。デンマークの政策実施の外注化は，英国における民営化とサービス実施契約の競争入札制ほど極端には推進されなかったが，現在では大学を含む公共サービスのコストとパフォーマンスを機関相互で，あるいは民間の供給業者と比較することが，法的にも，予算にも，会計的にも可能な制度となっている (Wright, 2012)。

このような世界観とガバナンス形態において，ランキングは二つの新たな目的を担った。第一に，競争国家は，自らの行動について責任をもつ主体として，（デンマークの高等教育担当大臣の言葉を借りれば）大学に「自由を与えた」が，それは同時に，国家に対しても自らのパフォーマンスに責任を負うという自由であった (Wright and Ørberg, 2009)。担当大臣は大学が目指すべき目標を設定し，大学への予算を増額したが，予算配分については次第にターゲットを絞り込み，競争にもとづいて行うようにした。大臣によれば，これらは，大学がグローバルな舞台上でアクターとして成功するために必要な条件の枠組みであるという。さらに大臣は，大学が自らに与えられたより大きな信用と資金を責任ある形で使ったかどうかを，世界ランキングによって判断するという。たとえば, 当時のデンマークの首相のいう「デンマークの夢」は，「2020年に，有名な英国の高等教育専門誌タイムズ・ハイアー・エデュ

ケーション (THE) のランキングで，少なくともデンマークの 1 大学がヨーロッパのトップテン入りすること」を謳っていた (Danish Government, 2010)。デンマークの 2 大学が THE のトップ 100 に入り，コペンハーゲン大学がヨーロッパで 15 位にランクされていた 2009 年の時点では，夢は可能に見えたかもしれないが，2011 年になると，これらの大学はすべて THE のトップ 100 から落ちてしまった (Information, 2011)。その頃になると，世界中の教育担当大臣たちが，ヘーゼルコーンの言う「学術軍拡」(Hazelkorn, 2008: 209) に参入し，自国の大学の少なくとも 1 校に THE のトップ 100 入りを果たしてもらいたい，とこぞって言うようになっていた。

　大学ランキングの第二の目的は，競争国家が抱く自国民についての見方と関連している。ペダーセン (Pedersen, 2011) が指摘するように，国家の歴史的な形成は，人間性についての見方，つまり国民たる者が自らをどのように見なし，どのように振る舞うべきかについての考え方と密接に結びついている。競争国家において国民は，自らの人生設計に対し責任を持ち，また自らの人生のチャンスを最大化するのに必要な一連のスキルを習得することに責任をもつ個人と見なされている。個人についてのこのような見方は，福祉国家から競争国家への変化と同時並行して発展した「新ヒューマン・キャピタル理論」(Brown et al., 2007) の考え方と符合する。この理論によれば，国家が教育を公共財として提供するのではなく，職を得るのに必要な教育とスキルを習得し，目まぐるしく変化する労働市場にとどまるために生涯にわたって継続的に再投資を続けるのは，個人の責任と考える。個人は自らを一つの事業と見なして投資すべきであり，自分への投資の成果を履歴書に記載して売り込める。その過程では多くの選択をすることができる。中でも重要な選択の一つが，どの大学でどの学位を獲得するかである。大学ランキングの狙いは，自分の時間とエネルギーをどこに投入すべきか，あるいは "learn to earn" という英語の表現にあるように「稼ぐために学ぶ」にはどこを選ぶべきかという判断を人々が下せるようにすることにある。

次の二つの節では，ランキングが説明責任の一形態として，また個人が選択を行うための根拠として目的にかなっているか否かを論じる。

4 説明責任としてのランキングか，それとも駆け引きとしてのランキングか？

現在ある世界大学ランキングは15以上にのぼり，これら以外にも国レベルや分野別のランキングが数多く存在している。採用されている方法も多岐にわたり，多くの議論を呼んでいる。どのような指標が用いられているかにかかわらず，すべてのグローバルなランキングでトップ10を占める大学の顔ぶれはほぼ同じである。そこで，THEは「グローバルなスーパーブランド」である6大学を「普通の競争では手が届かない特別ゾーン」と称する。中間レベルにランキングされた大学の成績には大差がないため，一つの指標の定義や重みづけがほんの少し変わるだけで，順位が大幅に上がったり下がったりする可能性がある。アッシャーとサヴィノ（Usher and Savino, 2006）によると，上海交通大学が作成する世界大学ランキングは研究に圧倒的に大きなウェイト（90％）を置いており，トムソン・ロイター社（Thompson Reuters: 自社のウェブサイトで自らを「ビジネスとプロフェッショナルのための，世界有数の知的情報源」と豪語している情報企業）が作成・販売する論文引用指標（サイテーション・インデックス）に依拠している。上海交通大のランキング作成者たちは，トムソン・ロイターの引用指標で正確に測れるのは自然科学についてだけとの考えから，ランキングでは社会科学と人文科学についてはごくわずかしか勘案していない（ibid.）。対照的に，THE世界大学ランキングは，引用データを，表1のように多くの指標のうちの一つとして使っているに過ぎない。

上海交通大のランキングも，THEのランキングも，ともに研究に一番大きなウェイトを置いている。上海交通大は教育に関する指標を勘案していな

表1 THE 世界大学ランキングにおける指標とウェイト配分[1]

指　標	ウェイト
教育	30.0%
研究　（論文の）総数，収入，評判で測定	30.0%
引用　研究の影響度の指標として	30.0%
産学連携収入　技術革新の指標として	2.5%
国際　教員・学生の外国人比率，研究の国際化	7.5%

いが，THE は教育に 30％のウェイトを置く一方で，研究と引用には合わせて 60％のウェイトを置いている。このことを見れば，先にも述べたが，なぜ各国の政府が世界ランキングで「カウントできる」学術雑誌への論文発表を奨励するインセンティブとして，ビブリオメトリクス指標を用いて研究資金を配分しているのかは明らかである。しかし，研究成果に圧倒的に重きを置く大学ランキングが，どの大学で学ぶのが良いかを判断しようとしている学生たちにとって，どの程度役立つのかは不明である。

『US ニューズ・アンド・ワールド・レポート』(US News and World Report) 誌の「ベスト・カレッジ・ガイド」(訳注：アメリカ国内の大学ランキング) は教育に焦点を合わせているが，グラッドウェル (Gladwell, 2011) の批判的な論文によると，評価に用いられる変数は，それぞれ「編集者たちが料理した秘密のソースで味付けされ重みづけされている」という (表2)。

グラッドウェルによれば，これらの変数のそれぞれは，さらにいくつかの指標によって構成されている。そうした指標の中には，非常に根拠が薄弱なものもある。たとえば，「学部教育の学術面での評判」は，大学の学長，副学長，学部長を対象に国内の 261 大学について評価を依頼したアンケート結果にもとづいている。グラッドウェルは次のように指摘している。「一人の個人がどのようにしてそれほど多くの大学の実態について把握しうるのかは，まったく不明である。」そして，「大学の学長が，自分が何も知らない何

---

1) 訳注：この数値は 2012 年当時のもので，その後変更されている。詳しくは序章および基礎解説 1 を参照

表2　USニューズ・アンド・ワールド・レポート誌の「ベスト・カレッジ・ガイド」における変数とウェイト配分

変　数	ウェイト
学部教育の学術面での評判	22.5%
卒業率と新入生の翌年度在籍率	20.0%
教員資源	20.0%
合格難易度	15.0%
財政資源	10.0%
卒業生のパフォーマンス	7.5%
同窓生の寄付	5.0%

十もの大学について他の大学と比較した長所短所について評価するように依頼されれば，大学ランキングに頼ることになる」と推測する。すなわち，大学の評判とランキングは互いに自己充足的に補強しあうのである。他の指標の中には，いくつかの変数をさらにウェイト付けして作成されるものもある。たとえば「教員資源」は，クラスの大きさ，教員の給与，教員に占める博士号保持者の割合，教員・学生比率，常勤教員の割合をウェイト付けして作成される。これらの指標は，大学がいかに学生に知識を与え，刺激を与え，挑戦的な課題を与えることにおいて優れているかを示す有効な代替指標たりえない，とグラッドウェルは指摘する。

　全体的に見て，グラッドウェルの批判は，他の多くのランキングにも当てはまる。彼はランキング・システムは次の2種類のいずれかに分類可能だという。一つは，多種多様なもの（すべての種類の自動車，あるいはすべての種類の大学など）を同一の指標で比較する異種混淆型ランキング・システム（heterogeneous ranking system）である。もう一つは，特定の項目（一つの範疇に属する大学，あるいは一つの分野など）を対象に，複数の変数にもとづいて比較する総合型ランキング・システム（comprehensive ranking system）である。グラッドウェルが「まったく無謀なやり方」と評するUSニューズ・アンド・ワールド・レポート誌のランキングは，異種混合型でありかつ総合型であることを目指しており，同じことはTHEその他多くのランキングのシス

テムにも当てはまる。そもそも個人の成績をつけ評価する場合には，学生全員が同じ授業を履修し，同じ試験を受け，同じ課題を与えられたのに対し，組織のパフォーマンスの成績をつけ評価する場合には，大学が多種多様であることに加えて，戸惑うほど多様な試験を課され，しかも試験結果の解釈は透明性を欠いている。

　大学の首脳陣の多くは，ランキングが抱える方法論的な弱点に気づいている。たとえば，USニューズ・アンド・ワールド・レポート誌がロー・スクール（法科大学院）のランキングをはじめた際，イェール大学ロー・スクール長は「間抜けの人気投票」だといい，ハーバード大学ロー・スクール長は「ミッキー・マウス」「狂気の沙汰」「まったく馬鹿げている」(Sauder and Espeland, 2009: 68 に引用）と形容した。その一方，大学の首脳陣は，資金提供者，とりわけ中央政府と州政府，理事会に対する説明責任の指標として，ランキングを受け入れている。大学首脳陣はまた，「我が大学はUS Newsのランキングでもっと上を目指す」といった形で大学の目標を設定したり，自分自身を含む管理職のパフォーマンス向上を刺激したり，パフォーマンスを判定したりするためにランキングを用いることによって，ランキングの信用度を高めその流通を促進している。2007年，アリゾナ州立大学の学長が，大学のランキング向上に対し1万ドルのボーナスを支給されたとの噂が流れた(Simpson, 2012; 22)。大学の首脳陣や学者たち自身によって承認されることで，不安定で不確かな指標であるランキングは広く普及し，大学組織自体を生成する機能をもつに至った。ソーダーとエスペランドの研究（Sauder and Espeland, 2009: 68）によれば，ロー・スクール長たちは，大学ランキングが，自分たちのロー・スクールの評判，入学者選抜方針，予算の立て方と資金の配分方法，部下・同僚・自分自身についての評価の仕方，様々な活動を奨励し調整する方法，目標の設定と結果についての評価方法など，ロー・スクールのあらゆる面と不可分となっていると感じている。

　パワー（Power, 1997）が主張するように，監査制度は監査対象の組織のあ

るがままの姿を客観的に測定するのではなく，組織を監査制度のイメージの通りに創り出す。このことは，大学首脳陣たちによる自らの仕事の描写ぶりに見てとれる。英国のエクセター大学は，2004年にイギリス国内で30位台だったランキングを2012年にはトップテン入りを果たすまでに引き上げるという，ランキング順位を大躍進させた稀有な大学の一つであるが，同大学のマーケティング・コミュニケーション部長は大躍進の舞台裏を次のように明かす。「我々はランキングというものがどのように機能しているかを苦労して理解し，大学のパフォーマンスを向上させるためにランキングの測定基準を意識して用いる方針を実施した」(Catcheside, 2012)。米国のロー・スクールの学院長を対象とするソーダーとエスペランドの調査 (Sauder and Espeland, 2009) は，院長たちが職務の中でも，自校のランキングの低下を阻止することを最重要視していることを明らかにしている。院長たちは，各ランキングで用いられる個々の変数がどのように構成されているかについて，細部に至るまで精通していなければならない。その上で彼らは，自校の学生，スタッフ，収入，刊行物，試験での成績，卒業生の就職等々に関して，ランキング実施企業のアンケートや調査で確実に評価されるような良い数値を達成しているかどうかチェックしなければならない。院長たちは，カリキュラムや成績分布，あるいは教員の論文刊行戦略に関する学術的な意思決定を行う際，それらの決定によって自校の数値やランキングにどんな影響が及ぶかを勘案して決定を行っていることを認めている。重大な決定や予算配分を行う場合であれ，取るに足らない詳細にまでわたる精緻な記録を取る場合であれ，ロー・スクールの関係者たちは，営利目的のランキング企業からの注文に細心の注意を払うことを快く思っていない。しかし，細心の注意を払わなかった場合に受ける処罰は重い。失敗すれば，ロー・スクールのランキングが低下し，学生の募集にも，徴収できる学費にも，スタッフの解雇にまで影響が及びかねない。

　デンマークの大学も，ランキングの順位を高めるために，データ管理に対

して同じようにきめ細かい関心を払いはじめている。コペンハーゲン大学とオーフス大学の二学長は，2011 年に新聞『ポリティケン』(Politiken) 紙に共同で執筆した特別寄稿の中で，THE，上海交通大学，OECD，ライデン大学といったランキングごとに大学の順位づけに違いがあることを指摘し，これらのランキングでの順位を真剣に受け止める必要があると述べた (Holm-Nielsen and Hemmingsen, 2011)。2010 年，オーフス大学は，2 人の特別顧問の募集広告を出した。特別顧問の任務は，大学の執行部のメンバーとして，ランキングに関し，また大学の学術成果とビブリオメトリック分析の可視化に関して，理事会，学長，大学幹部に対してアドバイスを行うことであった (Aarhus University, 2010)。2 人の顧問のうち 1 人の任務には，ランキング戦略を立て，新しいランキング手法を開発する国際的な取り組みに参加し，国際的なランキング・システムにデータ提供することが含まれていた。米国のロー・スクール長たちの発言と同様に，デンマークでも，ランキングの順位を大きく左右するものは，ランキング・システムがどのように機能しており，その中で可能な限り優位な立場に立つにはどうすべきかを理解しているかどうかであること，すなわち「管理経営上の駆け引き」で優位に立つこととすでに理解されつつある。

「学術上の駆け引き」にみる歪みや，「管理経営上の駆け引き」で用いられる策略は，成績づけとランキングを通した操縦システムが命ずる指令への対応である。成績とランキングは，共に何がカウントされるのか，そして個人・大学・国家の優位性を最大化するための仕事のやり方と行動様式を明確にする。当然ながら，すべての学者と大学経営者がこのように対応しているわけではないが，私が現在行っている臨地調査では，デンマークの BFI（ビブリオメトリック研究指標）が急速に，しかも広範囲に，大学首脳たちによって舵取りの道具として用いられ，学者たちは何がカウントされるかを認知し，理解していることを示している。

米国，英国，デンマークの例を見ると，大学ランキングで何が数えられる

のか（どのような定量的評価指標が採用されるのか）が，政府の政策と予算配分，大学の経営，学術的な行動にますます強い影響を与えていることが分かる。これは数値を用いた操縦が，ガバナンスのためのトータル・アカウンタビリティ・システムとして確立されつつあることを示す兆候なのか。それとも，政治家，大学の執行部，学者が，成績付けとランキングのシステムには欠陥があると知りながら，またランキング・システムが時には大学運営や学術的な価値観に反するような変化をもたらしているにもかかわらず，これらのシステムを用い，対応し，その結果としてシステムを容認していることを懸念すべきなのか。よく知られているグッドハートの法則（Goodhardt's law）[2]によれば，方法が目標になると，行動を歪めるため，もはや方法ではなくなってしまう。ランキングのもたらす歪みが時には目標と逆の結果を生むことを勘案すると，ランキングは政府と資金提供者への説明責任の形態としての目的にかなっているようにはみえない。

5 ランキングと世界の留学生市場

グローバルな知識経済におけるランキングの第二の目的が，留学を希望する学生たちに，世界のどの大学で学ぶべきかの判断をさせることであるとすれば，ランキングはこの目的にどれほど適合しているのだろうか。国際的な学生市場の規模と価値は膨大で，先に引用した学長たちの言葉を借りればきわめて重大である。多くの欧米諸国は，また近年ではアジア，湾岸地域，アフリカにある教育ハブも，留学生を獲得することを，自国の労働人口に加わ

---

[2] ロンドン・スクール・オブ・エコノミクスの教授でイングランド銀行の顧問でもあるチャールズ・グッドハート（Charles Goodhardt）が，サッチャー政権によって導入された数値を用いた初期のガバナンス方式を批判するために，1983年に提唱したもの。

る可能性のある優秀な人材を呼び込む手段と見なしている（同じ国の入国管理政策が，これを認めない場合もあるが）。留学生はまた，多くの国にとってGNP を押し上げる収入源としての重要性を増している。世界銀行の報告書（Bashir, 2007）は，1999 年から 2004 年までの期間に，世界の留学生の総数が 164 万人から 245 万人へと 50％近く増えたと算定している。ブリティッシュ・カウンシルは，全世界の留学生受け入れ需要が，2020 年には 580 万人に増加すると予測している（Bohm et al., 2004: 5）。留学生獲得市場で優位に立っているのは，英語圏の 5 か国（米国，英国，オーストラリア，ニュージーランド，カナダ）である。ただし，2000 年から 2009 年にかけて，米国の市場シェアが低下したのに対し，オーストラリアとニュージーランド，そしてロシアがシェアをのばしている（OECD, 2011; Chart, 3.3）。2005 年の米国の教育輸出の総額は 141 億ドルで，他の 4 か国の合計は 142 億ドルであった（Bashir, 2007: 19）。カナダの外務貿易省の報告書では，カナダ経済にとっての教育輸出の重要性が次のように示されている。留学生による支出（学費，住居費，生活費，旅費，自由裁量で購入する製品とサービスの購入費）がカナダ経済にもたらした 65 億ドルという額は，針葉樹材の輸出額（51 億ドル）と石炭の輸出額（61 億ドル）を上回り，8 万 3000 人の雇用の維持につながった（RKA Inc., 2009）。この「貿易」は，留学生を送り出している国々にとっては資金流出となる。留学生を送り出している国々に対して提供されている 2 国間および多国間の政府開発援助の年間額は，高等教育の 5 大輸出国が 1 年間に稼ぎ出す高等教育輸出額の僅か 10 分の 1 に過ぎない（Bashir, 2007: 11 Table 5）。デンマークは政治的には教育輸出に強い関心を注いでいるにもかかわらず，まだこの市場で優位な位置を占めるには至っていない。高等教育の単位費用が高いため，デンマークは 2006-2007 年度に EU 域外からの留学生から学費を徴収する制度を実施し，これらの留学生向けに数百件の政府奨学金の支給をはじめた。デンマークの高等教育全体で留学生が占める割合の変化の指数は，2004 年を 100 とすると 2009 年には 118 であったが，同じ時期に留学生から

学費を徴収していなかったノルウェーとスウェーデンの指数は，それぞれ141 と 159 であった（OECD, 2011: Table C3.1）。デンマークの数値はあまりにも低く，受け入れ国別の留学生の比率と国際教育市場に占める各国のシェアを示す OECD のグラフに登場しない（OECD, 2011: Charts C3.2 および C3.3）。

　学生たちは，遠い国にある進学先の大学をどのように選ぶべきなのだろうか。OECD の描く将来像は，大学が供給側（学者）の利害に支配されるのではなく，より需要側（学生たち）に対応し，また国家による舵取りによってではなく市場を通じて組織されるというものだ（Wright and Ørberg, 2012）。一方で，OECD は世界貿易機関（WTO）のサービス貿易に関する一般協定（GATS）によって，高等教育が市場開放される見通しに警戒し始めた。もし現実となれば，学生すなわち顧客たちが質の悪い教育サービスを提供する詐欺的な教育サービス提供者たちから守られなくなってしまう。こうしたリスクは，かねてからユネスコ（国連教育科学文化機関）によって認識されていた。教育貿易市場の拡大と営利的なサービス提供業者の参入を受けて，ユネスコは，「国境を越えた教育」に関する学術的価値と市場の価値の間の対話を促進するために，「質保証，資格認定および資格承認の国際的側面に関するグローバル・フォーラム」を発足させた。参加者の中には，「高等教育のグローバルな市場を形成し，GATS に代わる手段と枠組みを取り入れる」ための国際的な法的規制手段として，ユネスコ条約の締結を望む者もあった（Mathisen, 2007: 271）。ユネスコは各国の政府が質保証と資格認定の方法を確立することの重要性を強調し，公立か私立か，営利か非営利か，本拠が国内か外国かにかかわらず，各国内で認可を受けるすべての高等教育機関 ── この定義では国外キャンパスやフランチャイズ等による新たな教育事業形態の多くが含まれる ── を網羅するデータベースの構築を計画した（Mathisen, 2007: 275）。このデータベースによって，学生たちは遠い国の教育機関の真正性をチェックし，願書を提出する前に機関が正規に認定され，質が保証されていることを確認できるはずとされた。国際的な法規制の制定権限をもたない

OECDは，ユネスコと協力することを目指した。そして最終的には，規制措置としてははるかに弱いユネスコ・ガイドラインが合意された (*ibid.*)[3]。

認可を受けた教育の提供者と，留学生を守るためにユネスコが行っている活動に関するウェブサイトは，これまであまり知られておらず評価されていなかった。しかし，ユネスコのウェブサイトは収入源としてランキングを発表し，留学生市場において急速に拡大しつつある営利活動を行うランキングの代替として位置づけられる。大学そのものは，急激に変化することで再セクター化の過程にあるといわれる高等教育に関わる巨大なビジネスや組織の中では，単なる一つの相対的に小さなプレイヤーである (Robertson et al., 2012)。高等教育関連のビジネスに関わる企業の中には，「一流の」学術雑誌を所有する 5 大出版社，学術雑誌における論文引用に関するデータとインパクト・ファクターを作成するトムソン・ロイターのような企業，ランキングの論文引用以外の側面に関する調査を行うコンサルタント企業，さらにランキングを所有しその販路拡大に励む新聞社（英国ではマードックの THE，ザ・タイムズ，ザ・ガーディアン，カナダではマクリーンズ）などが含まれる。大学は自校のランキングを高めるためにランキング実施企業から個別化されたデータを購入したり，多くのコンサルタント企業（World 100 Reputational Network など）に頼ったりする。他にも多くの企業がランキングを利用したり，組み替えたりしながら学生市場で活動する。たとえば国際的な教育フェアの開催や，（高等教育機関に特化したクラウド型オンラインサーベイ事業 i-graduate のように）学生と大学を結ぶ仲介や，入学者選抜とビザ取得手続きの支援，そして語学学校や留学予備校の学生募集の請負などを行うのである。

これらの企業の多くは，学生の選択にランキングが果たす役割は，ごく限られたものすぎないかもしれないと認識している。Times Good University

---

[3] 国際機関の中で，OECD はとりわけ国際統計をめぐってユネスコと競合関係にある。そのために，ユネスコ統計サービスの使命，人材配置，場所が変更されるに至った (Cussó, 2006)。

Guideの編集長でQSランキングのコンサルタントもつとめるジョン・オリリーは，大学ランキングのトップテンに入る大学と出願者数のトップテンとの間には，相関関係はほとんどない，と発言したと伝えられている（Catheside, 2012）。i-graduate の代表取締役ウィル・アーチャーは，20万9422人のアンケート結果にもとづく「グローバルな留学生の選択基準」（Global International Student Barometer）を発表し，その中で学生が進学先を決める際の最も重要な要因は，「教育の質」という大半のランキングが無視しているか，指標を見出すのに苦労してきた要因であると明らかにした。加えて，将来のキャリア，大学，システムの評判が重要な要素である。「研究の質」はそれらに次ぐ5番目に位置し，以下「学科の評判」「具体的なコース名」「学費」「安全」と続き，最後に「生活費」となっている（Baty, 2012）。もしもデータベースが，学生たちにとって自分の選択の妥当性をこのような多様な要因と突き合わせて確認するのに役立つのだとすれば，学生が自分自身の判断基準をもとにウェイト付けをすることによって，データベースから自分用のランキングを構築できるようなウェブサイトこそが，おそらく必要とされているのである。インディアナ大学ロー・スクールのジェフリー・ステークは，以上のような原則を踏まえてザ・ランキング・ゲーム（The Ranking Game）[4]を設計したが，おそらくこれこそは欧州のU-Multirank（本書第10章藤井論文参照）が目指すことと一致するであろう[5]。「セレブな履歴書」（Jetset CVs）をつくり出すのに懸命な比較的少数の留学生のみが，グローバルな労働市場で可能性のドアを開くために大学のブランドの方が専攻や成績よりも重要と考え，世界ランキングを世間の評判として受け入れているようにみえる（Baty, 2012: 15）。

　もしそうであるならば，ランキングは大学が自らの「評判管理」（レピュテーション・マネージメント）のために活用する数々の指標のうちの一つと考えられる（おそらくはソーシャル・メディアをモニターする方が大事かもしれな

---

[4] http://monoborg.law.indiana.edu/LawRank/play.shtml
[5] http://www.u-multirank.eu/

い）。それゆえ，THE が世評・評判を非常に重視し，新たに評判の世界ランキングを発表したのも理解できる（なお，上海交通大のランキングは，評判をまったく勘案していない）。民間部門での評価管理の経験をもつコンサルティング会社は，現在，大学セクターへの進出を目指している。彼らの考えでは，もしトップ企業にとって評価・評判をモニタリングすることが金融リスクの査定と同じぐらい重要ならば，ハイ・コストで生産に時間がかかり，事前に試すことのできない「製品」をつくっている大学にとって，評判管理はより重要だからである（Simpson, 2012）。シンプソンの説明によると，レピュテーション管理とは，製品のブランド（製品の際立った特徴）と評判（製品に対して人々が抱く認識や好感度）とを一致させることであり，一致した場合に「カネを稼ぎ出せる」のである（ibid.）。さらにシンプソンは，外部的な名声（ランキング，肯定的なマスコミ報道，推薦の言葉）は，学生の満足度よりも 4 倍も効果的に優秀な学生，寄付者，望ましいパートナー等のリクルートの成功，すなわち「支持的態度」を勝ち得る効果があると言う。

> 卒業生の履歴書上の大学の評判は，同窓生たち自身の経験よりも効果がある。ジョージ・オーウェル的であるが，あなたがある大学をどう思うかということの方が私がその大学について知っていることよりも重要なのだ（Simpson, 2012, 傍点は引用者）。

しかしながら，大学がランキングの順位を何とか上げることが評判管理の一環ならば（すなわち，見かけの方が中身よりも重視されるならば），先に述べたグローバルな知識社会における国民の姿と見事に呼応する。個人も同様に自分自身を創り上げることが期待されている。つまり，彼らが際立った特徴をもつ製品（履歴書では出身大学のランキングがブランドの重要な一部となる）となり，それが消費者つまり雇用主の希望と一致するならば，「カネを稼ぎ出せる」のだ。

6 大学は内省的な実践者を育てうるのか

　ウェスト・ポイントの陸軍士官学校で生まれた成績とランクづけに関するホスキンとマクヴェの研究は，学生が大学で学科を習得するだけでなく，反射的に組織化システムについても学ばされることを示唆する。とすれば，学生たちが大学で学び仕事の世界へともっていくことになるパフォーマンス測定，自己監視，ガバナンスのシステムとはいったい何なのであろうか。

　第一に，ランキングと順位表に関心と資源を集中させることは，エリートには利益を，大衆にはコストをもたらす。順位表とランキング・システムの影響に関する大がかりな調査を行ったエレン・ヘーゼルコーンによると，世界には1万7000以上もの大学があるのに，政府も大学執行部もマスコミも，自国の大学を世界ランキングの「トップ100」入りさせるという「ほとんど闘争的な強迫観念」をもっているようだ。デンマークの教育相が望んだような「ワールド・クラス」の大学をつくりあげるには，年間10億から15億ドルの費用を要するが，デンマークでこれにかろうじて手が届きそうなのはコペンハーゲン大学とオーフス大学だけである。世界の大半の大学にとって，ランキングの上位入りを可能にするような点数を獲得することは，とうてい不可能である。資金がランキングの数値指標と結び付けて配分されれば，高等教育はエリート層の利益のために再編され，ヘーゼルコーンが指摘するように，資源は最も豊かな大学に集中し，エリートと大衆教育の間の溝が広がる，いわゆるマタイ効果[6]がますます顕著になる（Hazelkorn, 2008: 212）。ヘーゼルコーンは文献研究と自らの調査結果をまとめて，ランキングが学術的な軍拡競争を誘発するという論考を展開する。

---

6) マタイ効果とは，社会学者のロバート・K・マートンが，聖書のマタイ伝25章29節の言葉，「持つ者はさらに与えられ豊かになり，持たざる者は持っているものまで奪われる」をふまえて，累積的な優位性について説明した用語である。

ランキングは高等教育機関を，より大きな資源への絶えざる追求にがんじがらめにし（Ehrenberg, 2004: 26），市場由来の競争の力学を強め（Clarke, 2007: 36），競争圧力を激化させ大学の階層化と研究の集中化を推進し全世界共通の良い大学像を作り出して，グローバル・マーケットを創出する（Marginson, 2007: 132, 136）。基準を満たさないかブランドの認知がない大学は，結果的により低く評価されるか無視される（Machung, 1998: 13; Lovett 2005）（Hazelkorn, 2008: 209-10）。

学生たちにとっての第2の教訓は，ランキングが「トータル・アカウンタビリティ・システム」を支える技術であることである。すなわち，国際機関と競争国家群が採用した，国・教育研究機関・個人に成績とランク向上を目指す競争をさせ，それを通して統治するガバナンスの形態であることだ。フーコー（Foucault, 1977）が指摘したように，そのようなガバナンスのシステムは，「全体化と個別化」という両方の作用をもつ。すなわち，一つの部門とそこに含まれる個々の機関と個々人のすべてを，同時に統治するシステムである。しかし，ランキングによる統治の巧みなところは，「トップ100」などの範疇・カテゴリーは固定化されているにもかかわらず，いかなる機関も個人も安定的な地位を保証されていないことである。各国の政府やランキング企業が，ランキング指標に対し継続的に微調整を行うとき，また競争相手たちの予想不可能な成績と常に比較されるとき，この不安定性は強まる。フーコーがさらに指摘したように，このような監視システムは伝播し，連続的で，しかも通俗的である。ランキングに反映する多種の，ランキングに数えられなければしばしば取るに足らない指標をチェックし記録する作業が，たゆみなく継続されるのだ。さらに，ソーダーとエスペランドが指摘するように，トータル・アカウンタビリティ・システムには，「一群の対象をすべて同じであると定義し，その後ある規準を用いて個体間の違いを確立」する（Sauder and Espeland, 2009: 72）ことによる標準化の機能もある。エリートの特徴が標準と規定されるとき，大多数が失敗宣告を受ける。さらに悪い場合には，大学独

自の長所と多様性をのばすことを奨励し成果に報いられる代わりに，達成不可能なことを目指して奮闘するように命じられ，結果として資源を浪費させられてしまう。

　第3の教訓は，実際に評価（カウント）の対象となっているのは，評判管理（レピュテーション・マネージメント）だということである。競争国家は機関と個人を同じように見ている。大学は自らの裁量を用いてグローバル化された大学セクターにおける自らの位置づけを最大化する「自由」を与えられ，可能な限り高いレベルの国際大学コンソーシアム[7]と連携すべく，ランキングにおける自分たちの成績を顕示する。競争国家における人間の性向に関しても同様に，個人には自らの履歴書をつくり出す責任があると見なされる。履歴書をつくり出すということは，具体的には最善の資格と成果（ないしは成果を出したように見せること）で，中でも重要なのはブランド大学名を履歴書に書き入れ，それをマーケティングとネットワーキングに利用して，グローバル化されたエリート労働市場に参入することである。大学と学生はともに，国であれ，機関であれ，個人であれ，ユニットの間には競争があることを受け入れ，何が重要であり，いかにして成功するかをわきまえて，自由な主体として自らの資源を動員し説明責任を果たしうる主体であることを期待される。

　学生は，パフォーマンス指標，順位表，世界ランキングを用いて組織をいかに運営するかについての知識と，システムに適合する人物像を頭に浮かべながら，大学から実社会に進むことになるのであろうか。トータル・アカウンタビリティ・システムのもとでは世界に対して批判的で内省的な態度を取ることは奨励されないが，そのような態度を教えることこそが大学教育の目

---

7) 例えば Universitas 21, コインブラ・グループ (Coimbra Group), ヨーロッパ研究大学連盟 (League of European Research Universities), 世界規模大学ネットワーク (Worldwide Univesities Network), 国際研究型大学連合 (International Alliance of Research Universities) といった全世界的大学連盟が形成されている。

的である。大学は,教育と,そこに所属することで身につける暗黙の学習を通して,批判的で内省的な実践者 (Wright, 2004) を育てうるのであろうか。すなわち,グローバル,国家,機関,個人のすべてのレベルを横断的に統治するシステムについて,ヘーゼルコーンの言葉を借りれば「何が望ましく,何が歪んでいるのか」を分析し,システムに働きかけ,変えることのできる実践者を。 (石川真由美 監訳)

参照文献

Aarhus University (2010) Ledelsessekretariatet søger 2 specialkonsulenter, *Masisterbladet*, 12:47.

Bashir, S (2007) *Trends in international trade in Higher Education: Implications and options for developing countries.* Washington DC: World Bank. http://siteresources.worldbank.org/EDUCATION/Resources/278200-1099079877269/547664-1099079956815/WPS6_Intl_trade_higherEdu.pdf.

Baty, P (2012) De rigueur for the jet-set CV. *Times Higher Education World Reputation Rankings 2012*: 15-17.

Bohm, A, M Folari, A Hewett, S Jones, N Kemp, D Meares, D Pearce and K Van Cauter (2004) *Vision 2020. Forecasting international student mobility*: *A UK perspective.* London: British Council. http://www.britishcouncil.org/eumd_-_vision_2020.pdf

Brown, P, H Lauder and D Ashton (2007) Towards a high skills economy: Higher education and the new realities of global capitalism. In D Epstein, R Boden, R Deem, R Fazal, Rizvi and S Wright (eds.) *Geographies of knowledge, geometries of power: Higher education in the 21st Century. World Yearbook of Education.* London: Routledge: 190-210.

Cameron, A and R Palan (2004) *The imagined economies of globalization.* London: Sage.

Carr, K (2011) Improvements to excellence in research for Australia. Australian government media release, 30 May. http://archive.innovation.gov.au/ministersarchive2011/Carr/MediaReleases/Pages/IMPROVEMENTSTOEXCELLENCEINRESEARCHFORAUSTRALIA.html

Catcheside, K (2012) What do universities actually gain by improving league table performance? *The Guardian*, 16 March.

Cheng, L, Y Watanabe and A Curtis (2004) *Washback in language testing.* Mahwah NJ: Lawrence Erlbaum Associates.

Cussó, R (2006) Restructuring UNESCO's statistical services - The 'sad story' of UNESCO's education statistics: 4 years later. *International Journal of Educational Development*, 26: 532-544.

Danish Government (2006) *Progress, innovation and cohesion: Strategy for Denmark in the global economy - summary*. Copenhagen: Regeringen.

Danish Government (2010) *Denmark 2020. Viden>vækst>velstand>velfærd*. Copenhagen: Regeringen, February. http://www.stm.dk/publikationer/arbprog_10/Denmark%202020_viden_vaekst_velstand_velfaerd_web.pdf.

Dreyfus, H and P Rabinow (1982) *Michael Foucault: Beyond structuralism and hermeneutics*, Brighton: Harvester Press.

Foley, B and H Goldstein (2012) *Measuring success: League tables and the public sector*. London: British Academy Policy Centre.

Foucault, M (1977) *Discipline and punish*. London: Allen Lane.

Frølich, N (2008) *The politics of steering by numbers: Debating performance-based funding in Europe*. Oslo: NIFU-STEP.

Gladwell, M (2011) The order of things: What college rankings really tell us. *The New Yorker*, 14 February. http://www.cuclasses.com/stat1001/lectures/classnotes/TheOrderofThings.pdf

Hazelkorn, E (2008) Learning to live with league tables and ranking: the experience of institutional leaders. *Higher Education Policy*, 21:193-215.

Holm-Nielsen, L and R Hemmingsen (2011) Ranglister for universiteter er alvor. *Politiken*, 18 December.

Hoskin, KW, and RH Macve (1988) The genesis of accountability: the West Point connection. *Accounting Organizations and Society*. 13 (1), 37-73.

House of Commons, Science and Technology Committee (2004) *Research assessment exercise: a re-assessment: Eleventh Report of Session 2003-4*. London: House of Commons.

Information (2011) Danske universiteter lander udenfor top 100. *Information*, 6 October. http://www.information.dk/telegram/2813999

Jessop, B (2002) *The future of the capitalist state*. Cambridge: Polity Press.

Macdonald, S and J Kam (2011) The skewed few: people and papers of quality in management studies. *Organization*, 18 (4): 467-474.

Martin, K (2010) Robert McNamara and the limits of 'bean counting', *Anthropology Today*, 26 (3): 16-19.

Mathisen, G (2007) Shaping the global market of higher education through quality promotion. In D Epstein, R Boden, R Deem, R Fazal, Rizvi and S Wright (eds.) *Geographies of knowledge, geometries of power: Higher education in the 21st Century. World Yearbook of

Education. London: Routledge: 266–279.
OECD (2011) *Education at a Glance 2011; OECD Indicators.* Paris: Organisation for economic co-operation and development. http://www.oecd.org/dataoecd/6If2/48631582.pdf
Pedersen OK (2011) *Konkurrencestaten.* Copenhagen: Hans Reitzels Forlag.
Peters, T (2001) Tom Peters' true confessions. *Fast Company.* 53: 80–92.
Power, M (1997) *The audit society: Ritual of verification.* Oxford: Oxford University Press.
Reich, R (1991) *The Work of Nations.* New York: Vintage Books.
RKA, Inc (2009) Economic impact of international education in Canada: Final report presented to foreign affairs and international trade Canada. Vancouver: Roslyn Kunin & Associates, Inc. http://www.international.gc.ca/education/assets/pdfs/RKA_IntEd_Report_eng.pdf
Robertson, SL, R Dale, S Moutsios, GB Nielsen, C Shore and S Wright (2012) *Globalisation and regionalisation in high education: Toward a new conceptual framework.* Working papers on University Reform no. 20 (URGE Project) Copenhagen: DPU, University of Arhus. http://edu.au.dk/fileadmin/www.dpu.dk/forskning/forskningsprogrammer/epoke/workingpapersfWP_20_-_final.pdf
Sauder, M and WN Espeland (2009) The discipline of rankings: tight coupling and organisational change. *American Sociological Review.* 74 (1): 63–82.
Shore, C and S Wright (1999) Audit culture and anthropology: neo-liberalism in British higher education. *Journal of Royal Anthropological Institute* (formerly Man), 5 (4): 557–575.
―― (2000) Coercive Accountability: the rise of audit culture in higher education. In M Strathern (Ed.), *Audit cultures: Anthropological studies in accountability, ethics and the academy* (EASA Series) London: Routledge: 57–89.
Simpson, L (2012) Reputation to consider?: Check the league tables. *Times Higher Education World Reputation Rankings 2012*: 22–3
Strathern, M (1997) 'Improving ratings': audit in the British university system. *European Review: Interdisciplinary Journal of the Academia Europaea,* 5 (3), 305–21.
Usher, A and M Savino (2006) A World of difference: A global survey of university league tables. *Canadian education report series.* Toronto: Education Policy Institute.
Willmott, H (2011) Journal list fetishism and the perversion of scholarship: reactivity and the ABS list. *Orgatlizalion.* 18 (4) : 429–442.
Wright, S (2004) Politically reflexive practitioners. In D Drackle and I Edgar (eds.), *Current policies and practices in European social anthropology education* (EASA Series) Oxford: Berghahn: 34–52.
―― (2009) What counts?: The skewing effects of research assessment systems. *Nordisk*

Pedagogik/Journal of Nordic Educational Research, 29: 18-33.
―― (2011) Universitetets performancekrav. Viden der tæller. In Kirsten Marie Bovbjerg (ed.), *Motivation og mismod*, Aarhus Universitetsforlag: 211-236.
―― (2012) Danske universiteter - virksomheder i statens koncern?. In J Faye and D Budtz Pedersen (eds.), *Havd er vidensppolitik?* Copenhagen: Samfundslitteratur: 263-281.
Wright, S and J Williams Ørberg (2008) Autonomy and control: Danish university reform in the context of modern governance. *Learning and Teaching: International Journal of Higher Education in the Social Sciences* (LATISS) 1 (1): 27-57.
―― (2009) Prometheus (on the) Rebound?: freedom and the Danish steering system. In J Huisman (ed.) *International perspectives on the governance of higher education.* London: Routledge: 69-87.
―― (2011) The double shuffle of university reform: The OECD/Denmark policy interface. In A Nyhagen and T Halvorsen (eds.) *Academic identities - academic Challenges?: American and European experience of the transformation of higher education and research.* Newcastle upon Tyne: Cambridge Scholar Press: 269-293.

chapter 2

科学と民主主義の問題としての
「大学ランキング」

佐藤文隆

第2章 科学と民主主義の問題としての「大学ランキング」

■はじめに

　大学の国際ランキングが日本の高等教育と科学研究の世界に当惑をもたらした。唐突に登場し，従来語られていた「大学と研究」の物語を大きく逸脱しているからである。当事者には喫緊の対処課題だろうが，本章ではこれを氷山の一角とする背後の問題に目を向ける。いささか迂遠だが民主主義という社会理念の中でこの課題を考察してみる[1]。このスタンスは筆者の経歴と関係している。いわゆる戦後民主主義の中で"思想としての科学"に鼓舞されて青年時代を過ごし，1960年代からの理工系倍増期の中で大学院制度による研究者文化の変容を肌で感じ，大学紛争を経た1970年代には「大学と研究」に付きまとっていた権威主義の皮がはがれて常人の職業の場となったのを実感し，1980年代の Japan as No. 1 と世界から持て囃された経済繁栄の中で「大学と研究」も我が世の春を謳歌すると同時に挑戦を受ける立場に転化したのを味わい，1990年代の冷戦崩壊後の世界秩序転換と日本の財政危機の中で「大学と研究」も透明性と説明責任が求められるその渦中に呑み込まれ，新世紀の情報インフラの革命の上に誕生した様々なランキング文化の中に「大学と研究」も巻き込まれていくのを遠望して現在に至っている，というのが筆者の個人的回想である。ちなみに筆者は1960年大学院入学で理論物理学の研究者となり，2001年3月に京都大学を退官したが，その間，京大基礎物理学研究所所長として「55年体制」の文部行政を垣間見，理学部長として大学院重点化改組をやり，その間も学会の業務にも多く関わり，また湯川秀樹が戦後創刊した *Progress of Theoretical Physics* 誌の編集に1970年から30年の長きにわたって携わり論文投稿者の意識の変容をつぶさに感じてきた。本章はこうした個人の体験談の開陳ではないが，1990年代を転

---

[1] 本章の文章の一部には拙著『科学と人間』（青土社，2013年）の「科学と民主主義10話」，『科学者には世界がこう見える』（青土社，2014年）の「科学と民主主義」及び拙著『科学者，あたりまえを疑う』（青土社，2015年）の一部を改編して使用した。

換期とするそれ以前とそれ以後を経験してきた者の視点であるということは明示しておく方がよいであろう。

1 歴史的・体験的素描

■社会の中の「大学と研究」

　民主主義というコトバは統治原理，政治形態，意思決定手法，抵抗の手法，価値的理念，など多義的であることは了解しているが敢えてそれを定義したうえで論ずる方法はとらず，本章の前半ではむしろ「大学と研究」から民主主義論を考えてみる。漠然と政治の概念としての民主主義と「大学と研究」を並べたとき思い浮かぶことを記してみる。

(I) 教育という公的営み

　民主主義社会の主人公である国民はその子弟のために，家庭や地域の生活では十全でない生活体験や社会の進展に応じた技能・知識の習得を公共的な仕組みとしての学校に託している。超越的な存在への帰依や人間本性からする教育論が歴史的に優勢であったが，現在，多くの人々は学校に公共的に保証された基準を求めている。経済生活の向上，知識・技能の高度化，機会の平等性などの潮流の中で拡大した高等教育でも，この公的機能の要請が強まっている。現在，教育と聞けば公共的ネットワークの中にある学校を連想するのが普通であろう。

(II) 研究という公的営み

　民主主義は改良の理念を謳っており，近代社会で広く民衆に共有されることになった学問，芸術，体育などの人間活動をブラッシュアップする課題解決・文化創造を掲げている。平等を前提とする多様性の上に立つ民主主義社

会では開かれた未来の社会像が不可欠である。その中では，卓越性を競うこれら活動（学問，芸術，体育など）の国際化と同時に言語を同一にする国民国家の文化状況の創生への要請も欠かせない。これら活動の一つである「研究」も，内的動機に駆動されているように見えても，こうした公的網のかかったものである。

今日，この（I），（II）のような「大学と研究」の語りに違和感をもつ人は少ないであろう。しかし半世紀も遡れば反発を感じる人々は関係者・非関係者の双方で多数派であった。「大学と研究」は覚醒者の内発的な営みであり，この覚醒した善意を社会は信頼し，その展開は自治に委ねるべしとされていた。人間を越えた聖性や真理，希少性や飛躍性，高等性や権威性等の中で語られる別世界を装っていた。これが社会全般の民主化の中でも承認されていたというよりは，等閑視されてきたのである。勿論，こうした脱世間の性行を批判する声は存在したが，世俗化する社会で聖的なものに代わる超越的存在を希求する心性にも支えられた別世界物語も頑固に生き続けた。それがフェードアウトの位相に入ったのは，「大学と研究」の規模拡大が「大学と研究」の物語を"公的営みの物語"に変容させたからであろう。

近代で強まった「大学と研究」重視の流れは啓蒙主義的な人間観に基づくものであるが，同時に多数の平等な人間集団の相互理解と極端な分極化が引き起こす不安定を回避する精神世界の構築を目指す社会政策でもある。聖的世界や絶対主義の崩壊の中，知識獲得が人々の精神世界を流動化させ，知識の大衆化は，経験に照らした合理的・批判的な思考を育む学問の流れを敵視する反知性主義の温床ともなる。超越存在を背景に置かない「大学と研究」の新たな課題でもある。鎮めの文化は，煽りの文化と表裏一体である。

■「大学と研究」の現在

社会の高度化で職能の専門性は高まり，機会平等の観点からも，開かれた高等教育機関への需要が高まった。とくに過去20年ほどの情報化社会への

大変動は職能需要のミスマッチを引き起こしている．情報通信，オートメーション化，コンピュータ制御，ロボット化などの製造作業および販売，経理，文書作業などの事務作業の両面において無人化が進み，先進国の大卒者の失業問題として顕在化した．これに日本に特有な事情も重なった．国及び地方自治体の累積財政赤字，国際競争激化に晒された日本の企業が"大学は教養，仕事は on the Job"という従来の慣行を転換したことなどである．また，国際化の現場での日本語の壁と学齢人口減少による大学業界縮小の圧力，工場国家から知識産業国家への転換に即応した大学の対応など，大学は矢継ぎ早に根底を揺さぶる波に曝された．国民的には共有されているか否かは別として日本は"挑戦する国家から挑戦される国家へ"に変貌しているのである．

　専門性の高い職の一つとして学問研究や研究開発という従来は例外的だった職業の比率が増加し，大学院教育の比重が増している．そのため教師には研究現状を俯瞰的に伝える教育者としての役目から，現に行っている研究に被教育者を参加させる研究実行者であることが要請されるようになった．従来，知情意，教養，生きる力，といった人間教育の機能を大学に期待するうえで，研究は必ずしも主題ではなかった．研究は大学の教師たる素質の一つとして，教師の向上の営みとして分離されていた．1990 年代後半の大学院重点化政策が進められる中でも，同床異夢の中，「研究と教育」が合体した物語が共有されていた．

　学問の研究や研究開発を担う新制度を古い歴史をもつ大学という高等教育機関にどう繋ぐかをめぐっては，過去百数十年の先進国での様々な経験がある．工学・医療・農業といった実学でない基礎学問においても仏，独，露などではアカデミーや研究機構のような別組織が大きなウエイトを占めている．しかし何れの場合も，学部レベルをもつ大学への研究機能併設のメリットが確実にあることは一つの教訓である．筆者は物理学分野での研究組織の在り方を国際的に広く見聞してきたが，規模では大学以外の方が大きい場合でも，大学の研究機能の魅力は大きいとされている．毎年新人が参入する独

特の制度が基礎研究においてもつメリットは広く認識されている。大学を研究の主要部から切り離す構想が強まることはないだろう。

■「大学と研究」の透明性

「大学と研究」の運営は税金が資金の全てではないが，制度的枠組みにおいては国家的配慮がされた営みである。したがって原理的には国民の理解と合意のもとに営まれるべきである。そこで運営組織と平均的個人との関係の具体的姿が問題になる。民主主義国家では多くの行政領域での国民的合意メカニズムは議会制民主主義が担保するとされている。横並び的には，「大学と研究」の制度的，財政的に関わる行政もこのメカニズムの中にあるべきだが，従来から例外的に当事者の自治的な運営に委託されていた。本来業務の社会還元も企業に送り出された人材や，研究成果の学会や関連業界を通しての発表・活用によってなされている建前で，各機関や研究者が社会に向けて発信するものではなかった。

しかし国や自治体の財政危機の中で行政一般への公開圧力が強まる中で，それと歩調を揃えるかたちで，公開メカニズムを「大学と研究」でも顕在化させるべしとの社会的圧力が強まった。現在，「大学と研究」が社会に直接その姿を晒すことの内実をめぐって諸々のアクションがせわしなく繰り広げられている。

一般に公開メカニズムの実態はそれを求めるステークホルダーとの対話の中で形成されていくべきものである。近年では国際的に国連，OECD，各種NGO，論文情報会社などの組織もステークホルダーに含まれる。公開メカニズムは対話を求めるステークホルダーの存在と抱き合わせなのである。評価や公開の在り方も「対話」する組織体の関心で相対的に決まるものであり，無限定な絶対的な評価などはあり得ない。活動的なステークホルダー不在では公開メカニズムは形骸化する。

しかし現実には，抽象的国民を担い「対話」を要求する主体，あるいは国

民へのチャネルとして「対話」の労をとる主体の存在が見えていない。現状では，資本の原理で動く企業やその経済団体，農漁業，医師，弁護士，教員のような専門家団体，国大協，私学協，専門学会，日本学術会議などが思い当たるが，これらは全て別の動機で組織化されたものである。

　何れにせよ，「大学と研究」の特殊性を反映して，政党が介在する実態はなく，またそれを回避すべきという空気が政界にも存在する。民主党政権時の"事業仕分け"で科学研究を俎上にあげた時の大反発のトラウマは大きく，現状からの転換は公然とはないであろう。ポピュリズムの政治に利用される危険性もありこの「空気」は注意深く扱われるべきだろう。しかしこれを理由にした陥穽防止も当事者には肝要であり，多様なかたちで有権者まで繋ぐチャネルを開く努力が要求される。

　現状は有識者の審議会方式に特化し，委員会の傍聴やパブリックコメントで公開メカニズムを担保するとしている。公開メカニズムの実質化は委員個人の背後に存在する政策・調査等の統計・分析・立案の実力に依存することになり，財政基盤の強力な経済団体がその実力を発揮しているが，国民に結び付く他の巨大なセクターの空白が放置されている。公開メカニズムの圧力自体は民主主義の原理に基づくものだが，寡占化したステークホルダーからの偏った圧力に途を開いた結果に終わっている。公開メカニズムという大義名分の入り口が不当な介入のチャネルとして機能する危険性もあるが，この事態の改善には公開メカニズムの入り口に多様なステークホルダーが群がる状況にする制度的努力が必要であろう。

■民主主義の素描

　ある世代以上の人間には，「大学や研究」の課題で民主主義と聞けば戦後日本で定着していた構成員自治が連想されるかもしれない。近年，その非効率さが批判されて，組織のガヴァナンスとかリーダーの指導・責任が叫ばれている。筆者が提起しているのは「大学と研究」は誰のものかという局面で

の民主主義である。両者の関連について論及はあるが，社会構造に「大学と研究」を位置づける際の民主主義である。民主主義とは啓蒙主義的な人間観を掲げる理想主義的精神運動であるが，マルクス主義などと違って最終ユートピアを具体的に掲げない。そのため議会制，立憲制，選挙制度，多党制，機会均等，異議申し立て制度などの制度群をさすものと理解され，先進国でこれら制度群が整うと，この言葉の影が薄くなっており，制度を使いこなす段階に「世の中一歩進んだのだ」という認識が肝要であると思う。

　ギリシャのデモクラシー，19世紀の社会民主主義，20世紀の自由民主主義などと変遷するが，民主主義の変わらぬ意味合いは「多数による多数のため」である。ここで「多数」という数を持ち出すが，数は独立性（自由）と等質性（平等）を前提としなければ意味がない。「リンゴが5個ある」という表現は個物としての違いを捨象してリンゴという同一性で括れる側面に着目するから数字に化けるのである。そして民主主義ではいったん「多数」に捨象した個物にもう一遍立ち返って自由と平等を相互に保証する他者への配慮（博愛）が追加される。

　政治的統治の形態は昔からいろいろあった。いわく，autocracy（独裁政治），bureaucracy（官僚政治），meritocracy（能力主義），mediocracy（凡人政治），aristocracy（貴族政治），plutocracy（富裕階級支配），theocracy（神権政治），kleptocracy（収奪政治），ocholocracy（衆愚政治），technocracy（技術家支配）などなど。こうした奇抜な制度とdemocracyは同列でない真理だと我々は考えやすい。ところがこのコトバは長い西洋文明の大半では軽蔑・批判語であり，特に教養世界ではdemocracyは「ソクラテスを自死に追いやった」恥ずべきものとされていたという。

　啓蒙主義とフランス革命での下層人民の政治への登場を経た19世紀中後期，民主主義はまず社会主義の党派に結びつき，その後に国民国家の政治制度のイメージに定着し，それが第一次大戦時のウイルソン米大統領によって普遍的理念として提唱された。フランス革命での血ぬられた暴動や抵抗運

動の様式から普遍的理念に化けたのである。第二次大戦の連合国側の旗印がまさにこの民主主義であり，敗戦日本に降ってきたものである。それは参加型，ボトムアップ型，連合国理念型の混在だった。その後，東西冷戦でこの普遍理念のイメージは分裂し，一党独裁体制を批判する旗印に転化した。1990年頃の冷戦崩壊で民主主義は正義の理念として伝統社会も含む旧秩序体制を次々と世界から放逐して，混乱を伴いつつも，政治制度の均一化を押し進めている。

　ここで指摘したいのは民主主義の歴史がまだ浅いことである，ここ200年ほどの間，この駆動力で世界は動いている。そこで現実に進行したことは世の中の凸凹や閉じられた回路を取り払ってフラットに整地していくことであった。この整地作業にブルドーザーの威力を提供しているのが教育と科学技術である。衣食住，衛生医療，過酷労働の減少，こうした民主主義の基盤を構成する要素の実現と科学技術の発展が並走してきた。整地は時として精神的には殺風景な風景を作り出す。凸凹は障害であると同時に破局が拡大する防壁でもあった。したがって今日，フラット化する以前に共存していた言語，文芸，表現，信仰，食文化などの多様性を受け継ぐ展開が不可欠になっている。

■輝く戦後民主主義

　ここで個人的回顧をはさむと，終戦直後の1950年代に物心のついた筆者にとって科学，文化，民主といった輝くシンボルは，細かい違いなど識別出来ないほどに，一体のものに見えていた。こういう雰囲気では「真の科学者は民主的であるはずだ」とか，「民主的でないあの俳優は真の文化人ではない」とかいう言辞が流布した。そしてこれら輝くシンボルは統一された一つの善の様々な場面（研究，芸術，政治など）での現れ方の差に過ぎず，肝心なのは統一的善であるという形而上学が語られた。

　当時のこうした感覚は個人的錯覚ではない。「民主主義というコトバは現

代の政治の世界に君臨している。このコトバの権威は，かつていろいろな時代にヨーロッパ社会に君臨したコトバ —— 正義，自然法，自由，理性などに，今ではほとんど匹敵し，しかもその流通範囲は文字通り世界的，全人類的な普遍性をもっている」(福田歓一「現代の民主主義 —— 象徴・歴史・課題（1964年）：再掲『デモクラシーと国民国家』加藤節編，岩波現代文庫，2009 年，2 頁）。まさに第二次大戦後，民主主義は最高の輝きにあったのである。

　政治思想家福田歓一のこの文章は冷戦下での民主主義の分裂を憂いているものだが，同時にバブル的に膨らんだ民主主義の正体を抉り出し，民主主義の生成的性格に冷静に着目すべしと説いている。「民主主義はいわば歴史の中の民衆が政治の魔性に挑戦する試みであって，したがって大きな危機を伴ってきたし，また伴いつづけるであろう。それは，さしあたって，統治の能率をも，経済の繁栄をも，絢爛たる文化をも，まして人間の幸福をも，何ら先験的に保障しているわけではなく，しかも疑いもなく人間にとってもっともわずらわしい政治様式である。ただそれは確かに人間の自由と尊厳とにふさわしい政治様式であるというにすぎない。したがって，この危険な政治様式を生かす者はそのシンボルに仕える者ではなくて，これを方法化し得る者をおいてはないであろう。いかなる拘束からの解放も，自己解放なくしては本来あり得ないからである」(福田，前掲書 83 頁)。

■科学と民主主義

　当時，民主主義と科学が並ぶ多くの言葉が溢れていた。民主主義科学者協会，民主的科学労働者，科学者の民主戦線，科学の民主化，科学的民主主義，民主的科学者，科学者民主主義，民主的科学研究，科学政策の民主化，民主的科学者組織，科学者の民主的組織，科学の民主的発展，民主主義の科学的発展，科学の民主主義への貢献，民主的科学教育，さらに科学の文字なしでも，研究室民主化，教室民主主義，学会の民主化，国民のための科学，などなど，である。ここでいう科学は理系文系の区別なく学問全体の科学化が旗

印に掲げられていた。「思想としての科学」である。

　これらの民主主義には，数の力で"勝手にさせない"という心意気の受動論と，科学は民主主義の発展を牽引する主役であるという積極論の二つが混在していた。ただこの状態は長くは続かず，国の理工系倍増計画と海外経験者の増加などで，構成員の意識は変容し，1960年代末には，民主主義が科学と並べて語られる場面は縮小した。そんな中，「大学と研究」の規模は拡大し，社会的存在としてますます重要になっていった。

　政治の原理としての民主主義は，多数の者が自ら参加する政治の手法であり，個別の歴史と風土，個別の伝統や文化をになう多数の人々の幸福に関わることである。それに対して，科学は個々の伝統や文化に由来しない普遍的現象を，普遍的手法によって探り，普遍的な法則を探求する。この違う原理のもとにある科学と民主主義が，戦後の一時期とはいえ，何故あれ程並べて語られたか不思議である。

　実は戦後に「科学と民主主義」が盛んに並んで登場したのは，世界的なことで日本に特異なものではない。むしろ舶来ものであった。対枢軸国（日独伊）戦争での連合国の勝利と復興において，科学および科学者が枢要な貢献をしたからである。原爆やレーダー，作戦指導などの戦争勝利への貢献だけでなく，欧州の科学者たちのボトムアップの統一戦線，国際主義の運動，また非常時の中で進行した職場の民主化などである。科学技術面での米大統領補佐役だったV・ブッシュは戦後いち早く基礎科学振興を国家の役割に位置づけた。またソ連のスプートニク・ショックが示すように，科学の進歩が政治体制の優劣を測るバロメーターとみられ，科学は政治の間近に並ぶようになった。

■異議申し立てを受ける科学

　抗生物質での感染症克服，化学肥料や石油増産などで生活が改善し，人口増を促した。しかし個々人には細やかな贅沢でも"大量さ（マス）"が環境破

壊につながった。農薬被害，工場公害，薬害，交通事故，原子力災害などがローカル，グローバル，合わせて多発した。さらに温暖化，気候激烈化，震災，津波，火山災害，疫病などへの対処においての科学知識の無力さが露呈し，人々は被害や不安を訴えている。この場面における科学は民主主義の前衛だという構図とは別であり，また戦後理念の民主主義とも別である。科学は，牽引役どころか，民衆から民主主義の異議申し立てを受ける立場になったのである。

　科学と民主主義の並走開始は19世紀後半に遡る。科学の進歩は医療・公衆衛生・住宅などの改善，食料増産，物資の大量生産，大量エネルギー生産，交通と通信の拡大などをもたらし，特に抗生物質の大量投与で感染症を大幅に減らし，寿命が伸び，人口増に繋がった。さらに大戦後はスプートニク，トランジスター，レーザー，DNAなどでブーストされ，1960年代後は政治経済を引っ張る牽引役に変貌した。科学は軍事から産業—生活—医療—情報に広がり，基礎が直ちに革新技術に変わる激動期を迎えた。確かに科学技術は自然から富を引き出し，誰かから奪うことではないが，取り分には格差が広がり，さらに1970年代から「成長の限界」が警告され，この「不都合な現実」の認識が先進国の民衆の間に徐々に普及しつつある。

■科学のロマン化とマス化

　拙著『職業としての科学』（岩波新書，2011年）では社会存在としての科学を「啓蒙，ロマン主義，専門，産業，国家，グローバル」というキーワードの推移で見ることを提案している。内的にみれば近代科学や研究は啓蒙主義や理性の発露の営みとして登場した精神運動であるが，それが社会の中で何者として受け取られるかはまた別である。合理と実証を掲げ，理性を中心に据える啓蒙主義の理念とロマン主義は敵対するものだが，現実の歴史においては，ロマン主義の風潮にのって科学が，エリートやパトロンから，大衆に広がった面がある。

"The Age of Wonder"（Richard Holmes, Harper Press, 2008）ではロマン主義への転換期を，バンクスを伴ってキャプテン・クックが世界一周航海に出た1768年に始まり，チャールズ・ダーウインが乗船したビーグル号が世界一周に船出した1831年頃に終りに近づいたとしている。「ロマン主義」以後，科学は専門集団による営みと「街中の科学」に分かれ，「専門」は制度として着実に拡大し，「街中の科学」は浮遊する存在になった。「専門」は化学，新医療，電気を社会に投入し，「街中」の自然も"生"から"人工"に拡大した。民衆の期待は長寿，衣食住の快適さ，安全安心，身体を越えた力の発明，真理とのつながり等々，身体をひきずって生活する工夫のコレクションといえる。

「街中の科学」のイメージの一つは人類全体としての初挑戦である。月や火星に行くとか，ヒッグス粒子発見みたいな珍業である。同じ人類の一員として誇らしく思う反面それによって個々人の生活が変わるわけではない。もう一つはまさに人々の間に影響が及ぶものである。昔は王様しか食えなかった珍味が今では誰でも食える。珍味自体は伝統社会の発明品だが大量の人間が口に出来るのは科学技術のおかげである。また当初は希少であったハイテク珍品が瞬く間に人々の間に普及する様を我々は眼前にしている。

この二つのイメージの前者では平等化画一化に逆らうようにヒーローをつくり，後者では希少物への万人のアクセスを可能にして平等化と画一化をおしすすめる。ヒーロー誕生や希少物発明は画一倦怠感を破るロマン文化といえる。しかし，万人が世界観光という珍体験に走り出すと環境への負荷は深刻になる。また王様だけがある珍味を味わっている分にはいいが，万人がその珍味を食べだすと生態系は深刻な打撃を受ける。

民主主義は大量な物質・エネルギーを必要とする。しかし，現在の「一部」を将来は「万人」に拡大する夢の上に科学技術と民主主義は共存している。当面の不平等も，未来に賭けることで不満を蓄積させない安定化作用も科学技術が担っている。ところが，

［科学技術の珍味・珍品・珍体験・珍芸の環境負荷］×［民主主義の大量］＝
［環境負荷限度］

という公式で考えれば，右辺は変えられないが，左辺は人の世で操作可能だ。人口減は「大量」を小さくするし，諸々の"スマート化"は小刻みに負荷を下げる。より長期にはむしろ負荷のない珍味・珍品・珍体験・珍芸自体の創出，すなわち文化の創出，に移っていくだろう。今では楽器等を科学技術とは見なさないが，ひと時代前は科学技術なのであり，楽器の科学技術がなければ交響曲はないのである。

江戸の文化には，壮大な帝国文明よりは，「街中の科学」が散りばめられているように見える。明治以降は王政復古と西洋文明移入に偏り江戸文化の断絶を政府は図った。奉行や職人に蓄積された膨大な技術知識は西洋の科学技術と異なる社会的形態で存在した。21世紀に入り，スマホなどの大衆の生活に寄り添った技術で日本の産業が遅れをとった遠因の一つに明治の国民国家建設での移入科学技術偏重があったのではないかと思う。日本の従来の「大学と研究」文化には大衆ロマンが似合わず，その尻尾を長く引きずってきたように思える。

2　ポリアーキーとしての「大学と研究」

■民主主義と制度構築

本書の主題は国際ランキングであるが，本章では物理学研究を体験した筆者の観点から「大学と研究」と民主主義を並べた考察を記してきた。圧倒的な戦後民主主義の現実に埋没して青年期をおくった筆者にとって民主主義を長い歴史の中で俯瞰的にみる視点を与えてくれたのは福田歓一の論考である。先にも引用した「それは，さしあたって，統治の能率をも，経済の繁栄

をも，絢爛たる文化をも，まして人間の幸福をも，何ら先験的に保障しているわけではなく，しかも疑いもなく人間にとってもっともわずらわしい政治様式である」という否定的規定は，マックス・ウエーバー『職業としての学問』にある．学問に「現実の代わりに理想を，事実の代わりに世界観を，認識の代わりに体験を，専門家の代わりに全人を，教師の代わりに指導者を」求めることを突き放した態度を思い起こさせる．

　この"突き放し"にも関わらず福田は"民主主義はいわば歴史の中の民衆が政治の魔性に挑戦する試みであって"，"それは確かに人間の自由と尊厳とにふさわしい政治様式"であり，"この危険な政治様式を生かす者はそのシンボルに仕える者ではなくて，これを方法化し得る者をおいてはないであろう．いかなる拘束からの解放も，自己解放なくしては本来あり得ないからであるというにすぎない"としている．強く響くのは"シンボルに仕える"ことではなく"方法化"だという指摘である．民主主義とは様々な仕組みを社会に構築していく創造的作業なのである．しかもその方向は"いかなる拘束からの解放も，自己解放なくしては本来あり得ない"という，個々人を大事にする人間賛歌の楽観主義，理想主義を基礎にしたものである．そして「大学と研究」も多数の人々に関わりこの民主化の方向にいかに制度を発展させるかが問われているのである．

　このように民主主義をさながら制度に注目する観点を，ロバート・A・ダールはポリアーキーという概念で提起している．理念と制度が絡み合った民主主義の制度面を分離してそれにポリアーキーという新しい名称で呼ぶのである．「民主主義の一つの重要な特性は，市民の要求に対して，政府が政治的に公平に，つねに責任をもって答えることだと私は考える．ある一つの政治体制が厳密に民主主義的とされるためには，他にどのような特性が必要とされるかについて，ここで私は考察するつもりはない．この本では，民主主義という用語を，完全に，あるいはほぼ完全に，すべての市民に責任をもって答えるという特性をもった政治体系にたいして使用する」（ロバート・A・

ダール『ポリアーキー』高畠通敏・前田脩訳，岩波文庫 2014 年，8 頁)。

　ダールはこの視点で，"要求を形成する機会"，"個人的あるいは集団的行動を通じて，同輩市民や政府に対し，その要求を表現する機会"，"政府の対応において，これらの要求を平等にとり扱わせる機会"を指標に各国を分析していく。興味あるのは，横軸に包括性（参加），縦軸に自由化（公的異議申立て）の二つの次元で分類し，左下（包括性も自由化も少ない）はＡ：閉鎖的抑圧体制，左上（包括性小，自由化大）はＢ：競争的寡頭体制，右下（包括性大，自由化小）はＣ：包括的抑圧体制，右上（包括性大，自由化大）はＤ：ポリアーキーと名付けて，Ａ→Ｂ→Ｄ，Ａ→Ｃ→Ｄ などの発展の経路を論じている。これらは全て国の政治の民主主義に関したものであるが，「大学と研究」と民主主義を考えていく際も一つの刺激になる。

　「大学と研究」は，閉鎖的自治ではなく，社会との対話，シビリアンコントロールで育てられる開かれたシステムを目指すべきである。「大学と研究」は歴史的にはそうでない位置から始まった経緯があるから意識的に心がけるべきである。数を頼む下からの民主主義もその中で個人が高められなければならない。

■ 「職業としての科学」

　20 世紀後半，「大学と研究」における「職業としての科学」の勃興があった。拙著『職業としての科学』では規模の変動とともに，知的自由や科学者精神などの変遷を論じた。また「職業として」の意味を単に"サラリーマン化"の意味でなく，社会に組み込まれた不可欠の機能であることの認識であると説いた。社会に基盤をもつ生業，天職，社会的認証，人類社会の一員，自己実現など「職業」がもつ重い意味にこそ着目する必要がある。一見自明なこの視点が「大学と研究」では長く自明でなかった歴史があることに気付くことが必要なのである。

　世の東西を問わず「大学と研究」では社会から超越した神，真理，理性，

自然などに根拠を求める心性が長く制度を支配していた。少なくとも1960年代までに学的世界を目指す人間にはそういう心性が濃厚であった。制度的現実では社会につながっていても，その中の実行者は社会に染まらない脱世間の気風を美徳とするエートスが支配的であった。筆者はそこにも公共財産として継承し発展させていくべき内実があると考える。物理学に偏った議論ではあるが，こうした論点を筆者は拙著『科学と幸福』(岩波現代文庫)，『科学者の将来』(岩波書店) および『職業としての科学』で展開している。そして民主主義と同じく「近代」を駆動してきた科学者魂という公共財産もシビリアンコントロールのもとで発展させていくのが課題だと考えている。しかし，「一般社会から隔離した科学という尊い世界があって，その護持こそが使命だ」という大枠の姿は改変されるべきだと考えている。

■科学技術創造立国

ランキング問題が猖獗を極めるようになった直接の背景には1996年以来進められている科学技術創造立国政策がある。1995年に科学技術基本法が成立し，1996年以後，5年毎に科学技術基本計画という財政支出の目標金額を掲げた振興策を定め，科学技術振興費の増額を図ってきた。この科学技術基本法は当初は議員立法であったが，最終的には衆参両院とも満場一致で可決された。逆に言うと与野党対決法案でなかったので国民の認識度はほとんどなかった。国民の中にある科学研究のコスト面を語らない聖域イデオロギーが全党一致を支えたのであろう。確かにかつての研究費は国家財政に落とし込めばその割合は小さく，政治家や官僚の裁量で処理する範囲であった。

この法律は「自由で創造的な経済社会の発展基盤の整備」の方策として，「科学技術の振興は，人類共通の夢を実現する未来への先行投資であり」，「科学技術創造立国を目指して，政府研究開発投資の倍増を早期に達成するよう努めるとともに，産学官連携による独創的，基礎的研究開発の推進，若手研究者の支援・活用や若者の科学技術離れ対策といった科学技術系人材の養

成・確保など，科学技術の振興」を掲げ，科学技術担当大臣と総合科学技術会議を新設した。

この時期，社会福祉予算の増加と財政悪化に備えて，財政改革と行政改革が始動した時期でもあった。そして予想通り，国債費や社会保障費の必然的経費が増加する中で，政策的経費は軒並み減額された。ところがこの法律は科学技術振興費の目標金額を掲げていたから，満額達成でないにせよ増額の一途をたどった。過去四半世紀で金額が3倍にもバブル的に増えた[2]。振興策には企業の開発研究費への税制上の優遇措置も含まれていた。このため，この間の世間の不況の嵐とは違う風が研究業界には吹いたと思う。増加した科学技術予算は，研究者一般に平等に配分されるのではなく，公募の中から重点課題と実力の両面で審査され，競争的資金として配分された。一方，国立大学の学生定員などの規模に応じて一律に配分される運営費交付金は，この「振興策」の外にあるから，他の一般行政経費同様に毎年削減された。こうして瞬く間に研究の経費は競争的資金依存に塗り替わり，研究費をめぐる格差は増大の一途をたどった。さらに，有期の研究プロジェクトは研究現場

---

2) 国家予算での科学技術振興費の推移（財務省資料）
1989-2015年の間の科学技術振興費，社会保障関係費，科学技術関係費（国立大学，研究機関等の運営費を含む全体），一般歳出，公共事業関係費の推移。各々の1989年の額を100に規格化してある（右目盛り）。縦棒は国債費（左目盛り）。

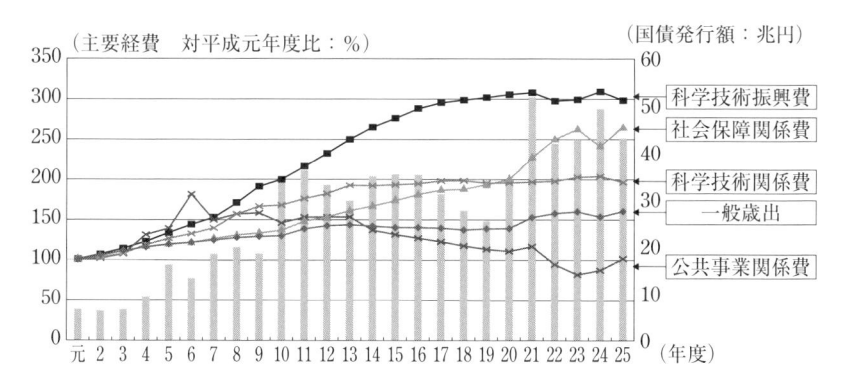

を不安定な有期雇用者を大量に抱える職場に変えた。

■研究費バブルと一般行政経費

　この財政策は，研究現場の評価，競争，雇用などの制度的改編と並行して実行された。重点研究課題としてライフサイエンス，情報通信，環境，医療・製薬，ナノテクノロジー・材料，ロボットなどが提示され，また"イノベーション"という新概念が前面に登場した。さらに，会計や雇用の事務規定が大幅に弾力化されて，研究費には協力・補助員の給与，海外旅行費，運営費，事務費など，一切合切を含めるようになった。一時多発した研究経費をめぐる不祥事には，こうした資金増と経理弾力化が背景にあった。また研究界に過度の緊張感を醸し出し，研究論文をめぐる先取権，データねつ造，盗作，密告，中傷，過労死……などのおぞましい事件が頻発した。社会変動の影響を回避する安全弁的な機構も行革一般の対象として廃止され，こうした規制緩和の浮遊感の中に禍々しい「札ビラ」が投入されれば逸脱が発生するのは世の常で，一部は制度改革の"初期事故"の面もある。

　多量に出回った「お金」は何も個人のポケットに入るわけではない。研究に付随して動くお金であり，設備費や人件費のことだが，これが案外大きいことが世間ではあまり知られていない。アンビシャスな人間には社会経済的に"大きな仕事"を主宰することは誇らしい自己実現であり，同時に社会の期待の現れでもあり，科学研究が社会の中で存在感が増した指標でもある。無資源で製造工場も流出した日本では，知の噴出への投資こそが利益率の大きな経済行為であるとなると，そこで大きなお金が動くのは当然ともいえる。しばらく科学研究界が投資のホットスポットであり続けるだろう。同時に経済界一般のしきたりに身を晒す覚悟も必要になる。

　研究コストの実態というのは実に多様である。実験機器購入の入札や支払い，日々の実験試料調達や実験廃棄物の回収，危険物管理，職員の人事・給与・出張旅行・兼職の管理，建物管理，情報インフラ管理などなど，要する

に各種事業体の通常の管理費と同様の業務が相当の比重を占めている。このために，研究費にも一般行政経費が組み込まれることになった。このため機関全体の教育を含む一般行政経費のためにも研究費獲得が大事になり，さらには巨額の研究資金を獲得出来る有力教授陣を擁することが肝要となり，執行部にはそのガヴァナンスが要請されることになるのである。

■**外圧での大転換の遠因**

「大学と研究」をめぐるこうした動向は日本独自でなく欧米先進国でも同時進行である。冷戦崩壊を受けて先進国の経済政策のシンクタンクである経済協力開発機構（OECD）は科学技術や教育についても積極的に各国の政策に介入しているが，この政策もその一つであり，日本の当事者にとっては二重の意味（非「大学と研究」界，非国内）で外圧であった。OECDは国境障壁を低くする政策で多国籍化した資本主義経済の安全運転策あるいは延命策を追求し，研究や教育での国際比較調査を行っている。

背景には資本主義の曲がり角の認識がある。未踏の新世界の消滅，資源と環境の有限性，これらは成長拡大に天井感を与えた。1970年代中頃である。その後，ICT技術の登場もあり，グローバル化，金融虚世界の肥大化などで延命したが虚と実を行きかう不安定を誘起している。冷戦崩壊後は国際テロや破綻国家の出現など予期せぬ逸脱現象が多発し，先進国ではICT技術による雇用環境激変を受けるなど，多くの公衆は富の移動の埒外におかれた。冷戦崩壊はきっかけに過ぎず，この危機は500年の歩みを持つ近代という価値観の変容を意味するとも一部で言われている。冷戦はこの「危機」を一時延期させていただけなのだと。

科学の拡大は19世紀末からの国民国家の興隆と並走しており，20世紀中に規模は約100倍にも拡大した。日本も研究者大国である[3]。これを推進し

---

3) 各国の理系研究者数。人口1万人当たりの数。（『科学技術白書』）人口当たりでみると日本が研究者数が世界一多いことがわかる。分析は佐藤『職業としての科学』

てきた近代の価値観が魅力を失い，科学という精神そのものが転換期に立たされているといえる。これは，「科学とは」といった理念の課題ではなく，社会に寄り添って構想する創造的な課題であると考える。産業と国民国家の建設と並走するようになる直前の科学がみせた前述の「科学のロマン化とマス化」の歴史はそうした際に想像力を搔き立てるものとして想起されるべきであろう。

■イノベーションの二つの次元

　筆者はOECDがうち出したこの政策には二つの次元の異なるポイントがあると考える。一つはフロンティアが消滅しつつある世界経済に対処する先進国の当面の経済政策であり，もう一つは反進歩主義台頭も含む長期的な価値観の変動である。第一のポイントは工業生産の役割が，賃金格差に駆動されて，先進国，中進国，後進国へと順次交代し，先進国に生じる空洞を何で埋めるかの課題である。そこに知の噴水を構築するのがこの政策であり，噴

(岩波新書) 参考。

人口1万人当たりの研究者数

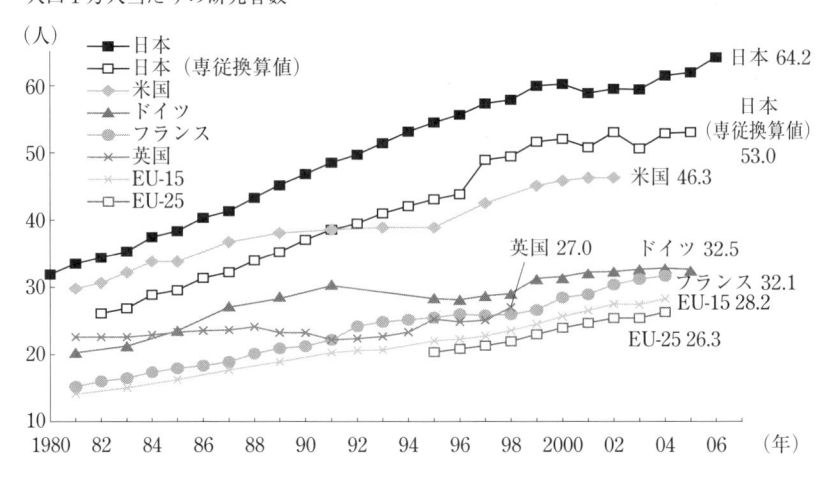

日本 64.2
日本 (専従換算値) 53.0
米国 46.3
英国 27.0
ドイツ 32.5
フランス 32.1
EU-15 28.2
EU-25 26.3

出する資源がない日本にはとりわけ肝要である。この流れで「大学と研究」の出番だとして政策転換に直結する。第二のポイントには明示的に触れていないが，"成長の資本主義"に次ぐ新システム抜きには長期の未来は語れない。経済成長の経験が引き起こした価値観の転換は確実である。これは一篇の政策で制御出来るものでないが，次世代の人間に影響を与える学校教育のスタンスが問われる課題である。従来型の価値観に赤信号が灯っているのに，惰性で放置してはならない。かつての日本の皇国教育のように，学校教育は海外外部の評価を受け付けない国家主権の牙城であった。この学校教育において，OECDが進めているような国際比較などの手法で，視点を国際的に開いておくことは必要かつ重要な進展である。数値データは各国の政治経済の差もあって使いこなすのは難しいが，それ自体がわが身を客観化することであり，国際比較に習熟して有用性を活かし，国際発信もすべきである。またこのような人材育成も必要である。

■日本の事情

先進国に共通した事情と日本に特殊な状況もある。まず政治的には国会全会一致の国民的関心から切り離された課題であり，また内発的でない外圧で始まり機関相互が競争的関係に置かれたのでバラバラな対応に終始している。しかも財政当局は財政赤字・経常経費の削減のなかで別格の予算増だから目に見える成果を短期的に求める。こうした背景で，本来は「大学と研究」の社会的意味の変更につながる大きな課題であるにもかかわらず，現状はコップの中の嵐の様相を呈しているに過ぎない。「数値目標まで定めたノーベル賞受賞者数では，21世紀に入り見事先進国にランクインした」，一方「大学や研究所のランキングは信じられない程低い」といった分かりやすいフレーズのみが飛び交う中にある。

日本の職場全体で，数値目標や競争原理が持ち込まれて協同意識が衰退するなど，"世界一の日本"と一緒にかつて喧伝された"日本型雇用"の価値観

とは真逆の政策が進行している。そうした中，科学界がこの国際競争や国際比較をめぐる特性では先発隊であったことに思い当たる。考えてみれば研究職場ではとうの昔から，人生に雲泥の差が出る成果主義を甘受してきた。民主主義の理念には個人の向上努力が前提にされており研究での卓越性を目指す競合は「精神的には殺風景な風景」に抗して民主主義に輝きを添える多様性である，とも言える。

　この研究界の古典ルールの延長で，研究界では抵抗なく選択による集中投資が実施されている。しかし，研究の実態は対等な個人が，対等な初期条件で競い合うゲームとは異なり，"公明正大な評価基準"があるとするのは錯覚である。この陥穽は研究者の間に広く浸透している社会から離れた科学の実在を夢想する科学論にも遠因があると考える。1950年代に物理学から始まって大学共同利用研究所という制度が出来てその発展が日本の基礎研究に大きな貢献をした歴史がある。意欲のある研究者には研究条件の差をカバーする制度であると同時にオールジャパンで世界に打って出る意識がこの成功を支えた。今回の変動期にも国際的に開かれた意欲ある者を鼓舞する制度の提案が現場からなされることが望まれる。

　日本の学齢年齢層の激減は大学を含む学校全般にとってかつてない事態である。これが科学技術創造立国と重なったのは偶然といえるが，この政策で増額する科学技術振興費の金額には影響したかもしれない。学齢期人口の減少で学校教育経費の浮いた分を科学に回すという関連である。日本の教育予算のGDP比が先進国で最下位であるという文教関係者からの批判は必ずしも当を得ていないと思う。日本はGDPに比して子供貧困国なのである。経済力があるのにそれが結婚や子供に結び付かなかった特殊な世相の醸成に当時の教育界も自省してみるべきかもしれない。

　日本の大学はこれまで余りにも国内産業の性格が強すぎたように思う。研究は海外と連なっているが，大学院でも国ごとに事情が違いすぎて単純な国際比較は難しい。米国での物理学PhD数の推移を見ると日本とは違う独自

なものがある[4]。今後はこうした海外事情を数値化した客観的データで読み解く視点が日常的に求められ，行政の調査機関やアカデミアの学会で話題にしていくべきと考える。視野を国内に限ると教育談義は人間の"あるべき論"に傾く傾向がある。海外の数値データを批判的に活用するカルチャーを養成していく必要がある。多くの数値データが提示される中でしか，統一試験の成績の数値だけが一人歩きする状況は転換出来ないだろう。

---

4) 米国での物理 PhD
   下図は米国大学での物理学の PhD（博士号）取得者数の推移（http://www.aip.org/statistics）。縦軸は各年度（横軸）の年間の PhD 取得者数。PhD は学部卒後 5 年後だから，PhD 研究者の人生選択とこの年度とには 5 年ほどの時間差がある。大戦前最大の 200 ぐらいから 1970 年頃の鋭いピーク時は 1600 であり，約 8 倍の増加である。スプートニク・ショック（1957 年）以後の激増は目を見張る。1970 年頃のピークアウトは言わずと知れたベトナム・ショックである。1970 年頃から落ち込んでいた傾向が 1980 年頃から増加に向かうが，これは「アメリカ国民」によるのではない。すなわち中国などからの PhD を目指す留学生の急激な増加が反転させたのである。以後は国内と国外はほぼ半々でともに増加している。

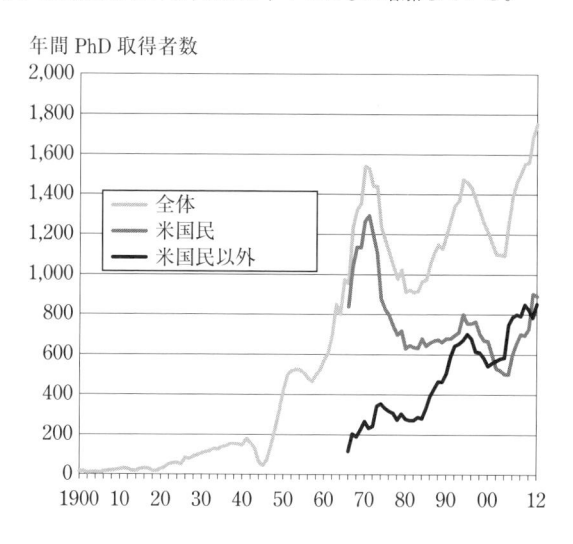

■研究業績評価と論文

「大学と研究」に関わる機関の特性をさながら研究論文の動向で判断するのは不健全である。しかし国際性をもつ外部の目に晒して運営していくという方向性は消えることはなく大事になっていくであろう。これはこれまでの国内当局との対応に終始する閉じた世界を国際的な参照軸がある世界に開くことでもあり政策をより客観化する途に繋げる可能性をもつ。「外圧」として国内当局に利用されるのではなく，「外圧」で開かれた世界に主体的に関わっていく双方向性が大事であると思う。

本書の多くの論考でも指摘されているが，筆者も，機関の研究評価を短期的な論文引用指標で測れるとは思わないが，そうした数値がアンビシャスな人材を引き寄せ結果として活性化する可能性はあり，無視し得ない。改善の方向は単一の指標でなく多様な指標が提供されることである。例えば，大学院教育の評価が人材の創出であるならば，高引用論文著者の所属歴をみるデータも重要である。現在の指標は安易に取得可能データが独り歩きしているに過ぎない。流動化する研究者の論文と機関の関係の強弱，共著間の配点などなど，疑問点はいくつもあるが，そこに議論が行くよりは異なるデータによる指標の創出の方が大事だと思う。多様な視点の提示なしに無意味な存在も消えることはない[5)6)]。

---

5) 科学計量学による業績評価については，本書の各論考でも様々に議論されるが，このテーマに特化して纏まったものとしては『「科学を評価する」を問う』特集号，科学技術社会論研究第10号（2013年7月30日発行，編者　科学技術社会論学会，発行　玉川大学出版部）所載の論考が参考になる。

6) EPR論文の引用回数
図は1935年発表のEinstein-Podolsky-Rosenの論文"Can quantum mechanical description of physical reality be considered complete?"の年間当たりの引用回数の経年変化を示したものである。詳しい解説は拙著に譲るが，量子力学に異を唱えるこのEPR論文は当初科学界には無視された。しかし1970年以後から急激に（批判的な）引用数が増加した。Einsteinの業績といえば相対論やノーベル賞の対象となった光量子論が有名だが引用回数ではEPR論文が圧倒的に多い。1970年代以前では

研究者個人の業績評価でも論文引用数が幅を利かしているという。この辺りは目的に応じた評価者自体の判断放棄の責任であって，一概にデータそのものの当否に結びつけるべきではないであろう。使用してみてそれが何を生むかを検証しながら経験論的考察が行われるべきであろう。また研究が"短期的になる"という批判もあるが，これらは研究者の実存のレベルであり，一概にこの指標のせいにするのは不当だろう。"長期を目指せ"という標語は個人向けというよりは学会レベルの大きな集団が持続的に発すべきことであろう。

筆者は欧文学術雑誌の編集，運営を長年経験したが，1970年代末までは査読者と著者には，匿名でも，お互い高めあう仲間の一体感があったが次第にゲームのようになってきた。またITの普及で英語ビジネス圏でないところでの単発の刊行事業は不可能になってきた。雑誌のインパクトファクターや発行企業の寡占化に翻弄された。また国内の研究者も極めて"合理的に"行動し，"一体感"を支えにするなどは夢想であり，海外の止めがたい勢い

著名な業績の原論文を後々まで引用する慣習がなかったので，引用回数で業績評価をすると，Einsteinの主業績はこの論文であるという，奇妙なことになる（佐藤文隆『アインシュタインの反乱と量子コンピュータ』京都大学学術出版会，2009年）。

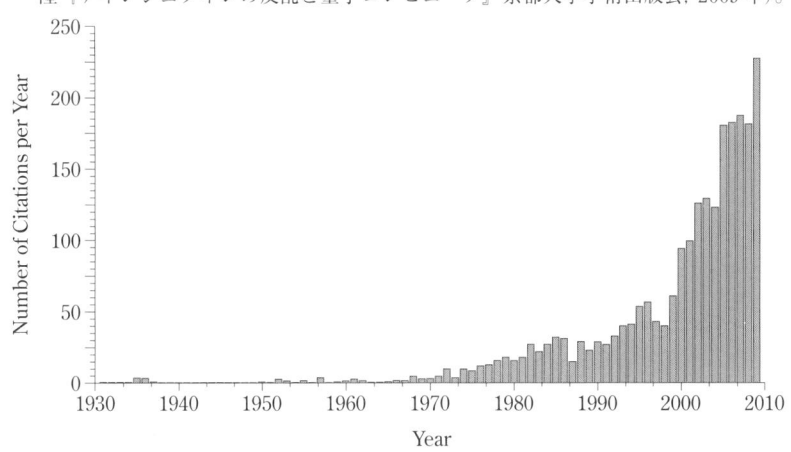

に内向きの精神主義では絶対対抗出来ないことを悟った。

■おわりに

　敗戦時から70年目という。1945年の70年前，1875年は西郷隆盛が自害した西南戦争の2年前，明治8年である。日清戦争から太平洋戦争まで戦争に突き動かされた時代の長さは約50年である。どこか過度期的に響く「戦後70年」だが近代日本の大半なのである。これがどん底から繁栄を成し遂げてきた時代であったという自信と自覚をもつと同時に日本は世界中から様々な挑戦を受ける立場になったことを知らねばならない。「大学と研究」もそうした姿勢でグローバルな場で行動すべきであろう。現役で「大学と研究」に責任をもつ後輩諸氏が我々の世代では縁もなかった仕事に忙殺されているのに同情すると同時に，その苦労も「民主主義の大義かも」というメッセージを捧げてエールとしたい。

第 2 部

世界で評価されるとは
―― 現場からの報告

chapter 3

高等教育のグローバル競争と
キャッチアップ終焉意識

苅谷剛彦

1 奇妙な序列意識と焦燥感はどこから来たか
―― 問題の設定

　グローバル化を目指す日本の大学はどこへ向かおうとしているのか。また，大学のグローバル化を後押しする政府の政策やそれに影響を及ぼす財界等の意向には，いかなる論理（ロジック）が埋め込まれているのか。そうしたロジックのどこに問題があり，問題を孕むのはなぜなのか。本章は，大学のグローバル化を推し進めようとする「問題意識」や「危機意識」の正体の輪郭を明らかにするひとつの試みである。それというのも，海外の大学に勤務し，日本の大学を「外から」みている社会学者の一人として，近年の日本の大学のグローバル化に向けた政策が奇妙なもの ―― 別言すれば，日本研究として興味をそそられるテーマ ―― に見えるからである。

　そこでこの章では，一見やや迂遠な道をとりながらも，その歴史的なルーツにさかのぼって検討することで，大波のように押し寄せるグローバル化の影響が，どのようなレンズやフィルターを通して理解され，政策や改革のかたちをとるに至るのか，それを探ってみる。

　そのための道具立てを手短に説明しよう。ここで焦点を当てるのは，日本人が持つ「欧米へのキャッチアップ（追いつけ追い越せ）」という意識と，その変遷である。この章では，日本人の，とりわけ政策担当者や経済界に顕著にみられるこうした意識が，国際化やグローバル化といった問題を理解する上での重要な認識枠組み（例えていえば，フィルター，あるいはレンズ）になっているという仮説から出発し，その問題構成のロジックを明らかにしていくことで，現在の政策を導くに至る問題設定がいかに社会的に構築（socially constructed）されたものかに迫るのである。このようなアプローチの有効性については，現在進行中の政策の前提となる時代認識や問題意識に関わる言説をみた上で，改めて説明を行う。厳密な意味での歴史分析とは言えないものの，こうした「知識社会学的」な分析を通じて，大学のグローバル化を後

押しする政策と，実際に進むグローバル化の教育的課題とのねじれやギャップについて検討を行うことが本章のねらいとなる。

2　「遅れている我々」
　── 問題構築の出発点

　はじめに，2014年度から始まった「スーパーグローバル大学創成支援事業」の発端ともなった，内閣府・産業競争力会議での下村文科大臣の発言（2013年3月15日）をみてみよう。安倍首相も列席した第4回会議の場で，「人材力強化のための教育戦略」として大学改革について述べた箇所である。文科相は次のようにいう。

> 生産年齢人口の減少が続く中，我が国が世界に伍して成長発展していくには一人ひとりの「人」の力を高める以外にない。各国が高等教育を重視し，規模を拡大する中，日本の高等教育も質・量ともに充実・強化していく必要がある。特に大学には，日本の成長を支えるグローバル人材，イノベーション創出人材，地域に活力を生み出す人材の育成と，大学の研究力を活かした新産業の創出が期待されている。
> 　大学を核とした産業競争力強化プランとして考えている施策をお示ししている。一つ目の柱「グローバル人材の育成」に関しては，世界を相手に競う大学は5年以内に授業の3割を英語で実施するなど明確な目標を定め，外国人を積極的に採用するなど，スピード感を持ってグローバル化を断行する大学への支援を進めたい。また，日本人の海外留学生を12万人に倍増し，外国人留学生を30万人に増やすために必要な手立てを講じていきたい。更に，使える英語力を高めるため，大学入試でのTOEFLなどの活用も飛躍的に拡大したい。（内閣府・産業競争力会議，2013。強調は引用者）

　この発言で指摘されているように，「我が国が世界に伍して成長・発展していく」ことが当然のように目的とされている。さらに，「各国が高等教育を重視し，規模を拡大する中，日本の高等教育も質・量ともに充実・強化し

ていく必要がある」と他国との比較の中で日本の高等教育の充実・強化を説くこと，「日本の成長」にとって大学教育が重要であることなどの問題構成の特徴が言表されている。ここで確認しておきたいのは，他国の動きに敏感な視線であり，それとの対照で日本の問題点を指摘しようとする問題構築の仕方である。

　このように構成された問題意識を前提に，そのための施策として「グローバル人材の育成」が掲げられ，より具体的な数値目標として，今回の「スーパーグローバル大学創成支援事業」につながる，「5年以内に授業の3割を英語で実施するなど」の数値目標が設定された。加えて，日本人の海外留学生や外国人留学生についても，目標となる数値が定められている。ここでも確認しておきたいのは，他国との比較において問題が構成された後で，その問題を解決するための政策として，具体的な数値目標が掲げられる点である。その数字の中身がどのような意味を持つのかはとりあえずここでは措くとして，目標の具体性を印象づけるように数値が示されている。

　この発言を受け安倍首相の私的諮問機関といえる教育再生実行会議では，次のような提言が行われた。直接「スーパーグローバル大学創成支援事業」の政策化に関わる箇所を引用する。

> 大学のグローバル化の遅れは危機的状況にあります。大学は，知の蓄積を基としつつ，未踏の地への挑戦により新たな知を創造し，社会を変革していく中核となっていくことが期待されています。我が国の大学を絶えざる挑戦と創造の場へと再生することは，日本が再び世界の中で競争力を高め，輝きを取り戻す「日本再生」のための大きな柱の一つです。（内閣府・教育再生実行会議，2013）

「日本が再び世界の中で競争力を高め，輝きを取り戻す『日本再生』のための大きな柱の一つ」という政策の位置づけが示されているように，ここでもまた，「世界の中」での「競争」力の再生＝復活が目指すべき大きな目標

とされる。そして、そのための大学改革を促す前提・根拠として、「大学のグローバル化の遅れは危機的状況」にあるという認識に基づき、改革の必要性が喚起される。

もうひとつ、このような問題構成の特徴を示す政策提言をみておこう。政府のグローバル人材育成政策に影響を及ぼしたとみられる内閣府のグローバル人材育成推進会議の「審議まとめ」(2012年6月4日)である。民主党政権下での首相官邸の「会議」の一つである。ここで見るのは、報告書のうち、「1. 基本的な問題認識について」というタイトルがついた箇所である。やや長いが、政権政党によらず、これまで見てきた提言と通底する問題構成のロジックが「問題認識」としてより明瞭に示されているので引用する。

> 過去の歴史において、我が国は、時代ごとの危機的状況を積極的な人材派遣など海外との相互交流・接触の中で打開し克服してきた経験を持つ。
> ○しかし、1980年代頃までに「(経済的)豊かさ」を達成した結果、フロンティアを喪失することとなり、今日では、技術の先進性や一定規模の国内マーケットの存在などが却って「日本のガラパゴス化」を招きかねないとの懸念すら指摘される状況にある。
> ○現状のままでは、中長期的な観点で経済成長の原動力となるべき有為な人材が枯渇して、我が国は本格的な再生のきっかけを失い、BRICs(ブラジル、ロシア、インド、中国)やVISTA(ベトナム、インドネシア、南アフリカ、トルコ、アルゼンチン)といった新興国の台頭等、変化の激しいグローバル化時代の世界経済の中で、緩やかに後退していくのではないかとの危機感を抱かざるを得ない。
> ○産業・経済の急速な高度化・グローバル化の中で、我が国がこのまま極東の小国へと転落してしまう道を回避するためには、あらためて海外に目を向けて「世界の中の日本」を明確に意識するとともに、自らのアイデンティティーを見つめ直すことが不可欠なのではないか。(中略)
> 　今こそ、社会全体のシステムをグローバル化時代に相応しいものに構築し直し、個々人の人生設計を柔軟かつ多様に支援する複線型の社会システムへと変革しなければならない。そしてその第一歩であり眼目とも言えるのが、国家戦

略の一環としての「グローバル人材」の育成にほかならない。(内閣府・グローバル人材育成推進会議，2012，3頁。強調は引用者)

　民主党政権下にあっても，「新興国の台頭」のもとで，「緩やかに後退していく」ことへの危機感や，「我が国がこのまま極東の小国へと転落してしまう道」を回避すべきだという「問題認識」が「グローバル人材育成」という課題と結びつけて論じられていた。ここでも，他国との比較や序列の中での日本の「衰退」を問題と見なす視線の下で，それを回避する手段としてグローバル人材の育成という政策が掲げられている。

　これまでは，政府関係の提言主体の言説をあげてきたが，最後に，経済界の提言をみておこう。日本経済団体連合会(経団連)が2011年にまとめた「グローバル人材の育成に向けた提言」の「はじめに」からの引用である。

> 急速な少子高齢化の進展とそれに伴う人口の減少により，国内市場が縮小する中，天然資源に乏しいわが国経済が将来にわたって成長を維持するためには，日本の人材力を一層強化し，イノベーション力や技術力を高めることで，発展するアジア市場や新興国市場の需要を取り込んでいくことが不可欠である。(中略)
> 　資源に乏しい日本の競争力の源泉は，人材力につきると言われて久しい。しかし，世界規模で優秀な人材の獲得競争が激化する中，グローバル化に対応した人材の育成において，わが国は，他のアジア諸国と比べても遅れを取っている。わが国の国際競争力の強化のためにも，グローバル・ビジネスの現場で活躍し，国際社会に貢献できる人材の育成にオール・ジャパンで取り組んでいく必要がある。(日本経済団体連合会，2011，2頁)

　ここでも，アジア諸国との比較の視点やそこでの「遅れ」という問題認識の下に，日本の国際競争力を強化するため，「オール・ジャパン」でグローバル人材の育成に取り組むことの必要性が語られている。
　これらの提言を受けて，教育再生実行会議が，前掲『第三次提言』のなかで「国は，大学のグローバル化を大きく進展させてきた現行の「大学の国際

化のためのネットワーク形成推進事業（グローバル 30 事業）」等の経験と知見を踏まえ，外国人教員の積極採用や，海外大学との連携，英語による授業のみで卒業可能な学位課程の拡充など，国際化を断行する大学（「スーパーグローバル大学」（仮称））を重点的に支援する。国際共同研究等の充実を図り，今後 10 年間で世界大学ランキングトップ 100 に 10 校以上をランクインさせるなど国際的存在感を高める」といった提言を行い，冒頭で述べた，「グローバル大学創成支援事業」として結実したのである。

　これまで長々と，スーパーグローバル大学創成支援事業に連なる政策提言を紹介してきたのは，これらの政策提言に含まれる問題設定＝問題構成の前提やロジックをまずは確認しておくためであった。すでに繰り返し指摘したように，これらの言説から，他国との比較の視点やそこでの日本のポジション（「遅れ」）という認識が示され，それが大学教育のみならず日本の産業や経済の停滞・衰退の原因の一つと見なされていることなどが明らかとなった。

　こうした国際競争を前提とした一種の序列意識が問題構成の枠組みとして共有されていることをまずは確認しておこう。その上で，だから高等教育政策においても世界ランキング 100 位以内を目指すといった数値目標が出てくるのだ，という単純明快な関連性をここで指摘したいわけではない。さらには，これらの問題認識が実態に照らして正しいかどうかを批判的に検討しようというのでもない。そうではなく，これから検討するのは，私たちに広く受け入れられやすい，このような問題構成を可能にする前提やロジック自体が，どのような歴史的背景を持ち，そこで背負わされた特徴やその変化に光を当てることである。こうした前提やロジックの歴史的な経緯をさかのぼって検証することで，現在においても私たちが受け入れてしまいがちな問題構成の特徴と，そのメカニズムに迫ろうというのである。

3 二つのレンズ
―― キャッチアップとその終焉

(1) キャッチアップ時代の問題構成

　このような歴史を遡るにあたり，本章では二つの「日本人の意識」に着目する。ひとつは，欧米先進国に「追いつけ・追い越せ」としてきた欧米へのキャッチアップの意識であり，もうひとつは，そのキャッチアップが終焉したという意識である。この二つの意識が，問題の構築を行う際の，いわばレンズやフィルターとなって，教育（政策および実態）における問題点や課題の認知，さらにはその解決のための提言や政策立案を導く知識の土台となった，という仮説のもと，問題構成を成立させた前提やロジックの解明を行おうというのである。

　「日本人の意識」という曖昧な表現をしたが，キャッチアップにしろ，その終焉にしろ，そのような時代認識が，それぞれの時代の政策立案者たちにとっての認識枠組みを構築する重要な要素となったという仮定のもとに，あえて曖昧さを残したまま分析枠組みとして用いる。いわば，理念型としての時代認識を想定し，それを政策に関わる言説に適用することで，政策に埋め込まれた前提やロジックが ―― 本書第2章，第4章で，佐藤文隆や杉本良夫が指摘するとおり ―― 現在の私たちをも捕らえて放さない，その根深さと複雑さとを解き明かそうという試みである[1]。

　この二つの意識は，それぞれがすでに日本と外国との関係を問題の内に含んでいることは明白である。しかし，キャッチアップの時代と，それが終焉

---

1) キャッチアップの終焉の意識が教育改革の問題構築に関わる認識枠組みであるというアプローチは，すでにKariya (2015) で行っている。本章の分析は，それをさらに発展させ高等教育政策に適用したものである。

したという認識を持った（あるいは公的に宣言した）時代との間で，二つのレンズが完全に入れ替わったわけではない。あるいは，レンズの比喩を続ければ，これら二つのレンズが同じ屈折率を持っていたわけでもない。キャッチアップが進行していた時代の残像を引きずりながらも，その終焉が認知され，宣言されるようになって以降も，その残像が問題の構築に影響を及ぼすこともありうる。さらには，二つのレンズが微妙に錯綜することで，そこから見えてくるイメージや問題構成への焦点づけが変わってくる可能性もあるだろう。そのようなものとして，ここではこれら二つの「日本人の意識」を分析枠組み（＝政策言説の中の論理を取り出す道具）として用いる。さらにレンズの比喩を用いれば，これら二つのレンズが意識的・無意識的に組み合わされて使われることで，あるイメージが過度に拡大して見えたり，逆に視野が限られることで何かが見えにくくなることもあるだろう。あるいは，二重にフィルターがかかることで，実態の冷静な観察ができなくなることもある。そうしたメカニズムを取り出すことで，焦燥感に駆られた，現代のグローバル化対応に追われる高等教育政策を受け入れてしまうマインドセット（認識や思考の特定のパターン）の謎に迫ることができるのではないか。これが，二つの認識枠組みの歴史をさかのぼる理由である。

　以下の分析では，1960年代以後の日本の教育政策に影響を及ぼした政策提言の言説を取り上げ，そこにどのようなキャッチアップの意識，さらにはその終焉の認識が関わっていたのかを明らかにしていく。主に扱うのは，経済審議会答申，臨時教育審議会答申，中央教育審議会答申，大平政策研究会の報告書，そして，一部，財界の教育提言である。それらに埋め込まれた前提やロジックを「知識」として取り出し，そこに上述のフィルターの影響を読み取る，知識社会学的なアプローチである。

(2) キャッチアップ終焉の意識とレンズ

　歴史的には順序が逆になるが，ここではキャッチアップが終焉したという認識の特徴についてまずは見ておこう。検討するのは，その認識枠組みを通して見た，そこに至るまでのキャッチアップの時代がいかに特徴づけられて認識されたのかと，さらにはそのような認識をもとに，その時代（キャッチアップが終焉したと宣言された時代）の政策課題としていかなる問題が解決すべき課題として設定されたのか，という二点である。

　別のところでも述べたことだが，おそらく政府の公式文書として最も明確にキャッチアップの終焉を謳ったのは，大平正芳首相が組織した政策研究会の報告書である（Kariya, 2015）。そのメンバーの多くは当時著名な保守派の有識者で占められた。そして，九つの分科会に分かれ，それぞれが報告書を提出した。1980年8月のことである。教育政策の提言ではないものの，最初にこの報告書に注目するのは，後で見るように，そこでの問題認識がその後の臨時教育審議会（臨教審）にほぼそのままの形で引き継がれたからである。臨教審が1990年代以後の日本の教育改革を主導した青写真を提出した審議会だとすれば（市川, 1995），今日に連なる教育改革の問題構成の基本も大平政策研究会の報告にあるといえるのである。

　大平政策研究会報告の総論とも言える第一報告書，『文化の時代』には，次の表現がある。

　　過去において，西欧化，近代化，工業化，あるいは経済成長が強く要請された時代があった。そこにおいては，それぞれの要請の内容が明らかであり，目標とすべきモデルがあった。明治以降のこのような要請は，自らの伝統文化を否定もしくは無視し，自らを後進・低水準と規定し，目標を他に求める行き方であった。（文化の時代研究グループ，1980，2頁）

日本は，明治維新以来，欧米先進諸国に一日も早く追いつくために，近代化，産業化，欧米化を積極的に推進してきた。その結果，日本は，成熟した高度産業社会を迎え，人々は，世界に誇りうる自由と平等，進歩と繁栄，経済的豊かさと便利さ，高い教育と福祉の水準，発達した科学技術を享受するに至った。そして，この近代化，産業化による経済社会の巨大な構造変化を背景に，国民の意識や行動にも重大な変化が進行している。(文化の時代研究グループ，1980, 2頁)

　これらの引用から明らなのは，それが終了したという認識に至った時点で振り返った過去のキャッチアップ途上の時代が，どのように認識されていたかである。換言すれば，キャッチアップ終焉というレンズを通して，従前の過去がどのように見られていたか，という問題である。

　「西欧化(ないし欧米化)」，「近代化」，「工業化」，「経済成長」の四つが同格で並べられ，それらを達成することが明治以来の日本にとっての大きな目標であったことが示される。しかも，キャッチアップが終わるまでの「追いつけ追い越せ」が進行していた時代には，「目標とすべきモデル」があり，時代の要請の内容も明らかであったという過去の認定が行われていた。その過程で，日本的な伝統を軽んじたり，そこに後進性を見たりする，日本的伝統＝「遅れ」という時代認識も付け加えられている。さらにはキャッチアップの達成として，「世界に誇りうる」「近代化，産業化による経済社会の巨大な構造変化」が指摘される。欧米に追いつけ追い越せという意識が，日本と海外との比較の視点を持ち込むことで成立する自己意識だとすれば，その終焉は「近代化」「産業化」の達成と同等とされ，「世界に誇りうる」とまでいっている。日米同時に刊行されたハーバード大学教授エズラ・ボーゲルの『ジャパン・アズ・ナンバーワン』が日本で70万部を超える大ベストセラーとなった1979年の翌年の出来事である。

　こうして高らかに宣言されたキャッチアップ終焉の時代認識は，その後の日本社会の課題を次のように描き出す。次に見る臨教審につながる問題構成

のロジックがはっきりと顔を出す部分である。第7報告書,『文化の時代の経済運営』には,次の表現がある。

> 近代化(産業化,欧米化)を達成し,高度産業社会として成熟した日本は,もはや追いつく目標とすべきモデルがなくなった。これからは,自分で進むべき進路を探っていかなければならない。
> 　われわれは,急速な近代化や高度経済成長を可能にした日本の文化を検討するとき,そこに多くの優れた特質を再発見した。それらの多くは,西欧社会が市民革命,産業革命以来の「個」の確立を目指した近代化300年の歴史ののちに,もろもろのいわゆる文明病や孤独な個の窮状に遭遇し,「全体と個の関係」や「個と個の間柄」を見直し,「全体子(holon)」という概念を求めている最近の方向に沿うものであろう。(文化の時代の経済運営研究グループ,1980,31頁)

これらの引用からわかるように,1980年代初頭の日本社会は,すでに欧米先進国へのキャッチアップを完了した,だから「もはや追いつく目標とすべきモデルがなくなった」というのである。キャッチアップ進行中の時代の要請が明らかであったことと対比した上で,その達成後の「これからは,自分で進むべき進路を探っていかなければならない」という課題が設定されたのである。キャッチアップ終焉というレンズで見通した過去と,1980年現在の同時代の認識をもとに,未来への課題がこのように表明されたのである。

このようなキャッチアップ終焉という時代認識のフィルターを通して設定された日本社会の問題構成は,教育政策にもほぼそのまま引き継がれた。臨教審答申である。1984年から87年まで,中曽根康弘首相のもとで繰り広げられた,「第三の教育改革」を目指した首相直属の審議会である。メンバーにおいても,大平政策研究会との重複が見られた[2]。両者に共通した認識を

---

[2] 両方に重複する委員としては,公文俊平,山本七平,渡部昇一,香山健一,石井威望,小林登,曾野綾子の7名。ほかに,大平政策研究会のアドバイザーであった瀬島龍三も臨教審の委員を務めた。また臨教審委員ではないものの,中曽根首相の「ブレイン」といわれた佐藤誠三郎と高坂正堯の二人の著名な政治学者も,大平政策研

示す言説を挙げれば，次のものとなる。第一次答申の文章である。

> 明治以来，我が国は，欧米先進工業国に追い付くことを国家目標の一つとし，教育もこの時代の要請に沿った人材を養成することに努めてきた。このため，政府は学校教育制度を政策的に整備し，すべての国民に共通した基礎学力を身に付けさせ，また，広く人材登用を可能にして，社会を活性化した。このことが，我が国の社会経済の発展のエネルギーになったことは評価すべきである。（大蔵省印刷局編，1988，25頁）

さらに，臨教審は，戦後の教育改革も「明治以降の追い付き型近代化時代の延長線上にあるもの」，「明治以降の追い付き型教育は，戦後の「第二の教育改革」より補完されたとみることができる。」（大蔵省印刷局編，1988，10頁）との見方を提示した。教育史的に見れば，戦前の教育制度と戦後のそれとの間には，制度の大枠においても，そこに込められた理念においても大きな違いがあるという見方も可能である。にもかかわらず，キャッチアップ終焉というレンズを通してみると，そのどちらも「追い付き型教育」だったと認定されたのである。

そしてこのような過去へのまなざしをもとに，80年代半ばの日本の教育の問題点が指摘される。以下，項目ふうにいくつかの言説を提示すれば次のようになる。

- 学歴偏重：「戦前の官公庁，大企業などにおいては学歴に基づく処遇差や賃金格差を設けるといういわゆる学歴社会が形成されたが，このことが学歴が偏重されているとの認識が生まれる歴史的背景となった。」（大蔵省印刷局編，1988，25頁）
- 子どもの心の荒廃：「子どもの心の荒廃をもたらした大人社会の病因は，近代工業文明，追い付き型近代化ならびに戦後日本における高度経済成長の「負の副作用」，とりわけ人間の心身両面の健康への悪影響，人間と人間の心の触れ合いなどの人間関係への悪影響，文化・教育面への負の副作用などの

究会に名を連ねた。

発見と対応が遅れたことと深くかかわっているという反省の視点が重要である。」(大蔵省印刷局編, 1988, 50頁)
・画一教育：「欧米先進工業国の進んだ科学技術, 制度などの導入, 普及を急速に推進するために効率性を重視し, 全体としてみれば, その内容, 方法などにおいて, 画一的なものにならざるを得なかった」(大蔵省印刷局編, 1988, 9頁)
・詰め込み教育：「これまでの我が国の教育は, どちらかといえば記憶力中心の詰め込み教育という傾向が強かったことは否定できない。」(大蔵省印刷局編, 1988, 14頁)

そして, このように教育問題を構築した上で, 臨教審はそれまでの教育(「追い付き型教育」)の立ち遅れを問題視し, 「時代の変化と社会の要請」に応えられなくなっていると指摘するのである(大蔵省印刷局編, 1988, 9頁)。要するに「時代遅れ」という認識である。こうした「遅れ」が, 様々な教育問題を生み出す原因, ないしは, 問題の解決を阻んでいると見たのである。

なかでも, 「記憶力中心で, 自ら考え判断する能力や創造力の伸長が妨げられ個性のない同じような型の人間をつくりすぎていること」(大蔵省印刷局編, 1988, 7頁)が問題とされ, そのように認識された従来の教育を改革する方向として, 個性尊重の教育が提案された。曰く,

> 今後における科学技術の発展や産業構造, 就業構造などの変化に対応するためには, 個性的で創造的な人材が求められている。これまでの教育は, どちらかといえば記憶力中心の詰め込み教育という傾向があったが, これからの社会においては, 知識・情報を単に獲得するだけではなく, それを適切に使いこなし, 自分で考え, 創造し, 表現する能力が一層重視されなければならない。創造性は, 個性と密接な関係をもっており, 個性が生かされてこそ真の創造性が育つものである。(大蔵省印刷局編, 1988, 278頁)

その後の「ゆとり」教育や, 今日のグローバル人材育成にも通じる, 創造性と個性, あるいは課題解決能力や主体性を生かす教育の追求が政策目標とさ

れるようになったのである[3]。

　ここでの目的は，政策の変遷をたどることではなく，政策を導いた問題構成の認識枠組みに焦点を当てることにある。そのために以下，推進された政策の概略を示すにとどめるが，高等教育に関わる政策としては，臨教審答申を受けて発足した大学審議会や，それを引き継いだ中央教育審議会（中教審）が様々な改革を提言し，文部科学省（2001年1月以後の名称。それまでは文部省）はそれらを実施してきた。その基本路線は，規制緩和と競争的環境の導入とまとめてよいだろう。前者としては，1991年に大学設置基準の「大綱化」が，2004年には国立大学の法人化が実施された。大綱化は大学設置の基準緩和をもたらし，その後私立大学の増設ブームを迎えた。国立大学法人化は，国立大学に法人格を与えることで大学運営の自由度を高めることが目指された。

　後者としては，競争的資金の導入が挙げられる。とりわけ国立大学法人に対しては，基礎的資金となる運営費交付金の割合を削減しつつ，競争的資金を拡大する措置がとられた。2002年から始まった「21世紀COE」，それを引き継いで2007年から始まった「グローバルCOE」といった施策は，大学院の教育研究機能を強化し，国際競争力のある大学づくりを目指すものであった。その流れは，「グローバル30」や今日の「スーパーグローバル大学創成支援事業」に連なる「グローバル人材育成」を念頭に置いた政策の流れとなった。

---

3) ここではこれ以上の検討は行わないが，大平政策研究会とのもう一つ重要な共通点は，日本の伝統や日本的な文化・価値の見直しである。大平研究会の報告においては，キャッチアップ時代に「自らを後進・低水準」と見ていた「遅れ」意識を脱却することが求められた。この報告書が「二度目の『近代の超克』論」といわれるゆえんである（ハルトゥーニアン，2010）。臨教審においても，「国際化」の時代だからこそ，「日本人としての自覚に立って国際社会に貢献し得る国民の育成を図る」ことが教育の目標として掲げられた（第一次答申）。

4 キャッチアップ時代と終焉宣言時代との認識のズレと共通性

(1)「独創性」の強調 —— キャッチアップ時代の問題構成

　キャッチアップ終焉というレンズを通してみた過去(＝キャッチアップ途上の時代)の教育は，上述のとおり，「記憶力中心で，自ら考え判断する能力や創造力の伸長が妨げられ個性のない同じような型の人間をつくりすぎて」きた。それは「欧米先進工業国の進んだ科学技術，制度などの導入，普及を急速に推進するために効率」的ではあったが，「知識・情報を単に獲得するだけ」のものに終始しがちであった。だから個性や創造性を尊重するものではなかった，と問題視された。だが，はたしてキャッチアップを遂げようとした時代の教育は，そのようなものを目指していたのだろうか。キャッチアップが進行中の時代に教育政策として何が課題であったのか。二つの時代認識の枠組みの違いを見るためには，過去からの捉え直しとは別に，その時代の教育課題の認識がどのようなものであったかを確認しておく必要がある。

　そのための作業として，ここでは1960年代の教育政策に関する提言を見ていく。注目するのはキャッチアップに関連する意識や視点が提示された政策文書の言説である。その典型は，「所得倍増計画」が提唱され，高度成長期を政策面で支えた経済審議会の答申の中で人材育成(当時の用語では「人的資源開発」)に関係する部分である。

　1960年の経済審『所得倍増にともなう長期教育計画報告』(1960年10月25日)には，次のような表現がある。

　　……また，先進国において数十年を要したといわれる産業の重化学工業化を最近数年で達成しているようなわが国の産業構造の近代化の進展は，経済の各方

面に新たな課題を与え，これに加えて科学技術の急激な発達に支えられた技術革新の時代の要請は，教育訓練等人間能力の開発問題を更に積極的に取り上げる必要を生ぜしめている。この傾向はすでに先進国においても発生しているところであって，この動向には十分な注意を払う必要がある。(横浜国立大学現代教育研究所編，1971，203頁)

ここに示されているのは，先進国との比較において短期間に「重化学工業化」を進めている「わが国の産業構造の近代化」における，「技術革新」という「時代の要請」に応えるべき「人間能力の開発」という課題である。

さらにその視点をより鮮明にしたのが，1963年の答申，『経済発展における人的能力開発の課題と対策』(1963年1月14日)である。

とくに現代社会経済の大きな特徴は，急速な科学技術の発展に支えられて経済の高度成長がつづく技術革新時代ということである。世界的な技術革新時代にあって，国際競争力を強化し，世界経済の進展に遅れをとらず大きな経済発展をなしとげ，国民生活の顕著な向上を期するためには，独創的な科学技術を開発し，また新時代の科学技術を十分に理解し活用していくことが是非とも必要である。この責務を果たしていくものは政府であり，そしてまたわれわれ国民自身にほかならない。ここに経済政策の一環として人的能力の向上をはかることの必要性がある (経済審議会編，1963，1頁)

ここでも経済成長政策を念頭に，世界経済の進展に「遅れ」をとらないよう，「独創的な科学技術を開発し，また新時代の科学技術を十分に理解し活用していくこと」が求められている。そのための「人的能力の向上」が政策課題として焦点づけられるのである。

これらの引用が明確に示しているように，たしかに高度成長を主導した政策の中で，先進国との比較において日本の経済や技術水準の「遅れ」が意識化されていた。ここには，欧米先進国に追いつこうとしたキャッチアップの意識が明瞭に示されている。ただしここで留意しておくべきことは，こうしたキャッチアップの意識が向けられたのは主に経済の成長に資する，科学技

術の面に限られていたということである。経済審議会の答申だから当然と言えばそれまでだが,「遅れ」が目に見えやすい,科学技術の分野での人的能力の開発が前面に出されていたのが,この時代のキャッチアップ意識であった[4]。もう一つ見逃してならないのは,キャッチアップのために必要だと認識されたのは,模倣のための海外からの技術の導入ではなく,すでにこの時点で「独創性」や独自技術の開発力の必要性が認められていたことである。

これらは経済審議会の答申であるが,中教審答申を調べると,明らかにキャッチアップと関連した言説が見られるのは,経済審より古い,1956年に出された次の『科学技術教育の振興方策について』(中教審答申1956年11月11日)である。そこには次のような認識と課題が示されていた。

> 戦後,欧米諸国の科学技術は,躍進的な発展を遂げ,その発展の及ぶところは生産技術面のみにとどまらず,広く管理・経営の面にまでいたっており,産業はその面目を一新して一時代を画しつつある。
> 　しかるに,わが国の科学技術は戦争による破壊,敗戦に次ぐ混乱・疲弊,研究施設・設備の老朽化・旧式化,研究費の不足等によって立ち遅れ,これを基盤とする産業技術,ひいては産業自体も進歩をはばまれ,その新開発は主として外国技術の導入に依存しなければならない現状にある。(改行)これを打開して,産業技術を振興し,産業の自主性を回復し,国際的競争力をたかめ,もって経済の復興,民主の安定,文化の向上を図るためには,科学技術の振興,とくにその基礎としての科学技術に関する研究と教育の振興が必要である。(横浜国立大学現代教育研究所編,1971,37頁。強調は引用者)

戦後の経済復興の時代が終わり,新たな成長のフェーズに差し掛かる,高度

---

[4] この経済審答申においては,経済運営や企業経営についてもその近代化を求める提言が行われていた。しかし,そこでの中心は,「現代の技術革新は当然新しい時代にふさわしい技術者,技能者を必要とするとともに,新しい経営組織,労使関係等の経営秩序の確立を求め,ひいては経済構造,社会構造さらに人間の意識等に影響を与えずにはおかない。ここに人的能力政策の現代的意義がある」(経済審議会編,1963,4頁)とあるように,技術革新との関係を明確に意図するものであった。

成長の幕開けとなる時期の提言である。そのことを考慮に入れても，ここには，「わが国の科学技術は戦争による破壊，敗戦に次ぐ混乱・疲弊，研究施設・設備の老朽化・旧式化，研究費の不足等によって立ち遅れ」ているという「遅れ」の認識と，それゆえに「外国技術の導入に依存しなければならない現状」が語られている。そして，そのような認識をもとに，それを「打開」するために科学技術の振興，「その基礎としての科学技術に関する研究と教育の振興」が政策として必要なことが提言されている。ここでも経済とそれに直接結びつく科学技術の面に限定して，先進国との比較における「遅れ」が意識され，国際競争力を高めるために科学技術を強化する研究と教育の重要性が語られていたのである。

　もう一度，経済審答申に戻り，「遅れ」の認識とそれへの対応＝課題の設定が明確に分かる箇所を見てみよう。技術革新の重要性が強調される文脈の中で，日本の過去が振り返られている部分である。

> とくにわが国は戦前から模倣技術が中心であり，それが戦時中から外国技術との接触をしゃ断され，戦後もかなりおくれて海外との自由な交流が可能となったので，外国技術とのギャップが大きく，これをうめるためもあって技術革新のテンポがかなり急激となっている。また，わが国では，欧米諸国のすでに戦前に発展した産業と，第二次大戦後に開花したものとが，同時に最近になって発展しはじめたという理由もあって，技術革新の進められている産業が広範にわたっている。（経済審議会編，1963，4頁）

それまでの「模倣技術」の時代からの脱却の必要性が語られ，外国技術との大きなギャップを埋める（＝キャッチアップ）という課題が示されている。ただし，重要なのは，そのような課題を達成する上で，模倣だけでは不十分だという問題構成がすでにこの時代に行われていた点である。

　技術面のみならず，そのための人材開発においても独自性を求める意図が明瞭に示される部分がある。それも引いておこう。

(過去の日本や海外でも人材開発の意識があったことを受けて —— 引用者) このように人的能力政策というものは、わが国の歴史においてもみられたところであるし、世界的にもとりあげられている問題なのである。しかし、それだからといって、われわれがとりあげた人的能力政策は、それらのくりかえしでもなければ、模倣でもない。それは、わが国の現代に特有のものでなければならない。(経済審議会編, 1963, 2頁)

経済の自立、技術開発の独自性を求める人的能力政策自体が、海外の模倣であってはいけない、「わが国の現代に特有のもの」でなければならないと、この答申では求めているのである。

(2) キャッチアップの終焉宣言の中での「遅れ」意識
—— 認識のズレ

このようにキャッチアップの時代にさかのぼって問題設定の認識枠組みを見ていくと、キャッチアップ終焉の宣言があった時点から振り返り見られた「過去」とのズレが発見できる。第一に、「欧米先進工業国の進んだ科学技術、制度などの導入、普及を急速に推進する」(臨教審) という課題設定がなかったわけではないが、注目すべきは、むしろ高度成長の初期段階でさえ、そのような「模倣」からの脱却が目指されていたこと、さらには、そのために、「独創的な科学技術」の開発を可能とする「人的能力」の育成が求められていたことである。

もちろん、ここで見ているのは、教育の実態の引き比べではない。60年代の教育政策の提言がそのまま、その後の教育の実際となったと言っているのでもない。そうではなく、ここで確認したいのは、キャッチアップ途上の時代にあっても、知識の単純な導入が目指されていたわけではなく、技術革新を可能にする独自性や独創性 (後の言葉で言えば「創造性」) が求められていたことである。この第一のズレが重要なのは、キャッチアップ終焉宣言時代

の後知恵で認定された過去が，独創性を求めない，模倣の時代と単純化されたことを示す証拠となるからである。海外からの知識や技術の導入に効率的であるために，「記憶力中心で，自ら考え判断する能力や創造力の伸長が妨げられ個性のない同じような型の人間をつくりすぎて」きたと見なされた「追いつき型」の教育は，そのさなかにある時点でさえ，独自技術の革新を可能にする，独創性を発揮できる人間能力の育成を求めていた。ところが，追いつき型の教育が，実際に（とりわけ科学技術分野での）創造性や独創性を発揮しうる人材を育成してきたかどうかを不問にしたまま，従前のキャッチアップ時代の教育は，知識導入の効率性を追求する，先進国に追いつくための教育が主流であったと単純化されたのである。こうした歴史の単純化は，過去の教育が個性や創造性を妨げる教育だったという主張に信憑性を加えた。それゆえ，従前の教育は「時代の変化と社会の要請」に対応できない教育として，その解体が求められたのである（Kariya, 2015）。

　微妙だが重要なもう一つの認識ギャップは，キャッチアップの時代に「追いつく目標とすべきモデル」があったと見る後世の見方と，実際の60年代の認識とのズレにある。先に見たように，60年代には，産業化や経済成長と結びつく科学技術における「遅れ」にある程度限定し，そこに焦点づけて，キャッチアップを意識していた。それが明確でありえたのは，科学技術の先進性が明白だったからである。技術革新とは，そこに追いつくための手段であり，そのために模倣する時代からの脱却が必要とされた。科学者や技術者や技能者の養成が急がれたのも，そのような明確な課題に限定して，追いつくことが課題とされたからである。それゆえ，教育政策の面でも，理数科教育の重視や，理工系人材の拡大を目指す大学・学部の新設など，具体的な教育目標を掲げることが可能であった。

　ところが，キャッチアップ終焉の時代から振り返った認識では，「追いつく目標とすべきモデル」というとき，経済や科学技術に限定して，技術革新という（創造性の育成を含む）目標の設定が行われていたことへの十分な考慮

を欠いたまま，モデル喪失宣言が行われた。その結果，追いついたのだから目標とすべきモデルはなくなったという論理によって，先進性の認定における限定性の有無にとらわれることなく，モデル喪失という時代認識が説得性を得ることとなった。そして，そこから，追いかけるべきモデル（＝模倣の対象）はもうないのだから，「自ら学び，自ら考える」力，「創造性」や「主体性」，「課題発見能力」，「リーダーシップ」といった能力や資質の育成を当然のこととして求める言説に力を与える知識の土台を提供したのである。こうした認識もまた，それまでの教育の解体を急ぐ問題構成につながった[5]。

(3) ナショナル・アイデンティティとしての「経済と科学技術」
―― 共通の認識枠組み

　キャッチアップ時代の問題構成を単純化して理解することで，キャッチアップ終焉時代の問題構成は，キャッチアップ型教育からの脱却こそが重要な教育政策上の課題であるという認識を強めていった。しかしながら，二つの時代の問題構成のレンズは，たんにこれらのギャップを持っただけではない。今日に連なる，教育政策を立てる上での問題構成の特徴を理解するためには ―― とりわけその焦燥感に駆られたグローバル化への対応がどこから生じたのかを知るためには ―― 両者の間にこのようなズレがあるように見えながらも，実際には両者に共通する認識枠組みが強固に存在し，それらが前述のギャップと複雑に絡み合いながら，現代の問題構成を可能にしている，その仕掛けについても明らかにしておかなければならない。
　第一の共通性は，いずれの時代も欧米先進国との比較において日本を位置

---

[5] 注4で述べたように，科学技術を産業化や経済成長へと転換する経済運営や企業経営の「後進性」が問われる場合も，その遅れが何であるかをめぐっては，技術革新の生かし方という面で，ある程度，明確な判断基準が同時代の問題構成には含まれていた。

付けるという，「遅れ」に対する敏感とも言える劣等意識や競争意識の強さにある．キャッチアップの時代には，科学技術面での「遅れ」が強く認識されていたことは，すでに見たとおりである．キャッチアップの終焉が宣言された時代には，キャッチアップ時代のやり方が時代遅れになっているという認識が登場した．だが，それはとりもなおさず，キャッチアップ時代とは別のフェーズに入った日本（の主に経済と科学技術）が，他の先進国に遅れないために必要な課題を取り出すために，従前のやり方の転換を求める時代認識が登場したのであった．

　第二に，そこでの日本の位置付けや「遅れ」への関心は，科学技術や産業化や経済成長と結びついた日本の（国家的，あるいは国力の）発展という尺度を主たるものとしていた．それは，戦前のような露骨なナショナリズムではないものの，とりわけ経済面での優位さを誇ることで，「経済大国」，後には「科学技術立国」といった日本人のナショナル・アイデンティティの形成・確立に寄与するものであった．なるほど，キャッチアップの終焉が宣言された時代には，経済面だけの「豊かさ」の追求に加えて，「こころ」の豊かさや「日本人らしさ」が強調されるようになった．個性や創造性の尊重も謳われた．だが，それでもなお，先進性や後進性が見えやすい経済や科学技術といった領域を中心に，そこでの優位性を意識することで，物質面以外での豊かさの比較が行われた．先に引用した臨教審答申のように，「今後における科学技術の発展や産業構造，就業構造の変化に対応するためには，個性的で創造的な人材が求められている」．その具体性は希釈されたものの，いまだ経済や科学技術の面が優先されたという意味では，両者の間に選ぶところはなかったといえる．

　第三に，国際化という面で見ると，これら二つの時代の問題構成においては，競争相手は欧米先進国に限られていた．「キャッチアップ型」の発展で成功をおさめた非西欧圏では最初の国として日本のナショナル・アイデンティティが築かれた．言い換えれば，他のキャッチアップ型国家・経済から

の追い上げを受ける前の時代の問題構成にとどまっていたと言うことである。

5 二つのレンズから解釈できる現代の問題構成
――考察と結論

　この結論にあたる節では，これまでの検討をもとに，冒頭で与えた問いに答えていく。だが，その前に，議論の背景として，キャッチアップの終焉が宣言された以後の日本社会の変化を簡単に素描しておこう。最初に指摘すべきは，周知のことだが，80年代後半に日本はバブル経済に突入し，90年代前半にそれが崩壊するという急激な上昇と下降を経験したことである。バブルの絶頂期に向かう時期には，キャッチアップをめぐる意識も絶頂期を迎えた。欧米に追いついただけでなく，欧米先進国を追い抜いた，しかも日本的なやり方でそれを成し遂げた，という認識を獲得した。「ジャパン・アズ・ナンバーワン」を実感した束の間の時である。ところが，バブル崩壊後，長期に及ぶ経済停滞に突入する。正規雇用が減少し，非正規職が増え，「格差社会」が到来した。少子高齢化の流れは止まらず，日本は「課題先進国」という自己イメージを持つに至った。

　このような急速な上昇と下降の経験と，長期間に及ぶ経済の停滞や多様な課題の累積が，今日の高等教育政策の問題構成にとって重大な影響を及ぼしていることは間違いない。国家や社会が直面する課題が大きければ大きいほど，その解決を教育に求める思考回路や政策立案のロジックは，日本に限らず，先進国に共通するパターンだからである。だが，ここで問題にしたいのは，これだけの課題に直面しながらも，スーパーグローバル大学創生支援事業のような政策が性急に取られるようになる問題構成の土台のところで，これまで分析してきたような，キャッチアップをめぐる意識がいかに関わっていたか，という問いである。

　なによりもわかりやすいのは，キャッチアップが終わったという認識を

持った以降においても，教育政策上の問題構成のロジックには，日本の「遅れ」を敏感に意識する，現在に連なるメンタリティがなお作動していることである。冒頭で見た，「我が国が世界に伍して成長・発展していくこと」（教育再生実行会議）や，日本が「緩やかに後退していくのではないかとの危機感」，さらには，「我が国がこのまま極東の小国へと転落してしまう道を回避」すべきだという判断（グローバル人材育成推進会議）が示すとおり，バブル絶頂期には一度先進国に追いつき，あるいは追い越したという自己認識を持っただけに，その後の「遅れ」や「後退」に対する意識はさらに敏感になるのだろう。

　加えて，このような「遅れ」が，技術革新や経済成長につながる領域で生じているとの問題認識にも，キャッチアップをめぐる意識が今も引き継がれている。キャッチアップ時代以来の序列意識と競争意識を解除することもできないままに，「ジャパン・アズ・ナンバーワン」からの転落がさらに拍車をかけ，序列意識へのこだわりを強化する。そうした悪循環に入り込んでしまったのである。

　しかし，キャッチアップ意識の作用は，こうした見えやすい現代の問題構成の仕方に現れているだけではない。先に検討した，キャッチアップ終焉の宣言が行われた時代とキャッチアップが進行していた時代との意識や認識のズレもまた影響を及ぼしている。そして，そこにも，高等教育のグローバル化政策が，焦燥感に駆られた，上滑りのものに終わってしまう原因があると考えられるのである。

　キャッチアップの終焉が宣言された以後，キャッチアップ進行中の時代は，知識や技術の導入を優先した「模倣の時代」と見なされた。その時代が，「模倣の中での創造」（板垣，2010）を可能にする基盤を作り出そうと，独創性を求めたことは忘れ去られ，その時代の教育は模倣中心の「追いつき型」だと単純化されて理解された。たしかに，キャッチアップの時代の教育が，どれだけ創造性や独創性を生み出す人材の育成に成功したかどうかは実態や実証

の問題である。だが，その実態を検証することなく，それ以前の教育を，先進的知識や技術の導入＝キャッチアップ優先ゆえの知識の詰め込み教育（あるいは画一教育）と見なしたこと，さらにはそうした過去の認識に基づく問題構成がその後の教育政策をリードしてきたことは，すでに見たとおりである。そして，そのような認識枠組みが，それ以前の時代が実際にどうであったかとは別に[6]，現代にも影響を及ぼしているのである。

　その結果，それ以前の教育は「追いつき型」として，その解体が急がれた。「記憶力中心で，自ら考え判断する能力や創造力の伸長が妨げられ個性のない同じような型の人間をつくりすぎて」きた，これからは創造性と個性を尊重する教育が重要だといわれ，初中等教育では「生きる力」の育成が，高等教育では「課題解決能力」の育成が，教育改革の目標となった (Kariya, 2015)。

　もはや追いつくべきモデルはないとの認識がそれに加わった。キャッチアップが進行していた時代の「遅れ」は，技術水準のように，ある程度限定的に見られていた。追いつくべき目標としての具体性を備えていたといってもよいだろう。ところが，そうした目標＝「遅れ」の限定性が外され，モデルなき時代に突入したという時代認識を得ることで，「遅れ」の判定基準が見えにくくなった。強化されたグローバルな序列意識の中で，それが技術革新や経済成長に実際にどれだけ有効かどうかの判断とは別のところで，他国との「遅れ」が問題とされるようになるのである。キャッチアップに関する時代認識の二つのレンズが微妙なズレを伴いながら重なることで，このような時代の心象が生み出されていった。

　技術開発に限定した「遅れ」であれば，技術水準のキャッチアップを達成してしまえば，技術面での後進性の優位性がなくなることは，すでによく知られた開発経済学の定説である（大塚・東郷・浜田編，2010）。しかも，競争の相手は，かつての欧米先進国だけではなくなった。キャッチアップが進行

---

6) 教育の実態と，キャッチアップ終焉宣言時の教育認識とのズレについては，たとえば，苅谷 (2001)，Kariya (2015) を参照。

中の新興国は，すでにグローバル化への対応と同時に，後進性ゆえの有利さを獲得できるキャッチアップ型の競争を繰り広げている。そのような主にアジア諸国との経済競争の中で，すでにキャッチアップを達成したはずの日本がその成功のゆえに「遅れ」を来している —— そういう認識が基となり，教育（特に大学）のグローバル対応の遅れが「危機的状況」といわれるまでの問題として構成されるに至るのである。先に引いた経団連の提言にあった，「グローバル化に対応した人材の育成において，わが国は，他のアジア諸国と比べても遅れを取っている」とは，まさにそうした問題構成の一つといえる。

　ところで，バブル経済崩壊後の日本経済の停滞は，必ずしも教育がうまくいかなくなったことに原因するわけではない。少なくとも，人材育成の問題を学校教育や大学だけに求めるのは，ことの半面しか見ていない。グローバルな流動性を含めた，企業間・企業内での人材の採用や育成の問題を見ていないからである。さらに経済の停滞は，それ以外にも原因があまたある。だが，その検証もないままに，教育のグローバル対応の遅れが経済成長とのつながりで問題とされはじめ，「危機的状況」とまで名指しされ，改革の中心課題に躍り出ることとなった。そこには，先述のとおり，経済面での強烈な序列意識があるのだが，その面での後退や遅れが，教育に転嫁され，問題を構成するのである。その結果，「生きる力」や「課題解決能力」の育成と同様に，「グローバル人材」という，抽象的で，それを実現すべき具体的手段を欠いたままの目標が掲げられ，教育の改革が進められていく。

　冒頭の問題設定のところでは触れなかったが，実は2000年に出された大学審議会答申『グローバル化時代に求められる高等教育の在り方について』（平成12年11月22日）には，すでに高等教育のグローバル対応の課題が，ほぼそのまま現代にも通用するかたちで書き込まれていた。この答申に基づいて，国際競争力のある大学づくりの一貫として，大学院の研究教育機能を強化するための21世紀COE（2002年から）やグローバルCOE（2007年から）と

いった政策が実施されたのである。「失われた十年」のさなかでの答申である。

ちなみに，教育改革に関する限り，「失われた十年」は，何も行われなかった10年ではなかった。ここでは詳述しないが，臨教審以前と比べれば日本の教育は大きな変貌を遂げてきた。まさに「教育改革の時代」が続いたのである。だが，経済の停滞はその後も続き，「失われた20年」といわれるようにさえなった。教育改革が不十分だったから，人材育成に失敗し，経済の停滞が続いたのか。それとも，教育と経済とはそれほど短期間で対応するような間柄ではないのか。いずれにせよ，（たとえそれがあったとしても）「経済の再生」に有効性を持つ，具体的で限定的な教育改革の目標設定は，明確な追いつくべきモデルの喪失以来，失われたままである。こうした限定性を取り払った上で，教育のグローバル化対応の「遅れ」が，日本の国家（≒国民経済）の停滞や衰退を招いていると（無限定的に）問題が構成されているのが現状である。

ところが，その間隙に世界ランキングというわかりやすい尺度がするりと入り込んでしまった。競争で示されるランキング上の順位は見えやすく，わかりやすい。その判定の基準やそれによって決められる順位が経済的な有効性を持つかどうかにかかわらず（怪しいものだ！），ランキング上での競争があおられる。しかも，そこで採用される評価基準が，「グローバル人材」の育成を実際に可能にし，経済の復興を満たすものかどうかもわからない。政策目標と実現手段との曖昧な関係の典型のような世界ランキングという尺度が，数値目標として具体性を持つだけに，政策目標に取り入れられたのである。

しかも，別のところでデータを交えて検証したように，スーパーグローバル大学創生支援事業においては，表層的で形式的なグローバル化が目指されることとなった。世界ランキングの指標として日本の大学の評価が低い「国際指標」の得点を上げるために，外国語（英語）による教育の拡張を図るこ

とが数値目標として求められ，それを実現するための教員として「外国人教員等」の増員が目標とされるが，多くのスーパーグローバル大学では，その内訳が「1年以上3年未満の外国での研究教育経験を持つ日本人」によって担われているのである（苅谷, 2015）。

　このような対応が政策上たとえ認められたとしても，それによって世界ランキングの順位が上昇したことで，日本の大学のグローバル化が進んだと言えるのか。ましてや，それが「我が国が世界に伍して成長・発展していく」ことにつながるのか。「日本が再び世界の中で競争力を高め，輝きを取り戻す「日本再生」」に資するのか。答えは火を見るより明らかである。

　その結びつきが不明な分，競争に煽られ，そこに参加せざるをえない人々は，むなしさや徒労感を募らせていく。それがまた，改革に向けての気分を萎えさせ，表層的で形式的な対応を導いていく。しかし，そのようなことが明白であるにもかかわらず，ここでもまた，グローバル人材に必要な資質や能力として，創造性や主体性といった抽象的な目標が，その実現手段の提供とは別に理想として語られる。これらの理想と，先の空虚な数値目標との隔たりは，超えがたいにもかかわらず，理想の抽象性ゆえに容易に結びつけられる。その無理な結合が無反省にたやすく行われてしまうのは，危機意識の根底に，「経済大国」・「科学技術立国」という日本のナショナル・アイデンティティの揺らぎがあるからだろう。

　キャッチアップ意識の知識社会学的解明を通じて明らかとなったのは，大国意識を捨てきれず，成熟社会にもなりきれない，キャッチアップとその終焉の意識の残影に取り憑かれた日本の姿なのかもしれない。あるいは，グローバル化を急ぐ焦燥感こそが，未熟な成熟社会という形容矛盾を含んだ，日本という「先進国」ナショナリズムの揺らぎを表象しているのかもしれない。「スーパーグローバル」という奇妙な和製英語でグローバル化を果たそうとする現代日本社会の珍妙な姿が，けなげに見えながらも，外からの目には気にかかるのである。

参照文献

板垣博 (2010)「関説 アジアからの視点」下谷政弘・鈴木恒夫編『「経済大国」への軌跡 1955-1985』講座・日本経営史5巻，ミネルヴァ書房，341-349頁．

市川昭午 (1995)『臨教審以後の教育政策』教育開発研究所．

大蔵省印刷局編 (1988)『教育改革に関する答申 ── 臨時教育審議会第一次〜第四次（最終）答申』大蔵省印刷局．

大塚啓二郎・東郷賢・浜田宏一編 (2010)『模倣型経済の躍進と足ぶみ ── 戦後の日本経済を振り返る』ナカニシヤ出版．

苅谷剛彦 (2001)『教育改革の幻想』筑摩書房．

苅谷剛彦 (2015)「スーパーグローバル大学のゆくえ」『アステイオン』No. 82，CCCメディアハウス，38-52頁．

Kariya, Takehiko (2015) 'The two lost decades in education: the failure of reform', In *Examining Japan's Lost Decades,* edited by Yoichi Funabashi and Barak Kushner, Routledge, pp. 101-117.

ハルトゥーニアン・ハリー (2010)『歴史と記憶の抗争 ──「戦後日本」の現在』カツヒコ・マリアノ・エンドウ訳，みすず書房．

文化の時代研究グループ (1980)『大平総理の政策研究会報告書1 文化の時代』内閣官房内各審議室分室・内閣総理大臣補佐官室編，大蔵省印刷局．

文化の時代の経済運営研究グループ (1980)『大平総理の政策研究会報告書7 文化の時代の経済運営』，内閣官房内各審議室分室・内閣総理大臣補佐官室編，大蔵省印刷局．

横浜国立大学現代教育研究所編 (1971)『増補 中教審と教育改革：財界の教育要求と中教審答申（全）』，三一書房．

〈政策文書の内，ダウンロード可能なもの〉

内閣府・産業競争力会議「第4回会議議事要旨」
　　https://www.kantei.go.jp/jp/singi/keizaisaisei/skkkaigi/dai4/gijiyousi.pdf

内閣府・教育再生実行会議　第三次提言「これからの大学教育等の在り方について」2013年5月28日
　　https://www.kantei.go.jp/jp/singi/kyouikusaisei/pdf/dai3_1.pdf

内閣府・グローバル人材育成推進会議「審議まとめ」2012年6月4日
　　http://www.kantei.go.jp/jp/singi/global/1206011matome.pdf

日本経済団体連合会「グローバル人材の育成に向けた提言」2011年6月14日．
　　https://www.keidanren.or.jp/policy/2011/062honbun.pdf

chapter 4

「周辺」からの抵抗
── 英語出版の試みに関する私的ノート

杉本良夫

1 アクシデンタル・ソシオロジト

『アクシデンタル・ツーリスト』(偶然の旅行者)という映画を見たことがある。鑑賞後，映画の中身よりも，タイトルだけが鮮明に記憶に残った。この表題にあやかれば，自分は「アクシデンタル・ソシオロジスト」だと，つくづく思ったからだ。私は「偶然の社会学者」である。

学部学生の頃，研究者に憧れたことは一度もなく，社会学を専攻したわけでもなかった。大学卒業後，新聞社に入ったが，これも長期的な仕事と考えていたとはいえない。3年あまりして，休職してアメリカに留学した。少し息を抜き，多読していろんなことを考える時間を持ちたいと思ったからである。大学院の社会学部に籍を置いたが，何となく幅の広そうな学問のような気がしたに過ぎない。いずれにしても，1年して日本に戻り，新聞記者を続けるつもりだった。

しかし，どういうわけか，突然，もう少し勉強を続けてみたくなった。日本の職場に辞職願を出し，アメリカに残ることにしたのが，いまから半世紀前のこと。深い考えもないうちに，勉強を続けて，6年もかかって博士号を取得した。日本の大学院生活がどういうものか，知らないままである。

大学院を終えると，いくつかの大学へ就職する可能性が生まれた。オーストラリアの大学からの話が魅力的だったので，2, 3年のつもりでやって来たのが1973年。あれこれするうちに，とうとう住みついてしまい，滞豪40年を超えた。学問としての社会学に，確とした帰属感があったわけでもない。たまたま，この領域に紛れ込んだに過ぎない人間という意味では，文字通り「アクシデンタル・ソシオロジスト」であった。そんなわけで，私の社会学者としての体験は，代表見本とはいいがたい。

(1) 変わる日本像，変わらない日本の社会科学

　この半世紀の間に，海外から見た日本像には，三つの時期があったと思われる（Sugimoto, 2014: 291-294）。1950年代から60年代にかけてが，第1期。日本は異国趣味を持つ少数の人たちの関心を集めただけで，武士道・茶の湯・歌舞伎などがもの珍しい文化として，興味をそそった。第2期は1970年代から80年代にかけてで，日本が急に経済成長して，世界を驚かせた時期である。「タテ社会」や「甘え」などに現れる日本の集団主義的文化が，日本の経済大国化を説明するとされた。日本経済の停滞が進行した1990年代以後，こんどは焦点が，日本の大衆文化に移行した。今日に至るまで続く第3期である。マンガ，アニメ，スシ，カラオケなどに代表されるポピュラー・カルチャーが，日本を代表する表象とされている。これらが世界に浸透することによって，ソフト・パワーとしての地位を確保することが，国家戦略の一部に組み込まれ，クール・ジャパンという標語が流通するようになった。第2期には，日本は「1億総中流」で階層差の少ない社会だと見なされ，「ジャパン・アズ・ナンバーワン」などと持てはやされていたが，第3期になって階級間の不平等の大きい「格差社会」だとされるようになってきている。日本語ブームが去り，日本論の国際社会での存在感も低下した。イメージの逆転が起こったといえよう。この50年ほどの間に，日本社会は農業中心の社会から，工業資本主義，文化資本主義へと移行してきており，その展開が日本像の変化にも，影響を与えた。

　一方，このような変転にもかかわらず，日本の社会科学が世界の中で置かれている位置は，ほとんど変化していない。欧米からの受容に偏り，海外に発信して，その実力を競うことがおろそかにされたままである。

　事例はいくらでも目につく。北アメリカや西ヨーロッパで新しい思潮が広がると共に，日本ではその紹介者が現れて，注目を浴びる。ポストモダニズ

第4章 「周辺」からの抵抗

ムであれ，カルチュラル・スタディーズであれ，反オリエンタリズムであれ，そのスポークスマンが日本論壇に登場して，欧米での新潮流の文献を翻訳すると共に，その代弁者としての地歩を築く。日本語に翻訳された書籍は，日本のアカデミアで熱心に勉強され，広く引用されることとなる。その逆は真ではない。

日本の社会科学の世界では，翻訳は業績の一端と見なされ，研究成果の一部として評価される。日本の図書の奥付を見てみると，筆者の過去の出版物と共に，これまで翻訳した本の名前が並んでいる。対照的に，英語圏の大学の社会科学者の間では，日本語の文献を英語化しても，その作業は学術的達成を示すものとしては取り扱われない。ここにも，国際市場での英語圏と日本語圏の力関係が現れている。

日本の研究者が，海外の日本研究者のインフォーマントとして使われることも少なくない。日本に短期滞在した英語圏の研究者が，同じ問題を研究している日本の専門家から，最新のデータや資料をもらって帰国し，それに基づいて英文で図書や論文を発表し，名を馳せることもよくある。そうした場合，提供した日本人研究者の努力は，ほとんど知られることがない。より広く見渡してみても，日本についての研究は，欧米で開発される一般理論のケース・スタディーとして，取り扱われがちだ。

広く指摘されてきたことだが，社会科学に関する限り，「世界の知のシステム」は「中央」と「周辺」に，二分されてきた。一方に北米と西欧から成り立つ「中央」があり，他方にアジア・アフリカ・南米などに広がる「周辺」がある。この枠組は，目下のところ不動に近い。社会科学の概念・理論・枠組は「中央」で生産され，そこから発信・伝播されて「周辺」に届けられ，学習され，再生産されるという構造は，おおむね維持され続けてきた。大まかにいえば，その意味では，日本は「周辺」に属している。

もちろん，厳密な二区分法は，実態を正確に反映していない。このふたつの領域の間には，相互作用があるし，当てはまらないケースも数多くある。「中

央」にも，このような地球規模での知の階層化に対する強い批判がある。欧米中心主義に対する反論は，欧米そのもので相当な力を持っている。一方，「周辺」でも，こうした欧米中心の現実を受け入れて，その枠内で研究をすればよいという考え方も根強い。日本の社会学の大勢は，この流れの中にある。このように相互関係が込み入った実情を，単純な二元論は見落としてしまう。ただ，二領域の間に知的な交流や交錯があるにしても，日本の社会科学が「中央」に対して，輸入超過で輸出不足であるという全体のバランスシートには，変わりがない。

(2) 言語格差と学問の「ガラパゴス現象」

　このことを，言語資本の分布という観点から，地球規模で鳥瞰してみると，いわゆるユーロセントリズムの実質的な核心は，英語中心主義にあることが分かる。世に言うアングロフォセントリズム（Anglophocentrism）である。英語は世界共通語として，ますます地歩を固めてきた。英語が母語の研究者は，その意味では，出発点から有利な立場にいる。世界的に有力な学術誌や学術出版社が，アメリカとイギリスに集中していることを考えれば，彼らが国際的にも最初から優位に立っていることは明らかだ。エスペラント語を世界共通語とすることなど，目下のところ，ほとんど現実味がない。

　日本で大学までの教育を受けたものにとって，社会科学における学術レベルの英語を，ほぼ自由に操作できるようになるためには，長い時間がかかる。私自身，この半世紀，英語圏の大学で教壇に立ち，英語で講義をし，英語で研究成果を発表したりしてきた。職業言語が英語である以上，その体得のために戦わなければならなかったのは，当然である。20代になって英語圏で生活を始めたので，その点では，帰国子女のように，言語形成期に英語を身につけた人たちとは違う。英語は学ぶべき外国語であったから，その習得過

程は単純なものではなかった。

　英語圏の大学で博士号を取ったからといって，多くの日本人の社会科学者は，それだけでは，すらすらと学術的英文が書けるわけではない。まして，日本国内の大学に基点を置いて仕事をしてきた研究者が，英語出版することには並々ならぬ苦労があることは，当然のことだ。

　言葉には読む・書く・聞く・話すという四つの能力が必要とされる。「日本人は英語の読み書きはできるが，話すことが下手だ」とよくいわれるが，私の経験はそうではない。もちろん，読むこと自体は辞書さえあれば簡単だ。分からない表現を引いていけば，理解できる。聞くというのは，いつまで経っても，かなりの難物である。相手は語彙を選んでくれないし，難しい矢が飛んでくると，とっさに理解できない。それに比べると，ある程度の段階を過ぎると，話すのはそうむずかしいことではない。自分で単語を選べるし，少しくらい文法的に間違っていても，理解してもらえる。

　問題は書く能力である。とりわけ社会学には，込み入った概念や論理を表現する語彙があふれかえっていて，それらを操れるようになるのには，かなりの手間がかかる。文章の微妙な綾に熟達するようになるには，長い時間を必要とする。こういう過程を経ないと，講義やセミナーでちゃんとした英語を話せない。このレベルまで来ると，書く力があって始めて，話す力が形成される。書くという作業は，話すというプロセスをゆっくり進めているというところがあるからだ。つまり，高等議論の段階では，書く実力が話す実力に先行する。日本の多くの社会科学者にとっては，読み・話し・聞く能力が問題なのではなく，高度の英文を書けないことが，最大の障害になっている。

　自然科学などでは事情が違うと思うが，少なくとも社会科学では言語の操作能力が業績達成の重要な部分をなす。長い時間を経て，この点でのハンディキャップを感じなくなったいまでも，言語格差の問題を看過することはできない。

　もっとも，日本の社会科学者たちの大半が，そうした問題に強い関心を持っ

ているとは言いがたい。この現実は，日本国内の出版状況と関係している。

　ひとつは，日本語出版市場の自己充足性だ。日本語を母語として使用する人たちの数は，1億を超えるに過ぎず，スペイン語，中国語，英語などには，遙かに及ばない。けれども，使用者の大半が日本列島という小さな地域に集中しているため，その内部に十分な知識や情報の需要市場を持っている（Oguma, 2015）。発行部数が数百万に上る全国紙が数紙存在し，成人人口当たりの新聞購読者数は，世界一だ。年間8万点を超える書籍が発行され，全国に1万を超える書店がある。これらのネットワークの上で書き続けても，十分糊口をしのいでいくことができるという意味では，日本語以外の言語で発信する必要性は弱かった。

　もうひとつは，このこととも関係しているが，アカデミック・ジャーナリズムとも呼ぶべき市場が大きい。純学問業績でもなく，通俗出版物でもなく，いわばその中間に位置する領域が大きい。広い読者層を対象とした啓蒙的な書籍が，相当な発行部数を誇る。学問的分析と個人的意見を織り交ぜた論文を掲載した総合雑誌・オピニオン誌も，かなりの読者を持つ。このような啓発的ないし教化的な「論壇」に参加することによって，日本の社会科学者は副収入を確実にし，社会的なステータスをも獲得することができる。こうした所得や名声は，本人の研究業績とは必ずしも比例しない。

　それに，日本語研究とは区別された国語研究や，近世以前の日本史などの分野では，そもそも海外の研究と学問的な相互作用を持って，生産的な交流を深めたいと思う研究者が数少ないという事実もある。つまり，世界の中で議論を深めたいと望む人たちがいる一方で，他方では日本国内で需給が間に合っていると考える流派が長い間多数派を占めてきた。学問における「ガラパゴス現象」である。

(3)「日の丸・国際主義」とコスモポリタニズム

　しかし，事態は急速に変わりつつある。情報伝達技術の革命的な発展と共に，国内の出版市場は次第に縮小傾向をたどり，アカデミック・ジャーナリズムも分断が進んでいる。知的討論の場としての英語空間は，拡大する一方だ。その結果，閉鎖性に安住してきた日本の社会科学はしっぺ返しを受けている。この間，シンガポール，マレーシア，インド，インドネシア，フィリピン，香港など，アジアの多くの地域の社会科学者は，世界で展開されている議論に関わってきた。欧米列強の植民地であったという歴史もあって，英語で論文を書き，英語で論争に参加し，「周辺」からボールを打ち返す実力を蓄えている。日本は，そのような開放性を欠きがちだった。最近になって，大学の国際競争力の強化，英語での出版や授業の奨励，留学生の引き抜き合戦などが，政府主導であわてて展開され，海外の大学ランキング基準に基づいて，各大学がランクを上げることが焦眉の急とされている。これらの動きが，グローバリゼーションに名を借りた新自由主義の大学への浸透であることは，すでに広く指摘されてきたところである。

　もっとも，本書第1章の冒頭でスーザン・ライトも言うように，大学教員にとって，格付けシステムそのものを，根本的に批判することはむずかしい。大学制度そのものが，試験による点数体系に基づいているからだ。大学への入学試験，学部学生につける点数，大学院での学生評価など，教員はあらゆる局面で，学生を上から序列化している。教員自身も，受験勉強の過程で偏差値を気にした経験を持ち，大学就職後も助教，講師，准教授，教授などのランクにこだわってきた。大学の順位付けを進めようとする高級官僚たちも，自分自身がテストで高い点数を取って，試験戦争を勝ち抜いてきた人たちだ。数字による評価制度は，高等教育全体を覆っており，その関係者全員の心象風景に染みこんでいる。これらの当事者にとって，ランキング・システム――

般を根源から非難することは,自己存在の基盤を否定するという側面を持つ。イスの上に座って,両側からイスごと自分を持ち上げようとしても,持ち上がらない。

とはいえ,近年,国際化の名の下に促進されている大学間序列競争は,その実,文化領域における国家主義に根ざしている。世界での大学のランキングを上げることを大学行政の最優先課題とする動きは,国際スポーツの精神と類似性が高い。それは例えば,オリンピックで国別メダル競争に勝ち抜こうとするキャンペーンと相似形であり,一種の「オリンピック・モデル」である。共に「わが国が世界で何番」という意識にとりつかれているという意味で,「インターナショナル・ナショナリズム」だといえよう。

より広く見れば,日本全国の津々浦々にまで英語を浸透させなければならないとする教育キャンペーンも,同じように国家統合の推進という潜在的機能を伴っている。統計的に見ると,日常生活で英語を頻繁または時おり使用する人たちは,全就労者の2割に満たない(寺沢,2015:161-163)。にもかかわらず,大学だけではなく,英語の小学校での必須化など,あらゆるレベルで「国民みんなの英語」が国家目標とされてきている。英語の習得の推進は国際化を目標としているように見えるけれど,その実,国民を動員するナショナルな側面をも持っていることを見落としてはならない。その意味では,この種のインターナショナリズムは,「日の丸・国際主義」とでも呼ぶべきものだ。

学問上の競争は,国家間や大学間ではなく,それぞれの学問分野で日常的に展開されている。そういう競い合いは,異なる分野の集合体である組織や機構ではなく,各専門分野の内部で,研究者同士が個人の間で行うべきものだ。物理学者Aと政治学者Bの業績を比較することなど,ほとんど意味がない。それに,こうした個人間の学問上の対抗関係は,本来コスモポリタンなもので,研究者がどこにいようが,国家や大学の利害関係を超え,国境や大学間の垣根を外して,お互いに切磋琢磨できるべきはずのものだ。何語で

書こうと,読者は日本だけではなく,世界中にいるのだという気概を持ちたい。日本の社会科学の問題は,そうしたコスモポリタニズムを,日常化してこなかった点にあると思う。

　これらの交錯する現実を遠望しながら,私は日本で蓄積されている社会科学の研究が,もっと広く世界の場で論議されるべきではないかと思うようになった。ぼんやりとした方向感覚に導かれただけで,確固とした大論理を持っていたわけではない。

2　英語出版の実験

(1) 独立出版社の立ち上げ

　そんな思いに駆られて,私は1980年代から,いろいろな日本研究シリーズの責任編集を引き受けてきた。もう30年以上も前のことになる。最初に手がけたのは,ロンドンの出版社,キーガン・ポール・インターナショナル（Kegan Paul International）の日本研究叢書だった。その後,1990年代になって,ケンブリッジ大学出版局（Cambridge University Press）の現代日本社会叢書の責任編集をも手がけた。両方を合わせると,全部で38点を刊行したことになる。日本で知られた本の中には,鶴見俊輔の『戦時期日本の思想』や『日本の大衆文化』,見田宗介の『現代日本の精神構造』『近代日本の心情の歴史』等の合本などがあり,それはそれでおもしろい体験だった。しかし,その過程でいくつもの難点にも出くわすこととなる。

　もちろん,最大の問題は言語格差である。英語が世界の共通語として君臨しているという現実は,出版プロセスの最初の段階に現れる。日本語の原稿をそのまま持ち込んでも,英語出版社は見向きもしてくれない。考えてみれ

ば当然のことかもしれないが，日本の出版事情と対比すると，状況が浮き彫りになる。日本の出版社は欧米圏で話題になっている図書に目を光らせているし，素材が英文でも検討に値するものは考慮してくれることが多い。それに，ある程度の学術業績になることを見込んで，半ばボランティア的に翻訳を手がけてくれる人もいる。ところが，英語出版社の編集部には，そもそも日本語が分かるという人がほとんどいない。だから，まず原稿のかなりの部分を日本語から英語に翻訳して提出する必要が出てくる。ところが，英語に訳すのには費用がかかるため，出版先の確定していない日本語原稿や日本語図書の英文化は，一種の賭である。そのため，優れた研究でも二の足を踏むことも少なくない。ここにひとつの悪循環がある。

　それやこれやで，私は自分でもっと自由に裁量できる出版社を作ることができないかと考え始めた。そうは言っても，私自身が研究者の身。ある程度のノウハウは体得したが，のるか反るかの事業など，やっていける自信がない。しかし，イギリスの高名な社会学者，アンソニー・ギデンス氏が創立・運営していた Polity Press が，モデルとして頭の片隅にあった。もちろん，そんな大きな規模のものには及ぶべくもない。せいぜい 1 年に 1 冊か 2 冊発行できればいい。そんな軽い気持ちで，私財をはたいて，Trans Pacific Press（以下 TPP）という零細出版社を立ち上げたのが，2000 年のこと。その年に福岡安則著『在日韓国・朝鮮人』の英語版を『*Lives of Young Koreans in Japan*』というタイトルで出版したのが，スタートである。『日本社会叢書』というシリーズを作り，本の選定は私が独断で決めていった。上野千鶴子『*Nationalism and Gender*』，小熊英二『*A Genealogy of 'Japanese' Self-images*』，ハルミ・ベフ『*Hegemony of Homogeneity*』，梅棹忠夫『*An Ecological View of History*』など，今日まで読み継がれているロング・セラーも，21 世紀の初頭に刊行したものだ。中山茂編著の『*A Social History of Science and Technology in Contemporary Japan*』全 4 巻も，初期の出版である。組版，印刷，製本などの現場を訪れて，本作りの初歩を学ばなければならず，暗中模索だった。

私自身の論文や図書の執筆もあり，多忙を極めたが，野球でも選手兼監督というポストがあることだ。プレイング・マネジャーで行こうと，腹をくらざるをえなかった。

　それに，ここは南半球にあり，北半球との実質的な距離を無視するわけにはいかない。事実，筆者とは膝を交えて話し合わなければならない場合もあり，年に2回ほどは，日本へ出かけている。書店めぐりをして，最近刊行された書籍を買い込んで，熟読することも欠かせない。それに，私たちが出版した本を，メルボルンから世界各地に発送するのも一仕事だ。少数の注文は航空便，多量出荷の場合は船荷で送る。

　やはり，地理的位置は作業に影響する。野球でいえば，遠く離れたいろいろなベースへ向かって，ボールを何度も遠投する感じである。大遠投といえるかも知れない。

　そうこうするうちに，京都大学学術出版会から，共同出版の提案を受けた。京都大学東南アジア研究センターの『*Kyoto Area Series on Asia*』という英文叢書を，一緒に作っていかないかという話である。日本の学術出版社と連携することは，以前から期待していたところだ。渡りに船だった。これがきっかけになって，京大学術出版会とは，長期の提携関係に入ることとなる。以後 Kyoto University Press と一緒に手がけた共同出版は数多い。編集長の鈴木哲也さんは，いわば「戦友」である。他にも，東北大学や関西学院大学のCOE から叢書の出版を依頼された。

　努力をしてはみたが，TPP の発行点数は，この16年間に120点を超えたばかり。宇宙船が飛ぶ時代に，人力車を引っ張って走っているような感覚をぬぐえない。最後尾でも行き着けるところまでは行きたいと思っているのだが，人材や財力を欠いていて，思うに任せないでいる。実際，近年は，主として日本の研究者から，自分の本を英文で出したいという提案を頂くことが，ずいぶん多くなってきた。いいものも少なくないのだが，半数以上は，お断りせざるを得ない。選別しないと捌ききれないからである。

(2)「周辺」発英語出版の問題点

　この間，試行錯誤を繰り返しながら，ユーロセントリズムやアングロフォセントリズムといった大問題が，英語出版の細々とした日常作業という小宇宙の中に，具体的な形で現れているのを見た。私の体験は社会科学の英文図書出版に限られるものの，文字通り「神は細部に宿り給う」であった。

　まず「何が正しい英語」なのかという問題がある。今日，英語は単数名詞ではなく，複数名詞である。ただひとつの正しい英語があるのではない。英語の発祥地である英国で使われるイギリス英語や，日本人の多くが標準語と考えているアメリカ英語だけでなく，カナダ，オーストラリア，ニュージーランドなどのアングロサクソン系の人たちが多く住む地域の英語を超えて，世界の各地で少しずつ異なった英語が話されている。公用語として使用されている国を思い浮かべただけでも，インド，シンガポール，マレーシア，南アフリカなど，枚挙にいとまがない。アジア人同士で話される、いわゆる「エイシアン・イングリッシュ」も，一大勢力だ。これら各地の英語は，発音も表現もかなり違う。

　国別の相違だけではなく，それぞれの社会の内部でも，使われる英語に差異がある。アメリカの内部では北部と南部で話し方が同じではない。オーストラリアでは，高等教育を受けた人たちが話す「エジュケーテッド・オーストラリアン」と労働者階級が話す英語との間の違いが大きく，階層差が顕著だ。

　だから，社会間と社会内の両方で「英語の多文化性」を常に意識している必要がある。そういう目配りをするべき時代に，私たちは生きているといえるだろう。

　しかし，そのことを踏まえた上で，書き言葉としての英語を，話し言葉としての英語と比べてみると，その振れ幅はかなり小さいことが分かる。アジ

アで書かれる英語とアフリカで書かれる英語は，発音やアクセントの違いほどには，差があるとはいえない。つまり，書き言葉の方は，かなり一定度が高いのである。

　この点と関連して，かつて日本語について，関西語の第二標準語論が唱えられたことが思い出される。この提案が実現しなかったのは，ひとつには関西語が書き言葉のシステムを完備していないという現実だった。同じように，話し言葉としての英語が多様化しているほどには，書き言葉の方は雑多性が低く，現行のスタイルに対して確とした対抗枠組があるわけではない。

　それでも，出版の現場では，翻訳や校閲のあり方について，対立がある。翻訳者や校閲者からよく出てくる不満のひとつは，日本の書き手には繰り返しが多く，論の進め方も螺旋状になりがちだというものである。「すでに述べたように」といった文章があちこちに出てきて，同じ論点が何度もぐるぐると反復されるという。すべての筆者がそうだというわけではない。しかし「もう少し，無駄を省いて直截な立論ができないか」という指摘に，頻繁に出くわす。それに，受け身の文章が多い，主語がはっきりしない，持って回った言い方が多い，といったコメントもよく耳にする。

　これに対して，ふたつの対応がありうる。そもそも日本語の原本がそうしたスタイルで書かれており，日本で発行された元の本ではそれが受け入れられてきているのだから，その形式を忠実に英語に置き換えるべきだという立場がひとつ。もうひとつは，英語の読者に向かって書いているのだから，その頭にすっきりと入るように，加筆・削除や文章の順番の入れ替えをやるべきだという主張である。翻訳や校閲の現場で，そんな声があることは無視できず，忠実主義と書き換え主義の狭間で，妥協点を探りながら，蛇行しているのが現実だ。こうした不満が出てくること自体，英語という言語そのものの歪みを反映しているという考え方もありうる。

　このミクロな相克は，さらに突き詰めていくと，より高次の論争とつながっていく。優れた論理の進め方には，世界共通の単一で普遍的な基準が，究極

145

的には存在するのか。それとも，文化によって立論方法の違いがあるのか。この問題は未決の大論争である。

　こうした議論を視野に収めつつも，「周辺」からの英語出版を進めようとする場合，いくつもの実務的困難が伴う。翻訳から始まる英語出版は，まず翻訳，つづいて翻訳文の校閲，組版への出稿，ゲラの修正，印刷・製本，刊行，流通と進むのだが，特に翻訳，校閲，流通の三局面それぞれに泣き所がある。

■翻訳の壁

　まず翻訳である。出版社を立ち上げたときの動機からして，日本語図書を英文に翻訳した単行本を発行することを，主眼としたい。そのためには，いい翻訳者が不可欠だ。母語が英語であっても，日本語であってもいい。いくつかの条件を満たす人を探す必要がある。高度な日本語読解能力が大切なのは，もちろんだ。達意の英語が書けることも重要だ。それに，原本の分野について，十分な理解を持っていることが要求される。翻訳というのは，独自の領域で，この三拍子がそろった人を見つけるのは，簡単ではない。

　翻訳者として，英語がネイティブな人が適当かというと，必ずしもそうとは限らない。一般にいえば，読み取り能力は，日本語が母語の人の方が高いので，古語や方言，崩れた会話などの多い本は，日本語を第一言語とする人の方が，翻訳者に適している。しかし，この人たちの英語は，最終的には，英語ネイティブの校閲者の点検を必要とすることが多い。一方，日本語の原本があまり複雑ではないものについては，英語を第一言語とする翻訳者に依頼した方が能率的で，別の校閲者の介入を必要としないことが多い。例外はいくらでもあるが，このあたりが，翻訳者の選定に当たって，私が手にしたコツとでもいえようか。

　インターネットの時代だから，世界各地とオーストラリアの現場とは，日常作業の上では，ほとんど無距離である。起用するようになった翻訳者の多

くとは，私は一度も顔を合わせたことがない。必要としているのは翻訳技術で人柄ではないので，面談をして決める必要がないからだ。インターネットで翻訳の見本を送ってもらい，テストをする。場合によっては，複数の筆者が書いて編集された本の一章を訳してもらって，採用の可否を決める。だから，翻訳者は世界のどこにいてもいい。全員，プロジェクトごとの契約社員だ。実際の仕事も，顔を合わせる必要はなく，すべてネット上のファイルの交換で進行する。人間臭の薄い世界ではある。

　優れた翻訳者を探すことが簡単でない現実は，英語圏における日本語教育のあり方とも関係している。高度な日本語を習得している人が少ない。日本語を学ぶ人の数は，この30年ほどの間，しっかり維持されていて，初等や中級レベルの日本語を使える人は多量に生産されてきた。しかし，高度な日本語を駆使できる人たちは限られている。ピラミッドの裾野は広いが，頂上を極めた人の層は薄い。多くの大学では，学生数の増大が日本語科の維持・拡大と関係しているので，大衆化路線が主流で，労働集約的なエリート育成は，後回しになりがちだ。

　それに，近年の海外での日本語教育の枠組も，高度な翻訳者の養成を二の次としている。場面におけるコミュニケーションや会話の能力を重視する一方で，難解な日本語を読み解き，それをきちんとした英語に置き換えていく能力の育成に力点を置く教育は，その必要性は認識されているものの，流行の先端からはほど遠い。

　オーストラリアに関していえば，大学院レベルでは，日本語から英語への翻訳者養成のプログラムのある大学が，いくつか存在する。NAATI（National Accreditation Authority for Translators and Interpreters の略称）という翻訳者と通訳の資格認定を行う全国規模の団体もある。移民社会なので，この分野での需要は大きい。多様な言語の資格試験を行っていて，日本語から英語への翻訳もそのひとつである。いろいろなレベルの試験があるのだが，実戦となると有資格者も玉石混淆の感をぬぐえない。ここをどう突破していくがが，関

係者にとっての課題だ。

　翻訳段階での最大の苦労は，英語の類似概念ときちんと適合しない日本語の概念を，どう取り扱うかという問題である。例えば「民族」という日本語は，血統や文化，国籍などをも含む複雑なコンセプトで，ethnicityとかraceとは類似してはいるが，重なり合わない部分がかなりある。日本の社会科学で頻繁に使われる「世間」「生活」「籍」など，この種の日本製概念は数多く，「中央」で作られた概念だけでは，日本社会を十分に分析しきれない。韓国にも，タイにも，インドネシアにも，同じように，日常から湧き出た概念があるだろう。この領域が欧米中心的な社会科学が満たすことのできない空洞である。このような土着的概念を丁寧に取り上げ，目下世界に流通している概念を相対化し，対峙していくことが重要な作業となる。筆者とも連絡を取りながら，この問題をどれだけ追究できるかが，翻訳者にとっての真の実力テストである。

■校閲の壁

　翻訳が完成すると，訳文の校閲段階へ進む。それがすむと，校閲済みのファイルを執筆者に送って，専門用語が間違っていないか，文脈を取り違えていないか，表現に誤解はないかなど，細かい点について打ち合わせる。2回，場合によっては3回にわたって，ファイルが筆者と校閲者の間を行き来する。この過程を経て，組版へ出稿する最終ファイルが出来上がる。校閲者の役割は大きく，組版後のゲラについても責任を持ち，これで印刷してよいという最終ゲラができるまで付き合う。ところが，この過程でいろいろな問題が発生する。

　日本では信じられないことだろうが，世界の出版業界では，普通，ゲラの筆者校正は初校だけ。初校で手を入れた箇所について，再校で直っているかどうかは，校閲者が調べる。筆者の目は通らない。再校でまた新たに修正をしてくることを許さない。初校ゲラも，出稿時のテキストを組むに当たって，

タイプセッターが間違っていなかったかどうかを調べるだけで，この段階での文章の加筆・修正・削除はごく小さなもの除いて，原則，御法度である。日本の慣習では，初校で筆者がゆっくり手入れをすることが許されているのと対照的だ。あちこちに朱を入れて，真っ赤になったゲラを戻すことは，日本では普通にあることだが，英語出版では，そうすると，校閲者との間に相当の離齬が起こる。考えてみれば，ワードなどでタイプセッターに出稿されるファイルは，2, 3回の校閲を経て，筆者が最終的に合意した，文字通り「最終バージョン」であるはずのものだ。この上にまだゲラ上で修正を加えるというのでは，何のために「最終稿」作りをしたのか分からない。

実はここには，執筆者と校閲者の間の力関係の問題がある。私も英語と日本語で自著を出版しているので，特に感じるのだが，日本の校閲者はよくいえば柔軟，悪く言えば弱腰で，執筆者の注文をできる限り受け入れてくれる。ところが，英語出版社の校閲者は，執筆者に対して，かなり強い力を持っていて，書き手のわがままを許さない。これは，言わずもがなの愚痴なのだが，こういう事態に直面すると，いわゆる「甘えの構造」のモデルは，日本社会全体に適合するかどうかは別として，日本の大学の先生方の一部には，かなり当てはまるのではないかと思ったりもする。

他にも，いろんな面倒が発生する。例えば，文献の引用に関する問題だ。日本語の原本の参照文献には，英語から日本語に訳された本や論文が，並んでいることがよくある。そうした文献は，こんなものが日本語に翻訳されているということを示す材料として，英文書に含んでおいてもいいかもしれないが，それ以上に意味は持たない。ところが，そうした日本語版の文献の出版年度，ページ番号などが，英文の訳文の中に出てきても，英文の読者の方は，それらをたどっていくことができない場合が，ほとんどである。

まして，そうした文献が直接引用文として現れる場合，その日本語を英文化しても意味がない。その引用文が元の英語文献のどこにあるかを探し出し，それを使う必要がある。この作業は思いのほか骨が折れる。そもそも校閲者

は研究者ではないので，彼らに依頼するのは無理だ。専門家である日本語原本執筆者の本棚には，そうした英語の原著も並んでいることだろうから，本人にお願いするしかない。しかし，あちこち当たってもらっても発見できず，音を上げてしまうことも，一再ではなかった。こうしたところにも，社会科学文献の英語と日本語の間の力学が，具体的な形で現れている。

　さらに，本作りの慣習に関わる問題がある。日本では，著者がいろいろなところにすでに出版した論文を，一冊の本にまとめて出版するという手法が，よく使われる。こうした図書は，それはそれでおもしろいのだが，往々にして，章の間の統合性を欠くことがある。英語圏では，こうした形で単行本を作ることは少ないので，読者が違和感を持ちがちだ。このような場合，本としての内部一貫性を保つために，なるべく章間の融合度を高めることが，校閲者にとっての課題となる。

■流通の壁

　出版はできても，刊行書が世界中に流通しなければ，意味がない。インターネット上にサイトを作って，注文を待っても，そんな道筋を通ってくるオーダーは，高が知れている。やはり，販売代理店，英語でいう distributors ときちんと契約を結んで，ことを進める必要がある。北米では ISBS という代理店に依頼することになり，日本およびアジアでは紀伊國屋書店にお願いすることができた。いまでも，この関係が続いている。ヨーロッパと大洋州では，いろんな事情があって，何度か代理店が変わった。それでも，アマゾンなどを通した販売も可能となったのは，代理店のネットワークができたおかげである。

　しかし，一般に学術図書は読者層が薄く，売れない。ことに世界の英語出版の大海の中で，英語で書かれた日本の社会科学の業績に強い光が当たることなど，現実味のない話だ。実際，社会科学の英文学術書は，最終的な売れ行きが1000部を超える本は，発行図書のうちの圧倒的少数だ。それが現実

である。これでは帳尻が合わない。日本語の原本から始めて，英語の本として出版するまでの経費は，多くの場合，売上げ収入を超える。つまり，赤字出版となる。研究者の数が少ない特殊分野では，状況は深刻だ。

　そこで，出版社によっては，1冊1万5000円とか2万円とかに相当する高額のハードカバー版を発行しているところもある。売れる部数が少なくても，1冊ごとの収益を大きくして，元が取れるようにする勘定だ。こんな値段では，個人購入はむずかしいから，主な買い手は勢い図書館に限られてしまう。イギリスなど，ヨーロッパの出版社には，この手法を使っているところが多い。こうなると，誰でもが買えるような安価なペーパーバックは，めったに出ない。

　日本の場合，日本学術振興会の研究成果刊行助成が最もスケールが大きく，TPPから出版した筆者の多くが，その支援を受けてきた。国際交流基金やサントリー財団などの出版補助プログラムもあるが，規模は小さい。歴史のある欧米の大学出版会では，大学が後ろ盾になって，出版基金を持っているところもあり，その補助が助けになっているケースもある。

　どういうところで，どういう本が読まれているのか。その一端を販売記録から覗き見ることができる。海外の日本研究者は，無作為に自分の研究テーマを選ぶわけではなく，身の回りの情報状況に影響を受ける。当然のことながら，社会科学者の問題意識は，本人の生活環境と関係している。このことは，私たちが出版した本の販売傾向にも，間接的につながりを持っているように見える。例えば，自分の社会で人種問題が関心を集めていたり，自らが男女平等問題に深く介入したりすると，そうした問題が他の社会でどうなっているのかと考え始めるのは，不思議なことではない。エスニシティーや移民，ジェンダーの問題を扱った図書は，北米で比較的売れ行きがよい。一方，格差や階級，福祉などを主題とした本は，西欧での関心が高い。これは単なる偶然ではないと思う。

　日本分析のパラダイムの世界分布をも，垣間見ることができる。言語学者

であるJ・V・ネウストプニーは，先駆的論文「日本研究のパラダイムについて」(Neustupný, 1980) で，三つの根本的概念枠組の存在を指摘し，その地理的分布についても述べている。第一のタイプは，ジャパノロジー・パラダイムで，文学・近代以前の歴史・宗教・民族誌などの研究を中心として，ドイツやイギリスなどで力を持っているとされた。小さな日本研究学科で営まれてきた，いわゆるオリエンタル・スタディーズの枠組である。第二の型は，ジャパニーズ・スタディーズ・パラダイムと呼ばれ，政治学・社会学・経済学・文化研究などの個別の専門学科で展開され，学際的なアプローチが推進された。アメリカがその中心地で，世界的な影響を持った。三番目に現れたパラダイムは，現代パラダイムと名付けられている。オーストラリアで興り，その後世界的な広がりを見せるようになった。日本社会との幅広い接触を通して，社会内の多様性やコンフリクトに焦点を当てたモデルであるとされる。この3区分は，本章の冒頭に述べた日本研究の三つの時期と対応するところが多い。

　私たちの志向するのは第三のパラダイムだが，わが社の書籍の最大の市場は北米である。遅ればせながら，アメリカでも現代パラダイムが広がってきているからかも知れない。世界の中で一番経済力があり，大学や大学生，図書館の数が圧倒的に多いことも関係しているだろう。売れ行きの二番手はアジア太平洋地域で，中でも日本や東南アジアで広く読まれているのは，驚くに当たらない。注文が少ないのは欧州である。とりわけ大陸ヨーロッパでは関心が低い。この地域が日本から地理的にも心理的にも遠いだけでなく，第一のパラダイムから抜け出せていないこととも，つながりがあるのではないだろうか。

　日本からの英語出版で大成功したという事例はない。この分野での仕事を展開した講談社インターナショナル (Kodansha International) は，1963年に設立され，親会社・講談社の支援を受けながら，ニューヨークやロンドンにも拠点を持って奮闘したが，2011年には経営不振から閉鎖の憂き目に遭って

いる。村上春樹や宮澤賢治の文学作品やマンガ、武芸、日本料理、日本語習得の本などと同時に、人文・社会科学の図書をも発行したのだが、矢が尽きた。日本最大の大学出版部、東京大学出版会はかつて英語学術書の出版を続けていたが、目下この分野での定期的発行は開店休業状態で、ようやく最近、事業を再開するに至ったと聞く。こうした大出版社でさえ苦闘を強いられたのだから、私の始めた零細出版社の台所事情など、言わずもがなである。

　ただ、こうした事業は、広大な理想も重要だが、持続性が肝心である。立派な目標を掲げながら、数号で終わってしまった学術誌は数多い。叢書が2、3号で途切れてしまうことも、よくある。編集を買って出た研究者が、最初は興奮していながらある時間が経つと飽きてしまったり、編集チームがばらばらになってしまったり、人的な事情によることもあるが、何といっても経済的・組織的な裏付けが必要だ。勇ましいかけ声だけでは長続きしない。

3　エミック・エティックの交錯

　儲けとは縁遠い、英語出版の手助けという副業を30年あまり続けてきたものの、日暮れて道遠しの感を否めない。さまざまなテーマがある。日本社会は他の社会よりも先端を行っている面があり、介護問題をはじめとする高齢化社会、おたく現象や引きこもりに見られる孤立社会、戸籍、班などのソフト管理社会などの側面を分析することによって、他の先進国の問題を先取りして考えることができるだろう。

　観点を少しずらして、人類学者にはおなじみのエミック概念とエティック概念の対比という角度から、今後の見取り図を考えることもできる（Befu, 1980）。端的にいえば、エミック概念とは、ある文化に所属している人びとによってのみ理解される概念である。日本についていえば「わび」「イエ」「裏表」「タテマエ」「甘え」などが、その例としてよく引き合いに出されてきた。

土着的概念と呼べるかもしれない。一方，エティック概念は，さまざまな文化に共通した考えで，「合理性」「疎外」「搾取」「表象」「階級」など，社会科学のほとんどの主要概念は，この範疇に入る。超文化概念とでもいおうか。この極めて大まかな対比図に照らして考えると，大切なのは次の二つの認識である。

　第一に，日本の社会科学の中に集積されてきているエミック的なものを，エティック化していくことの重要性だ。概念だけでなく，エミック理論，エミック方法論など，広い領域のエティック化が構想されていい。別の表現でいえば，グローカルな営み，ローカルなものをグローバルにしていく作業を推し進めることが望ましい。欧米で作られた概念や方法の枠組だけに依存し続ける限り，「周辺」での英語図書の多量化は「中央」の覇権の拡大に寄与するだけだろう。

　海外の研究者の一部は，日本を研究するに当たって，ある予断を持っている場合がある。日本には欧米にない神秘的で不可解な考え方や慣習が存在していて，それらに関わる深遠な謎を解くことが日本研究の目指すところだという想定だ。こうした日本に対するエキゾティシズムに誘惑されて，日本の研究者の間にも「海外の研究者は，本当には日本のことは分からない」という潜在意識を持っている人たちがいる。もっとも，これらの日本人は「あなたたちは日本のことが分からないが，私たちは西洋のことはよく理解している」という，もうひとつの前提も隠し持っていて，その知覚構造は左右対称ではない。

　日本語の原稿や図書を前にして，日本の著者から「こんな研究が外国人に分かるでしょうか」という質問を受けることが，これまで一再ならずあった。この疑念の背後には，こうした不釣り合いな認識が宿っている。この種の彼我感覚から自由になることが肝心だ。日本の国技とされる相撲の奥義を極めているのは，目下のところ，日本人ではなく，モンゴル人である。

　「海外では分からないのではないか」という疑問が出てくるのは「海外で

分かるようにする努力が足りない」ということの裏返しでもある。日本独自の発展を遂げた学問領域で世界性を持っていない分野などありえない。日本理解のための礎石として，柳田国男の「民俗学」の重要性は日本国内では繰り返し語られてきたが，これを他の社会で発生した枠組と比較検討して，世界の場で俎上に乗せようとする試みは少ない。「生活学」は戦前に発生し，「生活構造」「生活意識」「生活様式」などをめぐって，日本独自の展開がある（Amano, 2011）。ただ，これらを，例えば欧米で盛んに論議され，日本にも輸入されている Lebenswelt や lifeworld といった考え方との対比を通して，日本発の考え方と競合させようとする試みはほとんど見かけない。霊長類学は日本でユニークな業績を上げている分野だが，社会人類学者などと共同で，人類史を再構築しようとする試みが英語化され始めたのは，ごく最近のことだ（Kawai, 2013）。他にも，列挙できないほど多くの日本語業績が宝庫に眠っている。そのドアを広く開けたい。これらの日本の社会科学の伝統が「中央」のそれよりも優れていると事前に前提するのではなく，まず競争の場に持ち出すことが重要だ。普遍を強いない普遍主義を目指したいと思う。

　第二に，今日エティックなものとして考えられているものが，かなりの程度，欧米社会のエミックな体験を基礎にして組み上げられたものだという認識が必要だ。たまたま，これらの社会が文化的勢力を持ってきたために，もともと欧米エミックであったものが世界を席巻して，あたかも全人類の共通志向であるかのように扱われてきたと思われる。その可能性をよく見つめておきたい。

　そのことに気がつくならば，重要なのは演繹よりも帰納であることが分かる。「中央」製のエティックを演繹的に全世界に押しつけるのではなく，「周辺」のエミックを帰納的にエティック化することが，ますます重要になる。「中央」の社会科学者にとって，「周辺」の研究を軽視することによる「コスト」は低くない。この認識に基づいて，例えば歴史学では，グローバル・ヒストリーとか，トランズ・ナショナル・ヒストリーと呼ばれる分野が開拓さ

れる機運がある。これらは，これまでの「日本史」「ニュージーランド史」「インド史」といった国民国家の歴史から，遠く離れた視点だ。「日中比較史」「日中外交史」といった複数国家の比較や外交関係を主題とした歴史とも違う。こうしたアプローチが見落としてきたものに目を向け，世界のさまざまな地域の集団間が，連結し循環し，フィードバックを繰り返しながら歴史を形作ってきたことに着眼する視点である。そこでは，多国籍の歴史研究者が参加するだけではない。多言語が使用され，地域によって異なる専門用語が問題とされる。場所によって違う歴史認識も焦点となる。こうした動態的な研究枠組は「中央」も「周辺」も巻き込み，お互いが同じ高さの目線で，過去と向かい合うという潮流が現れてきている。このような取り組みは「オリンピック・モデル」とは全く異質のものである。「越境歴史学」だけでなく，「越境社会学」「越境人類学」などを構想する機が熟している。

　日本におけるエミックな考えのエティック化が望まれること。今日，エティックとされているものが，欧米のエミックな体験から派生していることを見極めておくこと。この2点を確認するならば，日本の社会科学者たちは，どちらかが優れているというような先験的な決めつけや仮定を持つことなく，開かれた平等感覚を持って，欧米中心主義に向き合うことができるのではないだろうか。多くの変数を含む「エミック・エティック方程式」は，極めて複雑な計算式である。

　ただ，反ユーロセントリズムや反英語中心主義は，ナショナリズムに陥りやすい。この点に関して，忘れてはならない重要な視点がある。日本語は植民地支配の言語であったという点だ。日本の社会科学者は，世界的な英語中心主義の被害者であることに心を奪われすぎて，日本語がアジアの各地で日本帝国の支配の道具として使われたことを見落としがちである。長期にわたって日本の植民地であった韓国・朝鮮や台湾では，日本語が公式言語として強制された。満州，インドネシア，マレーシア，フィリピン，南太平洋諸島でも，状況は類似している。このため，日本の敗戦と共に，その一部では

英語が解放の言語と見なされた。少なくとも，日本語よりは中立性の高い言語だと考えられたとしても，驚くには当たらない。イギリスやアメリカがこの地域の宗主国であったにもかかわらず，日本帝国の過酷な支配の記憶は，まだ生々しい。この現実を視野に入れない反英語覇権論は，コインの一面だけしか見ていない。言語帝国主義を問題にするならば，日本語圏は被害者であると共に，加害者でもある。その力関係を忘却しないようにしたい。ジャパノセントリズムは，ユーロセントリズムと同心円を描いている。サイノセントリズム（中国中心主義）や，その他のあらゆる形のエスノセントリズムについても，同じことがいえるだろう。

　本章で内情を詳説した英語出版事業は，オーストラリアという土地の二重性に負うところがある。豪州は英語国であるという意味では，アメリカやイギリスといった「中央」と密接につながっている。他方，先進国ではあっても，G8などに属する大国ではなく，マイナーな国に過ぎない。地政的には「周辺」であるといっていいだろう。アジアにも近い。このように「中央」でもあり「周辺」でもあるといった二元性のおかげで，複雑な感受性を持つ翻訳者や校閲者にも恵まれてきた。

　オーストラリアの社会学者の中には，豪州の先住民の土地伝承，アフリカ・ルネッサンス運動，南米独自の経済理論など，南半球で開発された考え方に集中的にレーダーを向けている人たちがいる（例えばConnell, 2007）。私はそうした研究にも触発されてきた。また，英語出版界を牛耳る英米から離れているために，かえって自由な活動や企画を展開できたのかも知れない。あれやこれやで，私自身とうとう「アクシデンタル・パブリッシャー」になってしまった。

　英米を中心とした社会科学の現状を，多少の皮肉を込めて「北大西洋横断同盟」と呼ぶことができるかも知れない。この事態は，これからも長く続くだろう。多国籍巨大出版社の支配状況も，大きく変わることなどありえない。「周辺」の声が，近い将来，世界的影響力を持つことに，私は悲観的である。

しかし，負け戦になることが分かっていても，負け組の旗の下に集まることが必要なときもある。「蟻の穴から堤も崩れる」ともいう。多くの蟻が地下に向かって掘り進んでいくしかない。

参照文献

Amano, Masako (2011) *In Pursuit of* Seikatsusha: *A Genealogy of the Autonomous Citizen in Japan.* Melbourne: Trans Pacific Press.

Befu, Harumi (1980) The *emic-etic* distinction and its significance for Japanese studies, In Yoshio Sugimoto and Ross Mouer (eds), *Constructs for Understanding Japan.* London: Kegan Paul International, pp. 323–43.

Connell, Raewyn (2007) *Southern Theory: The Global Dynamics of Knowledge in Social Science.* Sydney: Allen & Unwin.

Kawai, Kaori (ed.) (2013) *Groups: The Evolution of Human sociality.* Kyoto: Kyoto University Press; Melbourne: Trans Pacific Press.

Neustupný, JV (1980) On paradigms in the study of Japan, *Social Analysis* nos. 5/6 (December): 20–8.

Oguma, Eiji (2015) The history and future of Japanese studies, Paper presented to the Japanese Studies Association of Australia conference held at La Trobe University from 30 June to 3 July on the theme of Rethinking 'Eurocentrism.'

Sugimoto, Yoshio (2014), *An Introduction to Japanese Society*, fourth edition. Cambridge: Cambridge University Press.

寺沢拓敬　(2015)『「日本人と英語」の社会学』，研究社。

chapter 5

知のコミュニケーションの再構築へ
――学術出版からランキングと大学評価を考える

鈴木哲也

1 「ランキング」の前提に問題は無いか？
—— 学術コミュニケーションからの問い

かの *Science* 誌に掲載された，二つの印象的な論文から話を始めよう。

シカゴ大学社会学部のJ・A・エヴァンズは，1945年から2005年までに発表された3400万本の学術論文データベースを用いて，引用の相関を計量的に調査した。それによれば，多くの学術雑誌がオンライン化されて以降，明らかに「引用の幅が狭まった」というのである。引用の総量が落ちたということではない。投稿される論文の量は多くなっているが，引用される論文数が限られてきた，しかも論文中に引用される他の論文の発表年は次第に新しいものだけになっている。つまりは，特定の論文のみが引用される傾向が強まり，それらはあっという間に消費されてしまう，というわけだ。エヴァンズはこれを，「Electronic Publication and the Narrowing of Science and Scholarship（電子出版と科学および知の狭隘化）」と表現している（Evans, 2008）。

実はほとんどの論文は引用されていない，というデータもある。図1をみていただきたい。これも *Science* 誌に掲載されたレポートだ（Hamilton, 1991）。当時米国にあった科学情報研究所（Institute for Scientific Information：ISI　現在はトムソン・ロイターの一部門になっている）の論文データベースを用いた調査によれば，人文学と芸術分野では98パーセントの論文が一度も引用されず，社会科学では多少ましだがそれでも74.7パーセントの論文が全く引用されていないという。自然科学や数学にしても，物理，化学等はそれらしい数字を示しているが，医学 (46.4)，数学 (55.5) となると少し怪しくなって，機械工学では72.3パーセントと，ほぼ社会科学並みである。このレポートには，さらに詳細な領域細目ごとのデータが載っていて，その分野の本書読者は愉快ではないだろうけれど，あえて紹介すれば，演劇学の99.9パーセント，建築学の99.6パーセント，宗教学の98.2パーセントの論文は，一度も引用されないのだという。

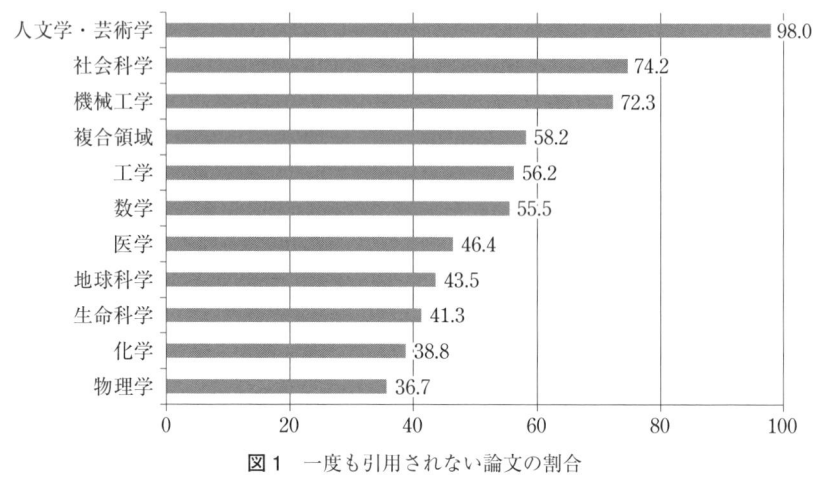

分野	割合
人文学・芸術学	98.0
社会科学	74.2
機械工学	72.3
複合領域	58.2
工学	56.2
数学	55.5
医学	46.4
地球科学	43.5
生命科学	41.3
化学	38.8
物理学	36.7

図1　一度も引用されない論文の割合
Hamilton（1991）より

　このレポートは四半世紀前のものだが，最近でもこの数字はほとんど変わらない。ハミルトンのデータを先端科学（top science）と社会科学だけに限定して取り出すと，55パーセントの論文は一度も引用されないことになるのだが，2002年から2006年までのデータを使った同様の調査では，59.4パーセントの論文が，全く引用されていないという（Bauerlein, et al., 2010）。むしろ悪くなっているわけだ。米国ブッシュ政権（父ブッシュ）の副大統領だったディック・チェイニーの夫人で全米人文科学基金（The National Endowment for the Humanities）の会長だったリン・チェイニーは，この状況を「Foolish and Insignificant Research in the Humanities」（愚かで無意味な人文学研究）と評した（Cheney, 1991　チェイニーの論文の所在については，ボック（2015）の示唆による）。
　「引用されない」ことが本当に無意味ということなのか？　チェイニーへの反論は措いておこう。また後に述べるように，学術コミュニケーションの狭隘化現象それ自体を正面から考えてみることが今日重要になっていると思うのだが，それも今は措いておく。ここで筆者が発したいのは，大学ランキングなるものが依拠している評価指標，中でも論文引用の量的評価（ビブリ

オメトリクス）には，どうも問題がありそうだぞ，という疑義である。狭隘化し，しかもほとんど引用されないという実態をもった事象がマスターデータとして扱われているわけで，そもそもこれで，意味ある計量的評価などできるものなのだろうか？

　筆者は大学出版部の編集責任者として長く仕事をしてきた。学界に社会に，少しでも役立つ研究成果を届けたいと思って様々な工夫をする営みからすれば，「インパクト」（影響度）を重視するのは必要なことである。しかしその際，計量的な評価法が十分検討されることなく無批判に利用され，学術研究や大学のランキングがまるで「ゲームのように」に語られる（Wilsdon et al., 2015）ことには，強い危機感を感じる。まして，昨今，人文学・社会科学研究の研究組織見直しが問題になるような中ではなおさらである。そこで本章では，計量的手法の問題点についても触れながら，学術コミュニケーションの立場から「世界大学ランキング」の是非を問い，「知識基盤社会」（文部科学省, 2009）に相応しい知のコミュニケーションを再構築することで，大学評価を意味あるものにしていくための提案をしてみたい。

　そのための準備として，第2節では大学ランキングの主要な評価基準とされている計量的な論文評価の問題点について，他の章と重複しないように努めながら簡単に述べる。その上で第3節では，メディア・コングロマリットの支配下に置かれた世界の学術出版事情を紹介しつつ，「世界大学ランキング」なるものが，如何に危うい社会経済構造の上に立ったものであるかを明らかにする。そして第4節，第5節において，既存の大学評価をどう乗り越えるかという本書のメッセージに関わって，学問，特に人文・社会科学がなぜ社会と乖離してしまうのかという自省的問いとともに，「専門外への関心を育む」ことをキーワードに，筆者なりの提案を行うことにしたい。

2 学術コミュニケーションの実態を計測できないビブリオメトリクスの問題点

(1) 地域的特性を反映しないデータベース

　大学評価にビブリオメトリック（計量書誌学的）な方法が強く組み込まれていることは，本書序章で石川真由美氏が指摘する通りである。サイテーション・インデックス（citation index）に基づくインパクト・ファクター（impact factor）の計測という，本来は文献目録の作成ツールを用いて，学術雑誌の評価，ごく荒っぽく言えば大学図書館（図書室）がどの学術雑誌を揃えれば良いかを検討する際の一つの指標にすぎないものが研究業績の評価に用いられていることの問題は，他でもないインパクト・ファクターの考案者ユージン・ガーフィールド自身が警告するところだが（Garfield, 1998; 2005），本書第3部の諸論文では，その歪みの具体的な現れが悲鳴と呼んでよい形で赤裸々に報告されている。それらの議論に加えて筆者が指摘したいのは，こうした計量評価のマスターデータとなっている論文データベース自体が持つ問題だ。

　本書巻末「基礎解説2」で説明されているように，サイテーション・インデックスの代表的データベースには，トムソン・ロイター（Thomson Reuters）が提供する Web of Science と，後述するエルゼビア（Elsevier）が提供する Scopus があるが，そのいずれにおいても，内容に大きく二つの問題がある。すなわち，登録されているのが事実上学術雑誌に限られ書籍による学術コミュニケーションがほとんど計測されないこと，さらには登録雑誌が欧米中心に強く偏っているということである。ここではまず後者の問題から考えよう。

　現行の計量書誌学的な方法で日本の研究について何かを測ろうとするなら，基礎になる論文データベースに，日本で発行される学術誌が十分入って

表1　人文学系データベース A&HCI 2015 年版に登録された日本関連の学術雑誌

誌名	発行者	発行国	使用言語
A + U-Architecture and Urbanism	エー・アンド・ユー	日本	日本語・英語
Asian Ethnology	南山大学南山宗教文化研究所	日本	英語
Eastern Buddhist	大谷大学　東方仏教徒協会	日本	英語
Japanese Journal of Religious Studies	南山大学　南山宗教文化研究所	日本	英語
Journal of Asian Architecture and Building Engineering	日本建築学会	日本	英語
Monumenta Nipponica Monumenta Nipponica	上智大学	日本	英語

いなければ意味がないのは明らかだ。日本語で書かれた論文に日本語で書かれた論文が引用されるというのは，日本で研究する者にとって当然すぎる光景だが，はたしてその当然の事実が現行のシステムには組み込まれているのだろうか。答えは否である。

　たとえば Web of Science のうち人文学分野をカバーする The Arts and Humanities Citation Index（A&HCI）の 2015 年のリストには 1700 余りの学術誌が掲載されているが，そのうち，日本の学術誌はわずかに 6 誌にすぎない（表1）。また社会科学をカバーする The Social Sciences Citation Index（SSCI）についていうと，3300 余りの全登録誌のうち日本ないし日本関係の雑誌は 18 誌のみであり，しかも，第 3 節で論ずることと強く関連して，それらの発行者はエルゼビア，シュプリンガー，ワイリー－ブラックウェルといった大手海外出版社が目立つ（表2）。

　言うまでもなく，歴史学や社会学など，日本と日本に隣接する地域や国家に限定された事象を対象にする研究が圧倒的に多い日本の人文・社会科学領域での引用状況を測るには，こうしたデータベースでは全く役に立たないのは明らかである。このように，依拠するマスターデータ自体が特定の言語（主に英語）を基礎にした欧米の学術誌に圧倒的に偏っているため，計量書誌学的な評価に強いバイアスがかかり，それが非欧米圏の学術成果公開のあり方を歪めていることは，第 3 部の各章，たとえば周祝瑛氏（第 8 章）などが報告する通りだ（ただし，この偏りは，世界大学ランキングにおいて日本の大学に

表2　社会科学系データベース SSCI 2015 年版に登録された日本関連の学術雑誌

誌名	発行者	発行国	使用言語
Asian Economic Journal	ワイリー－ブラックウェル	日本	英語
Asian Economic Policy Review	ワイリー－ブラックウェル	日本	英語
Developing Economies	ワイリー－ブラックウェル	日本	英語
Environmental Health and Preventive Medicine	シュプリンガー	日本	英語
Geriatrics & Gerontology International	ワイリー－ブラックウェル	イギリス	英語
Hitotsubashi Journal of Economics	一橋大学	日本	日本語・英語
International Journal of Economic Theory	ワイリー－ブラックウェル	日本	英語
Japan and the World Economy	エルゼビア	オランダ	英語
Japan Journal of Nursing Science	ワイリー－ブラックウェル	日本	英語
Japanese Economic Review	ワイリー－ブラックウェル	日本	英語
Japanese Journal of Political Science	ケンブリッジ大学出版局	イギリス	英語
Japanese Psychological Research	ワイリー－ブラックウェル	日本	日本語・英語
Journal of Japanese Studies	（米国）日本学会	合衆国	英語
Journal of the Japanese and International Economies	エルゼビア	合衆国	英語
Library and Information Science	三田図書館・情報学会	日本	日本語・英語
Nursing & Health Sciences	ワイリー－ブラックウェル	日本	英語
Psychologia	京都大学　プシコロギア会	日本	日本語・英語
Social Science Japan Journal	オックスフォード大学出版局	イギリス	英語

　不利に働いているというわけではない。この奇妙な現象については，第 11 章林・土屋論文を参照のこと）。私自身は，前章で杉本良夫氏が触れているように，英文出版に積極的に取り組む日本の数少ない出版人の一人であるとの自負はあるが，そうした「日本発世界へ」の取り組みを意味あるものとする上でも，欧米中心のシステムに依拠しようという傾向からは早く脱却しなければならないと考える。

　実際，非欧米圏では地域的な論文データベースに基づいたサイテーション・インデックスを構築しようという動きもあり，たとえば Indian Citation Index は，インドで発行される査読付きの学術誌をマスターデータとしたもので，インド国内での引用状況を知ることができるユニークなものである[1]。

1）http://www.indiancitationindex.com/

しかし日本ではいまだそのような取り組みを聞かない。

(2) 本によるコミュニケーションは評価の対象外

　問題は地域的・言語的バイアスだけではない。筆者は，学術書（本）による学術コミュニケーションが，知の越境可能性を担保し知の身体性を育む上で重要であると論じてきた（鈴木・高瀬，2015 など）。このことは学問領域の如何に拠らず正しいと信ずるが，とりわけ人文・社会科学においては，その学問特性から，学術書による成果公開は不可欠だ。具体的な事柄を挙げて考えてみよう。

　たとえば東日本大震災からの復興や今後の防災を考える際に，徹頭徹尾，狭義の「工学技術」を優先させ（あくまで括弧付きなので，工学の方は誤解なきよう），人々の生活の質といったことを措いて考えることは可能である。たとえば，高さ十数メートルの巨大な防波堤を日本列島の平地海岸に延々と設置する，というような考え方だ。実際，宮城県などでは，14〜15 メートルの防波堤を県内の海岸に設置する計画が提案されているとも聞く（田中，2014）。一方，こうした計画に対して，景観美という視点あるいは生態学的な立場から異を唱える人々がいるのも当然だ。いくら巨大な構造物を設けたとしても，数百年に一度レベルを越えた数千年に一度レベルの災害にはたぶん太刀打ちできない。景観や生態系を台無しにしてそこまでのコストをかけるのか，あるいは数百年に一度の規模に備えるといってもその間のメンテナンスはどうするのか？　コスト／ベネフィットという意味でも無駄であるし，なにより美しくない。

　こうした二つの立場を調整して社会的な合意を形成するのは簡単ではない。安全・安心とは何か，利便性とは何か，美しさとは何かといった価値の本質について問題を共有するためには，これら一つ一つの論点について，事

柄を定義する必要があるからだ。こうした対立は，ダム開発や河川改修といった際には常に問題になってきたが，土木事業以外にも，生活の質，つきつめれば人の精神価値との関わりで物事を考え技術や政策を評価すべき事柄は近年ますます広がっている。昨今話題の iPS を使った医療，創薬などはその代表的問題群だろう。そして本章最終節で問題にするように，こうした事柄は市民一人一人に関わる問題であるだけに，たとえば応用倫理学や社会工学というような領域で専門的に研究されるものであると同時に，専門家任せにするのではなく，社会全般が考えるべき問題群だ。筆者はそれを「現場の哲学」と呼びたいが，では「現場の哲学」はどうすれば構築出来るのか。

　言うまでもなく，たとえば自然と人の関わり方といった問題について，世界中一様の価値観が覆っているわけではない。森崇英が指摘するように，キリスト教圏，イスラーム圏，仏教圏では生命操作について，それぞれ違った受け止めがあり（森，2010），そこには，それぞれの社会に通底する精神的な価値がある。そして精神的な価値というのは，もとから自然に存在するのではなく歴史的に形成される。おそらく最初はそれぞれの風土に応じた皮膚感覚であったようなものが，言語化され，なんらかの意味で纏まった体系となって次の世代に受け継がれていく。要するに，精神的な価値とは極めて歴史的，言語的なもので，そうした理解なしには「現場の哲学」は作れないだろう。人文学は，そうした精神的な価値の歴史性，言語性について，学界の中で議論を闘わせると同時に，社会に対してそれを問うていく役割を負っている。同時に人文学は，認識論・方法論といった，諸科学が科学としてあるための上位知識（メタ知識）そのものでもあり，社会科学について言えば，そもそも「社会」とは何か，その構造や変動，規範といった，社会的合意形成の基礎となる事柄についての歴史性や地域性について，広く専門を越えて説く役割を期待される（文部科学省科学技術・学術審議会学術分科会，2009）。

　第4節で自省的批判的に指摘するように，実際には現代社会において十分役割を果たしているかどうか別としても，人文学・社会科学のそうした特性

に応じたコミュニケーションのメディアは，狭義の専門家間のメディアである学術雑誌では代替できない。そればかりか，専門家間のコミュニケーションにおいても，人文学・社会科学においては「本」がその中心になるということは，伊井春樹らが強く指摘する通りである（文部科学省科学技術・学術審議会学術分科会，2009）。このように考えたとき，ほとんど学術雑誌のみをマスターデータとして扱う現在の計量評価システムが，重大な欠陥を伴っていることは明らかだろう。

　しかし以上のような指摘だけでは，データベースに偏りがあるならそれをただせば良い，という声が聞こえてきそうだ。事実，Web of Science でも書籍をデータベースの対象にするという動きがあるし，Scopus には学術図書の全体からいえばごく一部ではあるものの相当数（「基礎解説2」参照）の書籍が登録されている。だがことはそれほど簡単ではない。研究の計量評価と大学ランキングの持つ問題について，ビジネスとしての学術コミュニケーションの現場にある生々しい事柄から考えてみようというのが次節である。

3　メディア・コングロマリットの支配と「ランキング」

(1) 民間大手出版社による学術誌の寡占

　モントリオール大学図書館情報学研究科（École de bibliothéconomie et des sciences de l'information）のラリビエらは，Web of Science に集積された1973年から2013年にかけての論文4500万本を解析して，学術出版における寡占状況について調査した（Larivière, Haustein, and Mongeon, 2015）。それによれば，この40年で，欧米に本拠を置く大手民間出版社5社，すなわちエルゼビア（Elsevier），ワイリー－ブラックウェル（Wiley-Blackwell），シュプリンガー

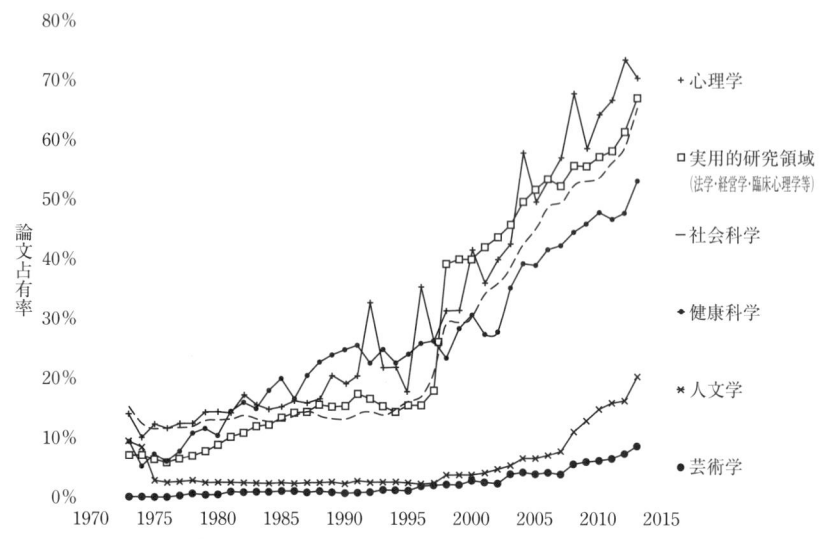

図 2 人文・社会科学分野での大手 5 社による論文占有率の変化 (1973-2013 年)
Larivière, Haustein and Mongeon (2015) より。

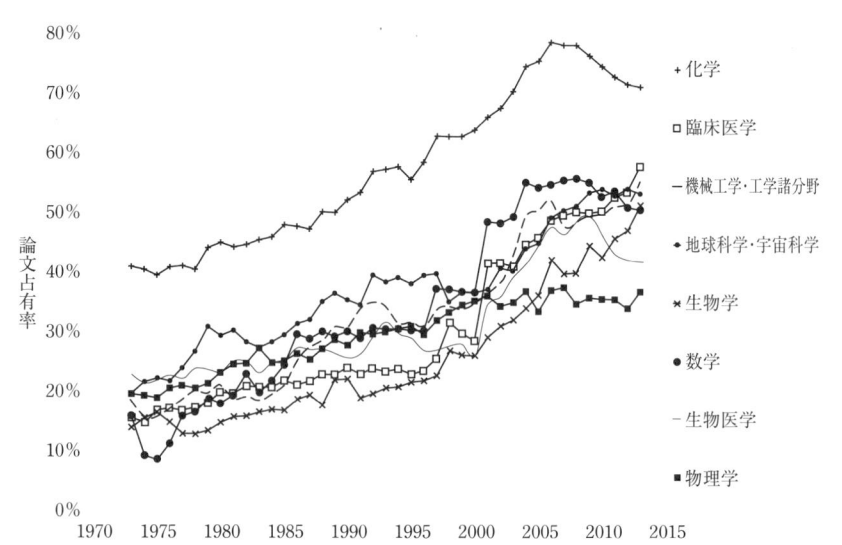

図 3 自然科学・数学および医科学分野での大手 5 社による論文占有率 (1973-2013 年)
Larivière, Haustein and Mongeon (2015) より。

表3 自然科学系の領域別学術雑誌平均価格（2014年　単位ドル）

領域	ジャーナルの1誌平均価格
化学	4,215
物理学	3,870
機械工学	2,785
生命科学	2,520
天文学	2,234
食品科学	2,069
地質学	2,031
植物学	1,938
工学	1,876
数理科学	1,750
動物学	1,746
健康科学	1,479
農学	1,422
一般科学	1,370
地理学	1,308

出典：Bosch and Henderson（2014）

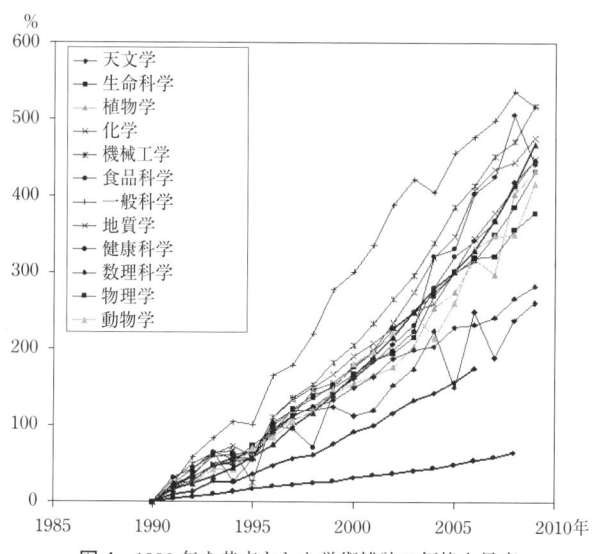

図4　1990年を基点とした学術雑誌の価格上昇率

出典：Hooker（2009）

(Springer Science), テイラー・アンド・フランシス (Taylor & Francis), およびセージ (SAGE Publications) が論文出版における占有率を伸ばし, すなわち多くの学術雑誌を自らの傘下に置き, 集中度が特に高い心理学や社会科学, 化学においては, 2013 年に発表された論文のうち, 実に 70 パーセント近くがこれら 5 つの学術出版社から発行されているという (図 2, 図 3)。

　大手の寡占による影響としてしばしば話題になるのは, 学術誌の購読料問題である。図書館関係者や自然科学系の研究者の方々はよくご存じと思うが, 2014 年に 1 誌あたりの平均価格が年間 4215 ドルすなわち約 50 万円であった化学分野を筆頭に (表 3), 学術雑誌の購入は大学の図書費を強烈に圧迫している。雑誌価格はこの四半世紀, 領域によっては 500 パーセント近く高騰してきた (図 4)。中でもエルゼビアの発行する雑誌の購読料が, 世界中で研究者, 大学図書館の怨嗟の対象となっているのは周知の通りだ。購読料とオープンアクセスに関するエルゼビアと大学図書館間の交渉が決裂したオランダでは, オランダ大学協会が, 所属する研究者に対してエルゼビア関連雑誌の編集責任者の立場から退任するよう呼びかけるという事態になった (『Times Higher Education』2015 年 7 月 3 日付け)。伝えられるところでは, それでもエルゼビアが折れないならば査読のボイコットを, それでも交渉が難航するなら論文投稿すらボイコットするよう, オランダ大学協会は呼びかけるのだという[2]。

　しかし大手出版社の市場支配とは単に価格の問題ではない。次項では, 人文学・社会科学系の出版に関わるアメリカの出版産業の実態を告発したアンドレ・シフレンの自伝的レポート (シフレン, 2002) を紹介して, 欧米におけるメディア・コングロマリットの出版支配について触れてみたい。

---

2) https://universonline.nl/2015/07/02/dutch-universities-start-their-elsevier-boycott-plan

(2) アンドレ・シフレンの警告

　シフレンを知る日本の学術関係者は必ずしも多くないようである。しかし彼の名は，後に述べるように，ミシェル・フーコーやジャン＝ポール・サルトル，ノーム・チョムスキーやジョン・ダワーとともに語られるべき人物なのだ。シフレンは，亡命ユダヤ系ロシア人の父親を持つアメリカの出版人である。アメリカの人文書出版は，20世紀前半の動乱を逃れたヨーロッパからの亡命者を抜きにしては語れない。アンドレの父ジャックはロシアに生まれたがフランスで出版人となり，古典文学叢書プレイヤードを創刊，その叢書を持ってガリマールに入社し名門叢書を育て上げた。にもかかわらず第2次大戦が勃発するとユダヤ人であることを理由にガリマールを解雇され，1941年，一家を引き連れアメリカに亡命する。アメリカに渡ったジャックは，同じようにナチスに追われたドイツの出版人クルト・ヴォルフ（カフカの作品を初めて刊行した人物）とともに，1942年にニューヨークでパンセオン・ブックスを立ち上げる。そしてサン＝テグジュペリをはじめとするフランス人亡命者の著作や，ジッド，クローデル，カミュなどの作品をアメリカに紹介し，またハンナ・アーレント等，多くの亡命知識人たちとも親しく交わった。

　そうしたリベラルな環境に育ったアンドレは，イェール大学入学後，マッカーシズムの嵐が吹き荒れる中で学生運動を組織し，全米の学生運動の中心となった「民主社会のための学生連合」(SDS) の初代会長を務める。イェール卒業後はケンブリッジ大学に留学，留学中にイギリスの名門文芸誌『グランタ』(GRANTA) の編集長を務めるなど出版人としての技量を早くも発揮して，帰国後はニュー・アメリカン・ライブラリー社で働きながらコロンビア大学大学院に学び，1962年，父親ゆかりのパンセオン社の誘いを受け入社する。

そこでのアンドレの活躍は目覚しく，ヨーロッパの優れた著作を次々にアメリカに紹介，また逆にアメリカ人の優れた著作をヨーロッパに紹介するという，いわば大西洋を挟んだ知の共同体の創出の立役者となる。著書の中でシフレンに謝辞を述べた人々の名前を挙げれば，人文学をかじった者なら眩暈がするようなリストができるだろう。
　しかしシフレンのこうした活躍は，本書1章でスーザン・ライト氏が指摘する，「テーラー主義から出発して，それにマクナマラ主義を一服加えたところ」(Peters, 2001)の企業文化が出版世界をも侵食する中で，危機にさらされる。すでにシフレンがパンセオンに入社した時点で，パンセオンは大手出版社ランダムハウスに買収されていた（ちなみに父親のジャックは1950年に亡くなっている）が，そのランダムハウスも，1965年には，当時米国のエレクトロニクス事業の帝国と言われたRCA社に買収される。RCAはその頃，教育教材機器の開発ビジネスを目論んでいて，ランダムハウスの学校教材部門を手中にすることで大きな利益を上げると思われていた。しかしこのプランは時期尚早で，そうしたビジネスは20世紀も末近くになってパーソナルコンピュータが普及することによって現実のものになるわけで，この買収劇は数年を経ずして破綻をきたす。
　しかし，問題は「巨大企業のプランがずっこけた」という点にあるのではない。そもそも教科書部門はランダムハウスの中で最も脆弱な部門だったのだが，RCA社はこのことを知らなかった。そして出版ビジネスとは，エレクトロニクス産業とは規模においても収益構造においても全く異なるのである。ひと言で言えば，1書籍当たりの収入は小さく，どれほどの名声を得ても収益を上げられない書籍も少なくない。いわば多少の収益を上げた書籍の黒字で，多くの，知の構築に多大な影響を与えつつも利益を上げられない書籍の赤字を補填する，というビジネスなのだ。ところが親会社となったRCAは，傘下の出版社に，個別の書籍ごとに間接経費の削減と収益の増大を求めていく。「カネにしか関心がない会計担当者たちによって運営される，

あの偉大な米国企業」(Peters, 2001) の論理が出版を支配してしまえば，その結果は火を見るよりも明らかである．挙げ句の果てに RCA はパンセオンの親会社ランダムハウスを「雑誌王」と呼ばれた S・I・ニューハウス (Samuel Irving Newhouse, Jr.) に転売．ニューハウスはパンセオンの社長にイタリアの銀行家ヴィターレを据える．ヴィターレは本など 1 冊も読まない男で，1990 年の刊行予定リストを見て「このクロード・シモンというのは誰だ」と聞いて社員を呆れさせたそうだが (ちなみにクロード・シモンは 1985 年にノーベル文学賞を受賞している)，その新社長の方針はただ一つ，「黒字が出ると判断できる本だけを出す」というものだった．

消費され尽くした議論では知識人を魅了する本にはなりえない．しかし挑戦的な議論となればなるほど，出版してみないと結果は分からない．端から儲けが確実と思えるようなものといえば，流行を追い，すでに高名な，あるいは大衆に消費されるメディア露出の多い著作者の本となってしまうだろう．マジョリティに向けたマス市場のみを対象にしようというのだから，内容は自ずと陳腐で保守的なものになってしまう．

結局，その経歴からヴィターレと激しく対立したシフレンは名門パンセオンから排除され，1992 年，ニュープレス社を創業．民主と公正，社会正義を重んじる独立した出版活動を展開する．ニュープレス社は今も質の高い書籍出版を続けているが，シフレン自身は 2013 年に亡くなっている．

(3)「読者」の消失 ── 現代出版ビジネスの暗黒面　1

今日のアメリカ出版産業を概観すれば，大手出版社はいずれも多国籍資本のメディア・コングロマリットの一部である．ランダムハウスはドイツのベルテルスマンの傘下にあり，ペンギンの親会社は英国のピアソンであり，ハーパーコリンズは，オーストラリア系アメリカ人のメディア王，キース・ルパー

ト・マードック（Keith Rupert Murdoch）の率いるニューズ・コーポレーションの一部である。トム・ハンクスとメグ・ライアンのラブストーリー『You've Got Mail』（邦題：ユー・ガット・メール）のモチーフにもなっているように，アメリカのかつての出版業界は，中小出版社による多様な言論が個性的な書店によって届けられ，それが図書館やブッククラブによって支えられるという構造を持っていた。しかしネオリベラリズム（新自由主義）というむき出しの拝金イデオロギーを是とするメディア・コングロマリットによる出版社支配が進み，書店界もまた画一的な大型チェーンが台頭する中で，結果としては「自由な競争」は失われ，知的で文化的な出版の多様性は次第に喪失しているとシフレンは指摘する。

ただしここで注意しておきたいのは，書店に目を移せば，最近ではやや違った側面も見えるということである。アメリカの独立系書店で構成されるアメリカ書店協会（American Booksellers Association：ABA）の会員数は，1995年には5500だったものが，2002年には2191と半減しその後も下降を続けた（Hoffelder, 2013）。下村（2008）によれば，2004年のアメリカの総書店売上推計（168億900万ドル）のうち50パーセントにあたる80億ドルを三大チェーン（バーンズ＆ノーブル Barns&Nobles，ボーダーズ Borders，ブックス・ア・ミリオン Books A Million）が占めていたという。しかしその後ボーダーズが倒産する（2011年）など効率化優先の大型チェーンの苦戦が伝えられる中，独立系書店は息を吹き返し始め，2013年のレポートでは，1401（2009年）から1567（2012年）と会員数は上昇に転じた。売上高も165億1000ドル（2009年）から190億ドル（2012年）と大幅に上昇している（Hoffelder, 2013）。つまり，「町の本屋さん」が活気を取り戻しているらしい。これは，拙著の中で紹介した日本の出版事情（鈴木・高瀬，2015）とは，ずいぶんと様相を異にする。

なぜこんなことを書くかと言えば，シフレンの警告はそのまま日本には適用できないものの，ある意味で，日本の学術コミュニケーションは，もっと深刻な事態にあるかも知れないと危惧するからだ。筆者は拙著『学術書を書

く』の中で，今日の学術コミュニケーションの最大の問題は，オンライン化・電子化によって学術的な成果が「知識」でなく「情報」とされ，それが発表メディアの多様化と相まって「読者の消失」を招いたことであると論じた（鈴木・高瀬，2015）。すなわち，発表者（研究者や出版者）が，「自分の研究のオーディエンスは誰なのか」を問わなくなってしまったということである。詳しくは拙書を読んでいただくとして，ここでは，出版ビジネスという観点からこの「読者の消失」について考えてみたい。

書籍売り上げが上昇基調にあるアメリカに対して，わが国の書籍売り上げは，1996年以来ほぼ20年にわたって下降を続け，出版社数も書店数も大幅に減少した（鈴木・高瀬，2015）。そうした中，わが国第1の総合印刷会社である大日本印刷（DNP）は，この間，数多くの出版社，書店，出版関連企業を子会社化，関連会社化してきた。

筆者はこうした動きを一概には批判しない。日本の出版者，特に学術出版社の多くは，世界規模の学術コミュニケーションを担うビジネスセクターとしては個々の規模が余りに小さすぎるというのが筆者の持論の一つだし，スケールメリットを活かしたビジネスとするには，ある程度の資本集中は必要だと考えている。特に，出版流通の改善には，業界あげての注力が必要だし，そのための資本集中は正しいと考えている。しかし筆者のひとつの懸念は，こうした動きの中でしばしば語られる，「B to B（Business-to-Business）」というビジネスモデルのあり方である。言うまでもなく読書は個人的な営みであるから，出版ビジネスの基本は，Businessセクターとしての発行者（出版社）が読者すなわち個人の顧客（Consumer）に本を届けて費用を回収するモデル，つまり「B to C（Business-to-Consumer）」である。それに対して，これからの出版モデルにおいては，出版社がコンテンツを届ける先は個人顧客でなく，企業や組織などのBusinessセクター，代表的には図書館などの機関である，という概念だ。これは電子書籍への期待とともに語られることが多いように思われ，また図書館関係者の中には，図書館を軸にした学びの再構築という

観点から，こうした動きを歓迎する向きもあるようだ。

　しかし筆者は，自らの生業経験から，学術出版においても個人が最大の顧客であることを疑っていない。学術出版社の中には，図書館購入を主要なターゲットにして高額な本を少部数発行するという事業スタイルを取っているところも確かにある。また欧米の学術図書出版において，図書館市場が重要であったというのは事実であろう（Thompson, 2005）。学術雑誌の場合でいえば，オンライン化および大手出版社の寡占支配と並行して，雑誌は図書館が買いそれを研究者がオンラインで閲覧するという，つまりは「B to B」モデルは確実に定着している。しかし本というのは，専門の「二回り，三回り外」の読者，ないし専門家になるためのトレーニングをしている学生たちに，研究の視点と方法の斬新さや研究結果の意味を伝えるもの（鈴木・高瀬，2015）である。こと学術書については，「B to B」モデルは馴染まない，というのが筆者の考えだ。

　このように主張すると，「いや「B to B」の先に C がある（B to B to C）」，つまり，図書館に納入してその先で個々の研究者や学生が閲覧すればそれで良いではないか，という反論が聞こえてきそうだ。しかし，知を自らの血肉にしようということと，当座，必要な情報として利用しようということでは，同じ学術コミュニケーションといっても，内実は大いに違うだろう（鈴木・高瀬，2015）。そして，購入と閲覧という行動の違いは，そうした知のあり方にも関係する。さらに言えば，「B to B」モデルは，身銭を切ってあえて購入しようという読者一人一人のニーズに無頓着になりかねない。所詮図書館が高額で購入してくれるなら，書き手（と出版者）にとって「読者」は考慮せずにすむからである。

　筆者が勤務する京都大学学術出版会の場合，文系理系を問わない基礎的な学問素養を育てる『西洋古典叢書』のようなシリーズはもとより，個別分野の研究書においても，適切な価格設定さえすれば，個人読者が自ら購入して最低限の利益を確保できるというビジネスが成り立っている。4000 円の本

を,その本の著者が専門とする領域の「二回り,三回り外」の1000人の読者に買っていただくのと,1万2000円の本を,著者のごく身近な専門家と図書館併せて300部買っていただくのでは,確かに収入は同一かも知れない。しかし,学術コミュニケーションという観点では,全く意味が違う。極端に言えば,ごく少数の専門家しか相手にしないなら,本にする必要はない。学術雑誌への投稿や,専門家間のインターネット上での情報流通で十分であろう。本章末尾で提案するが,専門を越えた学術コミュニケーションの活性化こそ「知識基盤社会」(文部科学省,2009)に必要な要件だし,その点で,読者一人一人への配慮を軽んじた出版ビジネスには問題がある。ともあれ,内実有る学術コミュニケーションの基本として筆者は「B to C」の方を重視したいと思うのだが,「B to B」には,また別の問題点もある。

(4) 「B to B」を言論の自由から考える
── 現代出版ビジネスの暗黒面　2

　本であれ雑誌であれ,学術成果を何らかの公開成果物として編む以上,しかるべきコストはかかる。ここで学術書のコスト構造について詳しく説明する紙幅はないが,必要なコストを個々の読者から回収できないとすれば,「B to B」モデルにおける図書館や研究機関の購入価格は,少なくとも「B to C」モデルに対して上昇せざるを得ない。「1冊100万円ならB to Bモデルはあり得る」という声をある出版経営者から聞いたことはあるし,実際,電子書籍の購入において,図書館購入価格は一般顧客の10倍というのは普通のことのようだ(表4：Kozlowski, 2015　データは東京工業大学の加藤晃一氏の示唆による)。しかし,そうした価格設定に対して,図書館や研究機関は常に合意するだろうか。あるいは,その分図書館の予算を増やせば良いという議論に,国民の納得は得られるだろうか。国公立の図書館はもちろん,各種の助成制度などを考慮すれば,私立大学の図書館予算にもなにがしかの公費が使われ

表4 米国コロラド州ダグラス郡図書館の調査による図書館の電子書籍購入価格と一般の購入価格の比較

	図書館価格		一般価格	
書籍名（米国でのベストセラー図書）	Overdrive*	3M*	Amazon*	Barnes & Noble*
Go Set a Watchman	24.99	24.99	13.99	13.99
Grey	47.85	47.85	7.99	9.99
Paper Towns	12.99	12.99	3.99	6.99
To Kill a Mockingbird	12.99	12.99	9.99	10.99
The Girl on the Train	19.99	19.99	6.99	9.09
Selp-helf	―	―	11.99	11.99
All the Light We Cannot See	18.99	18.99	13.99	13.99
The Life Changeing Magic of Tidying Up	50.97	50.97	7.26	7.26
Speaking in Bones	84.00	84.00	10.99	11.84
Isle of the Lost	―	17.99	8.54	9.99
Between the World and Me	72.00	72.00	9.99	9.99
The Martian	45.00	45.00	5.99	8.39
Code of Conduct	12.99	12.99	9.99	9.99
English Spy	24.99	24.99	14.99	14.99
The Nightingale	60.00	60.00	8.99	8.99
The Rumor	84.00	84.00	8.99	14.99
Dark Places	29.97	29.97	2.99	6.99
Good Girl	22.45	22.45	6.99	6.99
Nemesis	16.99	16.99	11.43	11.43
Truth or Die	84.00	84.00	9.99	9.99
Zoo	84.00	84.00	8.99	11.82
Luckiest Girl Alive	15.99	15.99	11.99	11.99
Boys in the Boat	12.99	12.99	2.99	6.99
Love Letters	23.97	23.97	5.99	5.99
Naked Greed	18.99	16.99	10.99	10.99

単位：米ドル（Kozolowiki, 2015）　　―― 購入不可　　*印はいずれも書籍販売業者

ていると言って良いし，そう考えれば，「納税者の多くは読まないであろう学術書にこんな予算をかけるのか」という声が起きても不思議ではない。さらに言えば，「こんな本は公費で買うのは不適切だ」という議論が起こる恐れさえ想像しうる。安易に「B to B」モデルに寄り掛かるのは，言論の自由という観点からも危険である。

　この点に関して言えば，大手の寡占の下で学術コミュニケーションの自由

なサイクルが失われはしないかという，一層警戒すべき問題もある。高価格によって購入が困難になること自体サイクルの阻害と言えるが，シフレンが身を以て経験したように，大手が独占した出版市場で発表の機会が妨げられるということも大いにあり得る。現に冗談半分ではあるけれど，「エルゼビア，シュプリンガー，ワイリー－ブラックウェルに睨まれたら発表の機会は無い」と苦笑する研究者は少なくない。さらに言えば，分野によっては，発表や閲覧の機会が巨大な利権に結びつく危険性もある。「大手5社が大半の学術雑誌を支配しているって？　つまりそれは世界中の未発表の重要な学術成果が一握りの民間出版社の操作可能な手中にあるということじゃないか」。マイケル・クライトン[3]ならそう言って，SF小説の一つでも書きそうである。

(5) 政策による支配の影響はないか？
── 現代出版ビジネスの暗黒面　3

そしてもう一つ，筆者の杞憂であれば良いのだが，大手学術出版ビジネスは国家的な政策の影響を受けやすいという弱点があるのではないか。つまり，「今の文教政策がこうだから」という政策的トレンドを出発点にした発想が入り込みやすい。事実，筆者ら大学出版人の集まりでわが国のある大手出版グループが行ったプレゼンテーションの最初の1頁は，「高等教育における文科省施策と学びのスタイルの変化」と始まって，その内容は，中央教育審議会の答申「新たな未来を築くための大学教育の質的転換に向けて」（平成24年8月28日）からの抜粋であった。プレゼン担当者は，「これが私たちのいわばバイブルです」と胸を張っていたが，率直に言って筆者は強い違和感を覚えた。

　筆者は何も，中教審答申に反対しているわけではない。同答申が強調する

---

[3] 作家マイケル・クライトンが，生命科学の無秩序な研究状況への警告として『ジュラシック・パーク』を書いたことは有名である（同書の序文を参照のこと）。

アクティブ・ラーニングが理念通りに実現されれば，日本の大学卒業者の質は確かに向上するだろう。また，本章5節で主張するように，学術分野における戦略的な発想において日本はアメリカに大きく遅れを取っていると思うし，その点で，政策的な取り組みの重要性も痛感している。しかし政策というものは常に全面的に妥当なわけではないし，同じく第5節で指摘するように，この20年の高等教育政策について言えば，それがもたらした負の側面は明らかにある。そもそも学術世界にいる者にとって，全ての事柄は何らかの両義性を伴っていると考えるのが自然であって，一政策文書を「バイブル」と呼んで絶対視するのは間違っている。むしろ，政策の両義性を冷静に見据えながら，その欠けた部分にこそ工夫すべきアイデアがあると考える方が，創造的ビジネスであろう。ともあれ，こうした危うさの上に，今日の学術コミュニケーションがあることは，自覚しておいた方が良い。

(6)「世界大学ランキング」の社会経済構造

こうした日米の書籍出版の現状を踏まえた上で，さてもう一度，学術コミュニケーションにおける寡占状況を見てみるとしよう。かのエルゼビアはというと，世界200ヶ所以上で展開する大手情報関連サービス会社リード・エルゼビアグループ (Reed Elsevier N. V. Plc) の100パーセント子会社である。シュプリンガーの親会社はヨーロッパの巨大投資会社BCパートナーズ (BC Partners) だし，テイラー・アンド・フランシスはロンドンに本拠を置く多国籍出版社インフォーマ (Informa) の一部門だ。アンドレ・シフレンの生涯を思うとき，こうした大手支配のもとにある学術コミュニケーションが，健全性を保てると誰が言えようか。いわゆる雑誌購読料の問題というのも，ただ「がめつい大手出版社」といきり立つだけの問題ではない。先に指摘した「B to B」モデルの行き着いた先として，注意深く見る必要があるのだ。

そしてここで再び「世界大学ランキング」である。ランキングの基礎となる論文の計量データを提供し，「自社のウェブサイトで自らを「ビジネスとプロフェッショナルのための，世界有数の知的情報源」と豪語している情報企業」（本書第 1 章）トムソン・ロイターの親会社は，カナダを本拠とする情報持株会社ウッドブリッジ社（The Woodbridge Company Limited）だ。もともとウッドブリッジ傘下の大手情報サービス企業トムソンが名門通信社のロイターを買収して作られたのが，トムソン・ロイターである。メディア・コングロマリット傘下の学術誌の論文をメディア・コングロマリット傘下の情報企業が引用索引化して，それに基づいてインパクトなるものが測られる，というのが今日の世界大学ランキングの構造なのだ。本書第 10 章で藤井翔太氏が指摘するように，メディア・コングロマリットの目的は，世界中の大学にコンサルティングを商品として売り込むことだと言ってよい。まるで，「視聴率」を人質に取った，どこかの国の広告会社とメディアの関係を見ているようではないか。
　メディア・コングロマリットに牛耳られたいびつな学術コミュニケーションの上に構築された，メディア・コングロマリットによる「大学ランキング」——これがある種の強いバイアスを帯びざるを得ないということは，容易に想像できよう。

4 大学の側に内在する問題点
　——とりわけ人文学・社会科学と社会の関係性について

(1) オルトメトリクスの登場

　いずれにしても，現在の計量書誌学的な方法が研究評価に馴染まないという批判は強く，第 10 章で藤井氏が詳しく紹介する U-Multirank のような，

序列化自体を目的としない評価方法も模索されている。そこで，ここからは少し話題を変えて，どのような評価法が用いられるにせよ，大学と学問の側が自省的に取り組まねばならない，内在的な問題について考えてみることにしたい。

　藤井氏は，第10章の末尾でオルトメトリクス（altmetrics）について触れている。まさしく「alternative metrics」（代替的指標）のことであるが（林，2013など）。一言で言えば，既存の手法では評価しにくい学術研究の価値を，学術情報が集積された様々なデータベースからの参照・閲覧・ダウンロードの回数，またソーシャルメディアやマスメディアでの言及など，社会的な影響を示す諸要素を組み合わせることで可視化しようというアイデアである。

　学術誌のオープンアクセス化を推進するPLOS（Public Library of Science）によれば，オルトメトリクスの計測に用いられる要素には，「閲覧」（Viewed　ウェブページの閲覧回数や文書のダウンロード回数），「話題」（Discussed　学術誌でのコメント・科学ブログやウィキペディアなどWEB上での紹介，TwitterやFacebookといったソーシャルメディアでの言及），「保存」（Saved　学術情報を共有するソーシャルブックマークに利用者が登録した回数），「引用」（Cited　学術雑誌，学術書等での被引用回数），「推薦」（Recommended　研究者による推薦情報サービスでの推薦）があるという（Lin and Fenner, 2013）。

　本章冒頭でも紹介したように，オンラインメディアにおいては，特定のリソースへの引用の集中，情報の消費スピードが速く価値が長続きしないなどの強い傾向がある（Evans, 2008）。したがってソーシャルメディアを利用するという発想は画期的だが，それだけに，ますます新しい論文ほど高評価になる等の問題は容易に予想される。とはいうものの，評価のためには何らかの計量化が避けられない以上，筆者はこのオルトメトリクスのコンセプトには，可能性を感じている。やはり10章で藤井氏が詳しく紹介しているように，社会的な影響度を重視するコンセプトは，イギリスのRAEにも見られる。しかし，「社会的な影響度」を組み込むと言うことは，学術研究，特に人文学・

社会科学にとって，より大きな課題を突きつけられているという自覚を必要とする。

(2) 歴史家は歴史観を作っているか？
—— 人文・社会科学と社会の乖離はなぜ生じたか

「司馬史観」なる言葉がある。言うまでもなく，作家故司馬遼太郎氏の作品に現れる歴史観のことで，多くの日本人の歴史認識に影響を与えているとされる。筆者自身，司馬氏の作品は少なからず楽しんだし，たとえば『街道を行く』などは，連載が開始されて間もない頃，つまりは中学時代から読んで，歴史や地理への好奇心を育てられたとは思う。一方，氏の代表作である『坂の上の雲』等に示された司馬氏の近代東アジア観に様々な問題があることは，歴史家の指摘通りであろう（たとえば，中塚，2009）。けれどもそうした批判が市民レベルで影響を与えているかというと，どうひいき目に見ても歴史家の分は悪い。昨今，あまりの反民主主義的な発言で顰蹙を買っている百田某氏の著作をめぐっても，同様のことが言えよう。

なぜこのようなことになるのか，筆者の体験から考えてみたい。告白すれば，筆者は文学部に学んだにもかかわらず，高校時代は日本史を履修しなかった[4]。それがある体験を契機にアジアの近現代史，特にアジア・太平洋戦争

---

4) ここでの日本史未履修とは，本章5節で指摘する「高等学校必履修科目未履修問題」ではない。筆者が学んだ神奈川県立横浜緑ヶ丘高校は，極端な受験指導をしないことで有名で，その一環と思われるが，国立大学志望者にはすべての教科の履修を推奨していた（たとえば文系志望者にも，部分的ながら当時の科目分類でいう数学IIIや物理IIといった理系入試科目を，理系志望者にも社会科全教科をといった風に）。にもかかわらず，理系進学志望を入試直前に文学部に変えた筆者は，3年生の1年間，日本史の授業を全く以て真面目に受けなかった。つまりひとえに筆者の怠慢で，日本史のK先生には，今更ながら申し訳なく思っている。また，「ある体験」とは，学部入学後，当時はまだ京大でもごく少なかったフィリピン人留学生と知り合い，その彼から，太平洋戦争がいわゆる「パールハーバー」からではなく，マレー半島

の体験史に関心を持つようになり、いわゆる「戦争遺跡」を教材にしてユニークな歴史教育を進められていた故池田一郎氏とともに、小さな本を著したことがある[5]。小さいといっても、この本はその後全国に広がる「戦争遺跡」の調査・保存の取り組みに大きな影響を与えたと自ら信じるが、同書執筆の過程で感じたのは、戦地での体験、戦時下の市民生活や戦災体験といった事柄について、市民自身が調査し語った文献は戦後四半世紀を経過した1970年頃から多数刊行されるようになった一方、プロの歴史学者による論考は驚くほど少ないということであった。中でも、戦争末期の都市部の生活に甚大な影響を与えた建物疎開（強制疎開）は、日本近現代史研究者からはほとんど等閑視され、わずかに、建物疎開が戦後日本の都市計画に与えた影響の大きさという視点から、建築史・都市計画史の分野には関心を持つ研究者が少数ながらいる、という程度であった。この傾向は今でも変わっておらず、建物疎開自体を一冊のテーマにした研究書が、最近になって初めて刊行された（川口, 2014）有様で、実際、同書の中で川口朋子氏は、そうした研究史上の問題点を指摘している。

　もちろん、戦災や敗戦時の措置によって多くの文書史料が焼失した日本のような場合、市民的な体験を歴史化するのは簡単な作業ではない。伝統的な文献史学的方法では迫れない事柄も多く、オーラルヒストリーや文書以外のモノをどう使うのか、史料収集や史料批判など、方法論から構築する必要があるからだ。しかし、そうした事情以上に筆者が危惧するのは、プロの研究者にとって戦争体験の研究はさして魅力的でないという意識が、歴史学者の間にあるのではないか、ということだ。つまり、体験的な事柄を追うことは、事実の発掘（fact finding）という点では多少関心を集めることはあろうが、歴

　　への日本軍の奇襲上陸によって始まったという事実を教えられ、自らの蒙昧さを痛感したという経験である。
5)　池田一郎・鈴木哲也著『京都の「戦争遺跡」をめぐる』つむぎ出版, 1991年/1996年。

史を書き替える (paradigm shift) ような業績には繋がらないという近視眼的な予断が，狭義の歴史学的関心と社会的関心を乖離させているのではないか，ということである。その点，川口氏と同世代の研究者によって，様々な史料を組み合わせて既存の近現代史観を覆そうとする研究が刊行され始めていること（たとえば，安岡，2014）は，大変嬉しい傾向である。

(3) 社会との乖離を埋める自省的取り組みを

アジア・太平洋戦争終戦50年にあたって米国スミソニアン協会が計画したエノラ・ゲイ号（広島に原爆を投下したB29爆撃機）と原爆被害の展示会が中止に追い込まれた経緯を見ると，そうした歴史学者と社会の乖離が問題になるのは，日本に限ったことではないようである（Bromwich, 1997）。自然科学系の研究は，研究特性として実務社会との関係が強い。たとえば地震や津波，火山，水害といった災害が話題になるときには，たいてい，その課題に直結する自然科学の研究者がメディアに登場する。実際には，防災や災害からの復興を総合的に捉える視点から，たくさんの人文・社会科学者も現場で活躍しているのだが，そうした研究や実践は広く社会に知られない。そのあげく，たとえば医学系の教員が，人文・社会科学系の教員に対して「先生方の研究の社会的意味は何ですか？」と無邪気に尋ねるというようなことが，他ならぬ大学の中で見聞きされる有様なのだ。

この点で，人文学と社会の関わりについて自省的，包括的に検討した，プリンストン大学名誉教授でプラトン研究者のA・カーナン（Alvin Kernan）らによる取り組みは大変示唆的である。彼らは，現代の人文学が抱える問題を，研究・教育の面ばかりでなく，社会との広い関わり，すなわち研究を支える財源や「アカデミズムという組織」のあり方，読書や図書館，デジタル技術といった広い視点で炙り出している。人文学の新しいトレンドを評価しつつ

も，そこに内在する暗黒面を直視して，人文学が現実のアメリカ社会の中でどのような位置を占め，どのような機能と責任を負い，どのように振る舞うべきかについて真剣に議論している（Kernan, 1997）。先に紹介したアメリカの人文書出版の現状と重ねて考えると，ネオリベラリズムに蹂躙された現代社会の中で，メタ知識（学問の学問）としての，また精神価値の形成者としての人文学の重要性を改めて知ることができるが，ここで全体を紹介する紙幅の余裕はない。そこで，カーナンらの著書から二つだけ，ミシガン大学で学務副学長を務めた古代史家のJ・H・ダームス（John H. D'Arms）とペンシルベニア大学教授の歴史学者L・ハント（Lynn Hunt）の議論を紹介しておこう。

　ダームスは，ポスト・コロニアルやカルチュラル・スタディーズが人文学に新しい問題を提起し，西洋中心主義の思考から欧米の研究が脱却しようとする上で大きな役割を果たしたことは評価しつつも，「現実とは解釈者から独立して客観的に存在するものではなく，すべて「構築される」ものに他ならない」という認識論をのべつ主張することが引き起こす問題について警告している。すなわち，人文学が伝統的な価値を覆すことのみに関心を持ち，「意義ある，啓示的な，偉大な，あるいは美しいと見なされる歴史に残る作品」に関わることを止めてしまうと，人文学を支える社会一般が関心を持つ事柄から，人文学自身を疎遠にしてしまうというのだ。そして，以前なら人文学が担った，人類に対して最も深刻な影響を与えるであろう問題の探求は，いまや生物学や神経科学，認知科学，経済学，政治学によって扱われている，とダームスは指摘する（D'Arms, 1997）。

　さらにカルチュラル・スタディーズに内在するより実務的な危険性について，ハントが次のように述べているのも興味深い。すなわち「カルチュラル・スタディーズは，人文科学を一つの屋根の下にまとめ，教員の規模を縮小するのに便利な手段を学部長に提供することになる。同様に，学際という考えのために人文科学の教員は皆相互に互換性があり，それゆえ多数の教員は消耗されても構わないという主張が可能になるかもしれない」（Hunt, 1997　翻

訳は木村武史氏による)。

　ここに指摘されたことは，こと人文・社会科学だけに関わる事柄ではないであろう。研究に対する無理解という現状に対して，相手の見識を非難するだけでなく，なぜそのように受け止められるのか，より自省的な検討を行うことが，大学ランキングなるものを根源的に見直す上で必要なのではないだろうか。第10章で藤井氏が紹介するイギリスのデ・モントフォート大学やハイランド・アンド・アイランズ大学 (University of Highland and Islands)，アバディーン大学等の成功事例を見ても，たとえマイナーに見えるものであっても「いかに研究者が産み出した研究成果を社会に伝わるようにアウトリーチし，その二次的・三次的な影響を追跡・把握することができるか」(藤井) どうかは，これからの大学・学界にとっての最重要課題だと言ってよい。

5　「専門外への関心」を育む大学を
── 評価を支える知の再構築へ

　言うまでもなく，大学と社会の関係と言ったとき，それは大学や研究者の側だけの問題ではない。社会の側も責任を負うべき問題である。意味ある大学評価システムを模索するにしても，社会の側が大学に一方的に説明責任を求めるだけでは問題は解決しない。筆者は今，むしろ社会の側が大学やそこでの研究に無関心でいることに，強く問題を感じている。以下の議論は，この数年来，筆者があちこちで発表してきたもの (鈴木，2015；鈴木・高瀬，2015など) とほとんど重なるが，学術出版，すなわち専門家間ばかりでなく専門家と非専門家の間のコミュニケーションを担う者の一人として本書全体の議論に寄与したいとの立場から，あえて繰り返すことをお許しいただきたい。

(1) STAP 細胞問題が教えたこと
── アメリカの戦略と日本の無戦略

　東日本大震災とそれに伴う原子力発電所の事故以降，市民の科学者に対する信頼感は大きく低下した (文部科学省，2012)。それに追い打ちをかけるように，学術研究の威信を揺るがしたのが，2014年に世間を騒がしたいわゆるSTAP細胞問題である。一研究者の悪巧み，あるいは生命科学をめぐる巨大な利権構造としてのみ語られがちであるが，筆者はこの問題を「無関心」というキーワードで捉えるべきだと発言してきた (鈴木，2015など)。

　言うまでもなく，事件の背景には，大学設置基準の改訂とそれに続く国公立大学・研究機関の法人化の中で研究現場に市場的な競争原理が持ち込まれたこと，また大学院重点化によって若手研究者の数が急速に増大し，彼らが深刻なポスト不足の中にいるという現実がある。それによって，一言で言えば，資金とポストの獲得のためにはなりふりは構わないという気分が研究現場に広がっているのは深刻だし，事件はその現れでもあろう。しかしより重大なのは，こうした現状も含めて，一般社会が学術研究の現場にほとんど関心を持たないでいた，それはすなわち学術研究を評価する軸を社会が持っていないということである。第2章で佐藤文隆氏が指摘するように，科学技術振興費の増大が国会の全会一致で，すなわち社会の争点となることなしに推進されたことも，そうした無関心の現れと言ってよいだろう。

　STAP細胞をめぐる熱狂と幻滅の騒ぎを，当初筆者は冷笑して見ていたのだが，メディアを通して映し出される市民の言説を目にするうちに，実はほとんどの市民 (やメディア) は，研究内容そのものや研究現場の現状には関心がないのではないか，と思うに至って，そのメディアの端っこにいる一人として，深刻に自省的に事柄を捉えるべきだと感じるようになった。学問への関心が一瞬でも高まるかに見えるのは，ノーベル賞云々というニュースが流れる一時のこと。たとえばそれらがどんな意味を持つのかといった本質的な

事柄は，市民に伝わっていない。その責任は学術出版にはないのだろうか。もちろん時々に，たとえば新聞の科学欄などで，比較的丁寧な解説は報じられる。しかし，一般市民が目にするのはせいぜいそこまでで，より突っ込んだ知的関心に答えようとするものは多くない。

　政治学者の片山杜秀氏は，筆者も翻訳出版に関わったウォーレス・ブロッカーの大著『生命の惑星』(原題 How to Build a Habitable Planet) を評して，「科学系の新書を100冊読むぐらいの内容がある」と言っている（鎌田他, 2015)。この本は，685ページ，定価6200円。その分厚さに一瞬怯むが「文系読者でも一気読み必至」(鎌田浩毅氏らの書評の見出しから)，しかも，書店に山と並ぶ新書が束になっても敵わないという趣旨だ。逆に言えば，数多ある新書の類は，日々の新聞の解説記事を丁寧に見ていればだいたい同じことが書いてあると言って良く，つまりは，筆者が現代日本の病理の一つと思っている「わかり易く，親しみ易く」のなれの果て，本質的・本格的理解にはほど遠い，お茶の間の知識の使い回しに過ぎないのではないか。筆者は他にも同様な厚手の学術書を日本語に翻訳出版する機会に恵まれたが，そのたびに，欧米の出版界には今もこうした分厚いレビューが君臨していることに感心している。これが，先に述べたメディア・コングロマリットの支配問題とどう関わるのか関わらないのか，興味深い点ではあるが，それは措いておこう。ともかく，この点に関して筆者がすぐに思い起こすのは，「ジャパン・アズ・ナンバーワン」と言われ，日本人がバブルに浮かれていたちょうどその時，アメリカの再生を目指して取り組まれた「Science for all Americans (すべてのアメリカ人のための科学)」(米国科学振興協会, 1989) という運動だ。このスローガンの下，米国ではたとえば女性のための科学講座といったものが旺盛に取り組まれ，その結果どうなったか。筆者の出会ったあるアメリカ人は，「宇宙開発の現場を見ろ。女性がたくさんいるだろ」と軽快に言い放った。ここで注意すべきは，この運動はもちろん国家的な戦略に基づいたものであるが，知識を，「国力」や「経済力」といった事柄だけでなく，個人の幸福，

特に未来の子どもたちの豊かな好奇心や美的な感受性との関わりで位置付けている点だ。

一方，バブル崩壊後の日本では，「大学改革」の名の下で教養課程廃止・専門重視の政策が導入された。本書第3章で苅谷剛彦氏が指摘する，「二つのレンズ」を通してデフォルメされた時代観に基づいた，「キャッチアップの終焉」時代の国家政策である。しかしそこで謳われた「創造性の育成」とは裏腹に，研究者も学生も自分の専門以外には目もくれないようになり，社会が知的関心を低下させていった。

(2) 将来のリーダーのための……──専門外への関心を育む

それにしても様々な学会に参加して苦笑するのは，学会員同士 (つまり広義には同業者) の間の質疑で交わされる「私は専門でないので分かりませんが」という常套句である。知識とは，本来様々な分野で積み重ねられた知的営みの総体であるはずだが，いまや学術成果の多くは，専門ごとに切り分けられた「情報」として，単に量的に蓄積されるだけの，もしかしたら同業者でも相互参照が不可能なコードになってしまったかのようだ (鈴木・高瀬, 2015)。同業者間でさえ参照しないようになっては，一般市民の関心が急降下するのは当然だ。まさしく冒頭に紹介したエヴァンズの言葉通り，「知の狭隘化」である (Evans, 2008)

こうした原理的反省に立って，筆者の勤務する京都大学学術出版会では，2014年から，「将来リーダーになる君へ──専門外の専門書を読む」と題した読書会を企画している。これは学生・院生に呼びかけて，「理系の学生には文系の本」を，「文系の学生には理系の本」を読んでもらうというものだが，たとえば後者の読書会は，元日本物理学会会長であり本書第2章も執筆されている佐藤文隆氏ご自身がチューターになって氏の著書 (『アインシュタ

インの反乱と量子コンピュータ』）を読むという贅沢なものである。

　開始して早々驚いたのは，理系の学生の中には高校で日本史，世界史を全く学ばなかった者がいる，ということだ。反対に文系の学生には物理未履修が少なくない。いわゆる「高等学校必履修科目未履修問題」と呼ばれるもので，大学受験に必要のない科目を履修させず，必要科目を集中的に学習させる高校（主に中高一貫校らしい）があるとは聞いていたが，実はつい身近に存在していたわけだ。それにしても，京大生のいくらかは中学生の歴史知識しか持っていないということ一つ取っても，由々しき事態だろう（自分のことは棚に上げてあえて言う）。しかし希望が持てるのは，そうした学生たちが，歴史未履修，物理未履修を決して良しとしていないことだ。むしろ劣等感すら感じていて，最初は恐る恐る参加しながらも，回が進むごとに積極的に予習してくる。そして自信満々発表したところが，「うん，よく調べたな。しかし君は今アインシュタインのその議論を，標準理論の中で位置付けたけれど，当時は標準理論なんてなかったんだよ」と佐藤氏に一言指摘されたときの学生たちの反応は，掛け値なく写真に撮っておきたかったほどのものである。つまり，科学の歴史は，その業績の意味をその当時の枠組みで評価するのでなく今日の到達点から語ってしまうと，「勝ち組の歴史観」にしかならないという戒めに，（中には他ならぬ歴史学を専門とする者もいる）文系の学生たちが，文字通り虚を突かれたように呆然としたのだ。こうした洗礼を受けた彼らが，将来，どんな研究生活，職業生活を送るのか本当に楽しみであるが，ここで思い出されるのが，カリフォルニア大学バークレー校の教授リチャード・ミュラーの実践だ。彼は1990年代から2009年まで，人文・社会科学を専攻する学生を対象に，数学のトレーニングを必要としない現代物理学の理論や歴史についての講義を行った。UCBの俊才達の間で好評を博したこの講義のタイトル Physics for future Presidents が示しているように，政界に出ようが経済界で凌を削ろうが，彼ら俊才の将来に必ず訪れるであろう意思決定の際に，法や政治や経済と言ったプロパーの知識はもちろんだが，

専門外の自然科学の素養が決定的に重要になる，というのが，ミュラーの信念だ．第6章でディヴィッド・ポスト氏が問うように，「大学ランキング」は，社会にとっては，大学や学問への支持をどう合理的に行うかという課題のための評価ツールとして，大学にとっては，社会と切り結びながら自らをどう改善して進むかという課題のための指標として利用し得るものでもある．そうした評価と，評価に基づく意思決定がより正しく行われるためには，評価システムの見直しとともに，それを支える知，とりわけ評価者たるリーダーの知のあり方を見直す必要がある．

そして高い専門性とともに，広い「専門外への関心」を育めた大学こそが，実は新しい世界秩序，社会秩序を構築する上で最も貢献した大学ということになるのではないか．学術出版に関わる立場からの，自省を込めた提案としたい．

参照文献

Bauerlein, M et al. (2010) We must stop the avalanche of low-quality research, *The Chronicle of Higher Education* (June 13, 2010).

Bennett, DC et al. (2007) Presidents letter (May 10, 2007: on a new approach to rankings of colleges and universities compiled by U. S. News and World Report).
http://www.educationconservancy.org/presidents_letter.html

米国科学振興協会（1989）「すべてのアメリカ人のための科学」（日本語訳版）
https://www.project2061.org/publications/sfaa/SFAA_Japanese.pdf

ボック，D（2015）『アメリカの高等教育』（宮田由紀夫訳）玉川大学出版部（原著：Bok, D, *Higher education in America*, Princeton: Princeton University Press, 2013）．

Bosch, S and Henderson, K (2014) Steps down the evolutionary road: Periodicals price survey 2014, *Library Journal* April 11, 2014
(http://lj.libraryjournal.com/2014/04/publishing/steps-down-the-evolutionary-road-periodicals-price-survey-2014/)

Bromwich, D (1997) Scholarship as social action, In Alvin Kernan (ed.), *What's happened to the humanities?*, Princeton University Press: Chapter 11.

Cheney, L (1991) Foolish and insignificant research in the humanities, *The Chronicle of Higher Education* (July 17, 1991).

D'Arms, JH (1997) Funding trends in the academic humanities, 1970–1995: Reflections on the stability of the system, In: Alvin Kernan (ed.), *What's happened to the humanities?*, Princeton University Press: Chapter 2.

Evans, JA (2008) Electronic publication and the narrowing of science and scholarship, *Science* 321: 395–399.

Garfield, E (1998) The impact factor and using It correctly. *Der Unfallchirurg* 101(6): 413–414.

—— (2005) The agony and the ecstasy: The history and the meaning of the journal impact factor, presented at the International Congress on Peer Review and Biomedical Publication, Chicago, U. S. A., September 16, 2005, p. 1

Hamilton, D (1991) Research papers: Who's uncited now?, *Science* 251: 25.

林和弘（2013）「研究論文の影響度を測定する新しい動き ── 論文単位で即時かつ多面的な測定を可能とするAltmetrics」『科学技術動向』2013年3, 4月号：20-29頁。

Hoffelder, N (2013) Amazon slayed a negative 77 indie bookstores in 2012, *The Digital Reader*, September 23, 2013, http://the-digital-reader.com/2013/09/23/

Hooker, B (2009) Scholarly (scientific) journals vs total serials: % price increase 1990–2009 (http://sennoma.net/? p=624)

Hunt, L (1997) Democratization and decline? : The consequences of demographic change in the humanities, In: Alvin Kernan (ed.), *What's happened to the humanities?*, Princeton University Press: Chapter 1.

鎌田浩毅・片山杜秀・山内昌之（2015）『文藝春秋』（五月号）鼎談書評「文系読者でも一気読み必至の「宇宙通史」！『生命の惑星　ビッグバンから人類までの地球の進化』（チャールズ・H・ラングミューアー，ウォリー・ブロッカー著/宗林由樹訳）」，http://gekkan.bunshun.jp/articles/-/1283

Kernan A (ed.) (1997) *What's happened to the humanities?*, Princeton University Press（邦訳　A・カーナン編『人文科学に何が起きたか ── アメリカの経験』（木村武史訳）玉川大学出版部，2001年）。

Kozlowski, M (2015) How much money do libraries spend on e-Books?, *Good-E-Reader*, September 6, 2015, http://goodereader.com/blog/american-library-association/how-much-money-do-libraries-spend-on-e-books

川口朋子（2014）『建物疎開と都市防空 ── 「非戦災都市」京都の戦中・戦後』（プリミエ・コレクション41）京都大学学術出版会。

Lariviere V, Haustein S and Mongeon P (2015) The oligopoly of academic publishers in the digital era. PLoS ONE 10(6): e0127502. doi: 10.1371/journal.pone.0127502

Lin, J and Fenner, M (2013) Altmetrics in evolution: Defining and redefining the ontology of

article-level metrics. *Information Standards Quarterly* 25(2): 20. doi: 10.3789/isqv25no2.2013.04
文部科学省 (2009)「知識基盤社会を牽引する人材の育成と活躍の促進に向けて」.
――― (2012)『科学技術白書〈平成24年版〉強くたくましい社会の構築に向けて ── 東日本大震災の教訓を踏まえて』日経印刷.
文部科学省科学技術・学術審議会学術分科会 (2009)「人文学及び社会科学の振興について (報告) ───「対話」と「実証」を通じた文明基盤形成への道」.
森崇英 (2010)『生殖・発生の医学と倫理 ── 体外受精の源流から iPS 時代へ』京都大学学術出版会.
中塚明 (2009)『司馬遼太郎の歴史観 ── その「朝鮮観」と「明治栄光論」を問う』高文研.
Peters, T (2001) Tom Peters' true confessions, *Fast Company*, 53: 80–92.
シフレン, A (勝貴子訳) (2002)『理想なき出版』柏書房. (原著:André Schiffrin, The business of books: How international conglomerates took over publishing and changed the way we read, Verso, 2000)
下村昭夫 (2008)「アメリカの出版・書店事情を考察する」国立国会図書館編『米国の図書館事情2007 ── 2006年度 国立国会図書館調査研究報告書』(図書館研究シリーズ No. 40), 社団法人日本図書館協会.
鈴木哲也 (2015)「「専門外の専門書を読む」読書会 ── 21世紀市民の「教養教育」を大学出版部が担う」『大学出版』103号, 20-23頁.
鈴木哲也・高瀬桃子 (2015)『学術書を書く』京都大学学術出版会.
田中克 (2014)「森里海の連環から震災と防災を考える」『防災と復興の知 ── 3・11以後を生きる』第2章, 大学出版部協会.
Thompson, JB (2005) *Books in the digital age: The transformation of academic and higher education publishing in Britain and the United States*, Polity.
Wilsdon, J, et al. (2015) *The metric tide: Report of the independent review of the role of metrics in research assessment and management*. DOI: 10.13140/RG.2.1.4929.1363
安岡健一 (2014)『「他者」たちの農業史 ── 在日朝鮮人・疎開者・開拓農民・海外移民』京都大学学術出版会.

第 3 部

ランキングと世界の高等教育の再編成

chapter 6

大学の「ワールド・クラス」競争と世界的な階級（クラス）闘争
デイヴィッド・ポスト

第6章 大学の「ワールド・クラス」競争と世界的な階級（クラス）闘争

　サービスやアイデアという商品の世界的な取引は，両者の市場シェアをめぐる競争を激化させる。これらの商品の生産に携わる機関も，トップランク入りを目指して互いにしのぎを削っているように思われる。
　かつて自動車や携帯電話の世界市場がそうだったように，グローバル化によって一部の大学とその国の政治家たちは，大学のサービスやアウトプットを評価するための共通の方法があるはずだという信念を抱くようになった。高等教育界には，普遍的な「通貨」を創り出すことで投資と投資収益の比較を可能にし，消費者たち（学生や企業）が国境にとらわれずに購買することを可能にし，労働者たち（教員と研究者）を現在よりも流動化させたい（効率化と資金節約のために彼らの仕事を外注化したい）と望む者たちもいる。こうした傾向は決して新しいものではないが，ここ数年で加速化してきている。アイデアの「ユーロ圏」的なものができることによって多くの恩恵（ベネフィット）がもたらされるのは事実であるし，本書刊行の基になった共同研究プロジェクトのような国際的な研究協力はその一例と言えるだろう。だが，恩恵だけでなくさまざまなコストも生じる。コストであると同時にベネフィットでもあると考えられる現象は，新たな世界的知識労働者階級による，自分たちの労働が生み出した製品に対する支配権を主張するための闘争である。おそらくそれは新たな「階級闘争」とさえ呼びうるものであろう。
　グローバル化が，形のないものを含むすべての商品を計測し評価するために一つの共通の尺度が用いられるはずだという想定を支持しているとして，この想定はそれほど信じ難いものなのだろうか。説得力には欠けているかもしれないが，少なくともありうることのように思える。例えばウラニウム，米，電力の購入に用いられる交換可能通貨はすでに存在している。いつの日か温室効果ガス排出量の取引と評価のためのグローバルな市場が出現するかもしれない。ならば，人的サービスの価値，あるいは美術，音楽，食べ物，美しさをはかる共通の尺度があってはならない理由は何だろうか。また，大学の比較指標となる効率性（さらには，聖堂，寺院，モスク，教会，ユダヤ教の礼拝

201

堂などの効率性）が，レンガ工場の効率性とは異なる方法で評価されなければならないのはなぜか。もし大学の目指す真の目的が，相互に代替可能で，世界経済において国境を越えた労働者として就労可能な，世界的に共通な学生「階級」を創り出すことにあるのだとすれば，大学の価値が比較可能でなければならないという主張は少なくとも成立すると思われる。また研究成果の消費者たち（製薬産業，ソフトウェア開発企業，あるいは軍需産業など）が，いまや文化や国の違いを越えて同じようなビジネス上の関心を共有していると仮定した場合にも，これは成り立ちうる。このような観点から見れば，知識の消費者たちの国際化は新しいタイプの大学，すなわち，世界中どこにでも移転可能でどこででも生産活動に投入可能な労働者と研究成果とを生み出す「ワールド・クラス」の大学を創り出して，同時にそのような大学から恩恵を受けるということになる。

1 「ワールド・クラス・ユニバーシティ」の優位性に関する三つの古典的な視点

　ワールド・クラスの大学の商品生産に携わっている者たちは，この新たな動きを理論化する国内外の情報源をもっている。国際的な議論をするには，カール・マルクス，エミール・デュルケーム，マックス・ウェーバーなどの古典的な理論家たちが，知識の生産と大学の機能についてどのような発言をしたかをふり返ってみるのがよいだろう。

　マルクス自身は，教育を生産の副産物として論じたことを除けば，教育について論じたことはほとんどない（例えば『ドイツ・イデオロギー』においてマルクスは，「物質的な生産のための手段を手中に収める階級は，そのことによって，同時に，精神的な生産のための手段をも意のままにする」と指摘した[1]）。し

---

[1] 和訳はマルクス，エンゲルス（廣松渉編訳，小林昌人補訳）(2002), pp. 110-111 より引用した。

かし言うまでもなくマルクスは，彼が「疎外（alienation）」と呼んだ，労働者と彼らの労働の生産物との関係について詳細に論じている。資本主義は労働者を彼らの労働から切り離し，彼らは生産物を所有することも支配することもできなくなる。自らの生産能力に対する支配を取り戻すための闘争は歴史を前進させる争いであるが，そのためには労働者たちは，支配階級の価値や観念（イデオロギー）に共鳴するような「虚偽の意識」ではなく，自分たちの現在の労働との関係，自らの利益との関係に対する正しい意識を持つ必要がある。

マルクスとは対照的に，エミール・デュルケームは，複雑な経済における分業の歴史的な進化を，かつて農民（ペザント）社会を統合していた「機械的連帯」の衰退へのやむをえない対応と捉えた。その土地の慣習，宗教，地域の言語は，全国的な規範にとって代わられた。全国的な規範によって，かつてあった複数の小規模な社会はより大きな一つの国民社会へと統合された。おそらくこれと同じ過程が，いま世界的な規模で起きているのではないだろうか。デュルケームの博士論文『社会分業論』は，封建社会から近代社会への発展がもたらした結果について論じた。彼は，国語の普及に伴う地域的な宗教や方言の消滅に注目し，かつては彼の言う「機械的連帯」において家族を結束させていたさまざまな地域的組織が，専門的職業にとって代わられたと指摘した。デュルケームによれば，家族間の大きな差異，さらには民族間の差異も，歴史が進むに伴い消滅した。デュルケームの観点からすれば，少なくともフランス国内においては，このような大きな差異は望ましくなかったため，その消滅は良いことだと見なされた。デュルケームは「地域的区分が皮相なものになればなるほど，そこの人々はより発展している」とまで断言している（Durkheim, 2014: 147）[2]。デュルケーム的に解釈すれば，高等教育のグローバル化は，すでに共和制フランスで地域的なアイデンティティ

---

[2]　和訳はデュルケーム（田原音和訳）(1971), p.183 より引用した。

や宗教的な差異を解消させたプロセスが自然に継続したものだと見なされるであろう（デュルケームは当然，ユダヤ人としての生い立ちにもかかわらず，世俗的，脱宗教的な方向をとった自分自身について考えていた）。グローバルな専門家たちが操るグローバルな言語は，世界的コミュニティへと向かう不可避的な進歩の象徴なのである。

　マックス・ウェーバーの考え方も，ランキングの登場と専門家資格を証明する世界共通資格の合理性について解釈する際に有用な指針となる。デュルケームと違ってウェーバーは，こうした事態を肯定的に見ることはなかった。官僚が大きな権限をもつ近代の官僚制度においては，役人たちは任務をこなすために学び，認定されねばならなかった。この学びこそが教育の目的で，専門知識習得の認定は，官吏（あるいは「官僚」）社会の支配の副産物である。

> 　過去において，祖先たちが選別されたのは，同等の家格や入信資格，官職に就く資格などによってであったが，今日では教育免状がその役目を引受けるにいたっている。（中略）教育の証書は，それをもつ者が社会的，経済的に有利な地位を独占することを正当化する。（中略）一定の学習課程や専門試験の採用を要望する声が高まるのは，突如として「知識欲」に目覚めたというよりも，教育証書の所持者が［有利な］地位につける者の数を制限しその地位を独占しようとする欲求を背景としているものだ。(Gerth and Mills, 2009: 241)[3]

デュルケームとは対照的に，ウェーバーは共通の一連の価値観を用いる専門家たちによる支配をいかなる規範的な意味においても肯定することはなく，官僚の権限拡大における避けがたい一歩に過ぎないと見ていた。また，労働者が自らの生産物への支配を再獲得することをさらなる進歩と捉えたマルクスの見方とも対照的に，ウェーバーは抵抗を無駄であると考えた。

　言語と思想の間には密接な関係があるため，こうした言語をめぐる争い，言語の借用・採用，言語の統制がもたらす影響は，きわめて重要な意味をも

---

[3] 該当部分 (Max Weber, *Wirtschaft und Gesellschaft*) の日本語訳に関しては，ウェーバー（阿閉吉男，脇圭平訳）(1978)，pp. 71-72 より引用し，適宜改訳を行った。

つ。ヨーロッパのポストモダンの論者たちを引き合いに出してそのことを強調することも可能だが，私はここでは，1930年代に米国の火災保険会社で調査官として働き，心理言語学の創設者となったベンジャミン・リー・ウォーフについて触れておきたい。ウォーフは，中米，米国の中西部とアラスカの土着言語に関する調査を次のように要約した。

> われわれは，生まれつき身につけた言語の規定する線に沿って世界を分割する。（中略）われわれは自然を分割し，概念の形にまとめ上げ，現に見られるような意味を与えていく。そういうことができるのは，それをかくかくの仕方で体系化しようという合意にわれわれも関与しているからというのが主な理由であり，その合意はわれわれの言語社会全体で行われ，われわれの言語のパターンとしてコード化されているのである。もちろん，この合意は暗黙のもので明文化などはされていない。しかし，ここに含まれる規定は絶対的に服従を要求するものである。この合意に基づいて定められているようなデータの体系化や分類に従うことなしには，われわれは話すことすらできないのである（Whorf, 1956: 212-213）[4]

ウォーフが指摘しているのは個々人のコミュニケーションについてであるが，これとは違ったレベルにおいても同じことが言える。つまり，何が重要かに関するさまざまな考え方の体系化と分類化について受容されている種々の合意（自発的なものであれ，そうでないものであれ）こそが，異文化間のコミュニケーションを可能にするのである。それらの合意を特定し明示化することは，研究成果の潜在的な利用者と生産者の双方にとって，特定の分野で生み出され刊行される学問業績の限界と可能性を認識する上での助けとなりうるはずである。それに加えて中等後教育では，ウォーフが行なった単純な指摘が生み出した波紋が，思いがけないさまざまな形でいまも感じ取られている。

4） 和訳はウォーフ（池上嘉彦訳）(1993)，p. 153 より引用した。

2 意図した結果と意図せざる結果

　高等教育において，普遍的な専門知識の生産を共通の尺度で測ろうという試みが，意図した結果と意図せざる結果とをもたらしてきた。意図した結果のひとつは，大学が質に対してより関心をはらうようになったことである。意図せざる結果は二つあった。ひとつは「質」という言葉が国境を越えて比較可能なものごとを指すように再定義されたことであり，もうひとつは各国の大学がこうした比較の基準にあてはまるものごとの生産に力を入れるようになって，比較しにくいものを低く評価するようになったことである。アメリカの研究者フィリップ・アルトバックは10年前に次のように指摘した。「論文刊行数は，科学情報研究所（ISI）などのデータベースに組み入れられている定評ある査読付き学術雑誌を重視することが多い。これらの学術雑誌は，主として英語で刊行され，米英の主要なアカデミック・システムの規範を念頭に置いて投稿論文を取捨選択している。英語はますます科学の共通言語となっているが，人文学や法学，その他多くの分野では，必ずしも中心的なコミュニケーション手段というわけではない。優秀さを測る代理指標としてノーベル賞受賞などの国際的な評価を用いることは，ノーベル賞の授与が行われていない人文社会科学系の分野を軽視することにつながり，途上国や，世界中の比較的小規模の大学をいま以上に不利な立場に置くことになる」(Altbach, 2006)。

　石川真由美は，タイムズ・ハイアー・エデュケーション（THE）がトムソン・ロイター社と共同で世界大学ランキングを作成・発表するようになった2010年に，世界のトップ200校入りする日本の大学数が，それまで数年間は11校だったものが，突然わずか5校へと激減した際に，このニュースが日本で深刻に受け止められたことを紹介している（本書序章を参照）。石川は，いわゆるSTEM系の分野（自然科学，科学技術，工学，数学）と人文社会科学

系の分野の方向性の違いと，すべての学問領域を組み入れた単一の大学ランキング方式を編み出すことの難しさについても論じている。そして彼女は，アルトバックよりもはるかに悲観的な，次のような結論にたどりつく。「『ワールド・クラス』の大学とか『グローバル・エクセレンス』といった輝かしいイメージとは裏腹に，世界大学ランキングは，アカデミック・コミュニティにおける閉鎖性を，低減するどころか助長しているように見える。引用し，引用されることを通じて，論文の生産量もインパクトの測定値も増え，大学は数値の上では繁栄するかもしれない。世界有数の大学づくりを目指す競争の背後で，ランキングと監査システムの支配下では，自らの創造性を高めるよりも，姑息な手段に訴える者もでてくる」(Ishikawa, 2014)。

単一の複合尺度を用いて大学をランク付けしたり，あるいは「ワールド・クラス」の大学を特定したりすることに伴うこうした問題は，他の領域よりも言語が重要な位置を占める学問領域においてより深刻である。法学，社会福祉，哲学，詩学といった学問領域には個々の国に固有な伝統が色濃く残っているが，そうした領域でも研究者たちは現在，（競争的に定義される）「優秀さ・卓越性」を目指せという圧力に他の領域と同じように直面している。個々の研究者の，そして大学全体の優れた学問業績の生産性が，「国際的な」学術雑誌（おそらく「英語の」学術雑誌の婉曲表現だが）に刊行された論文数を尺度にして，比較されつつある。その一方で，グローバル化には，研究者同士の接触と，情報，価値観，問題の共有が進むというよい面もある。グローバル化はまた競争を促進し，そのために共通の研究課題に関する生産性も高まる可能性がある。しかしマイナス面として，グローバル化は学問のための単一の共通言語（通常は英語）の利用と，研究評価における特定の学術雑誌（ほとんどすべての「ランク付け」された学術雑誌は北米かヨーロッパで発行されている）の利用を促進する。グローバル化は同一化のリスクも増大させる。このような傾向は，英語圏の読者に伝えにくい内容の研究がないがしろにされる，という意図せざる結果をもたらす可能性がある（例えば，香港における

教育用の言語としての広東語と北京語の比較や，日本の人類学，あるいはスリランカのシンハラ語文学に関する研究など）。英語以外の言語の研究や，英語圏の読者にあまり関心のないテーマでも，英語での刊行を優先する研究成果の発信体制のなかで，大事にされていると言えるだろうか。

アカデミック・ランキングの主導者の一人である程瑩（チェン・イン）は，皮肉なことに，「トップ・ランキングはゼロ・サム的な性質を持っていて，上への動きも生めば下への動きも生みだす」との理由から，どの国もランキングの高い大学の数を増やすことを目標にすべきではないと慎重な態度である。程は上海交通大学の「世界一流大学研究センター」の所長を務めており，国が「大学のランキングを向上させるとか，トップランクの大学数を増やすという目標を追求することは，ランキング・システムが大学あるいは国が本当に望むような基盤に立ったものになるまでは奨励されるべきではない」と指摘している（Cheng, 2015）。しかし，ランキング・システムを特定の大学なり特定の国が望むことに合致させるためのメカニズムがあり得るとしたら，それはどのようなものなのか。

元世界銀行の高等教育プランナー兼リサーチャーのジャミル・サルミは，ワールド・クラスの大学をどのように考えるか，有効な方法を提唱している。それは，人材の集中，良好なガバナンス，潤沢な資金，という3つの重要な要件によって支えられる，3つの構成要素が重なり合って結合したものと捉える方法である（Salmi, 2009）。三つの要素の結合を示すジャミル・サルミの概念図は様々な面での議論を呼ぶという意味で有用である（図1を参照）。

大半のランキング尺度はごく限られた領域，通常は「研究の生産性」に関わる領域だけについて数量化を目指すが，これはしばしば批判の対象となる点である。英国教育研究協会（British Educational Research Association）のデイヴィッド・ブリッジス元会長は，これら大学の質の代替指標にすぎないものを達成目標として用いることに伴う問題を指摘した。彼によれば，「何かが手段であることから目標へと変わると，それは手段ではなくなる。問題は，

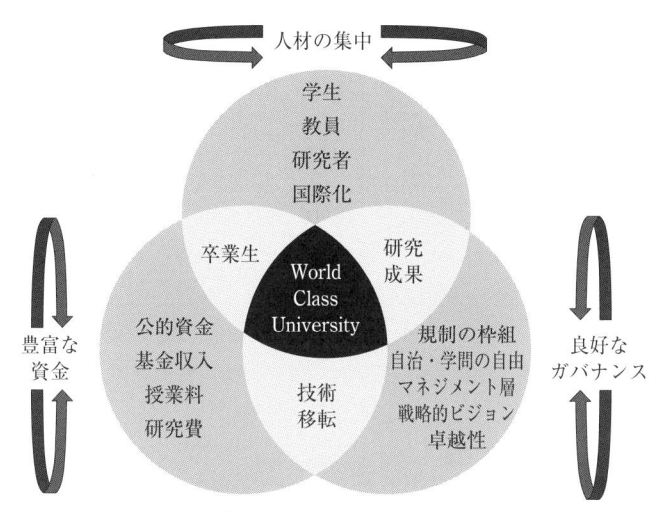

図1 ジャミル・サルミ（元世界銀行の高等教育プランナー兼リサーチャー）による「ワールド・クラスの大学」の概念

当初は経験的（外在的）な判断に基づいて質をはかる指標として使われていたものが，急速に，人々が達成を目指す目標に転化してしまうことである。それによって，行動がゆがめられ，もともと外在的な指標と内在的な質をあいまいに結びつけていた，そもそもの根拠や少なくとも背景が成立しなくなることである」(Bridges, 2009; Bridges, 2011: 33)。この指摘を，大学への予算配分が研究の生産性と結び付けられている国々に当てはめてみれば，指標が目標となってしまった場合には，質をしめす客観的な指標をさがすこと自体が困難となることがわかる。

サルミの概念図から想像しうるもうひとつの批判点は，学生の育成に関することである。大学はどんな学生を生み出すのか。良い市民か，良い労働者か，それとも幸福な人々か。教育への資金配分の権限が地方に委譲され，大学について判断する全国的な基準や数値指標というものは存在していないいま，これらの問いは米国の教育者たちの関心事となっている。例えば米国で

は，大学による社会的流動性の促進と学生たちの社会貢献度とを同程度に重視している二つの試みが存在している（『ワシントン・マンスリー』[Washington Monthly]誌と，『人生を変える大学』[Colleges That Change Lives]によるオルタナティブな評価方法を参照）[5]。ジャミル・サルミの概念図はさらに，教授の役割に関する重要な問いを提示するが，教員たちは知識の商品化における受け身の観察者ではなく，自分たちの労働が国際貿易の対象品目に転化されることを批判することができるはずである。サルミの概念図に基づいて提起可能な設問の例については，図2を参照されたい。

労働疎外に関する新マルクス主義的な見方は高等教育に適用できるだろうか。「ワールド・クラス」の大学というイデオロギーの背後に働いている構造的な力を認識することは，オルタナティブな径路を想像するための第一歩である。知識労働者の共通の関心は，知識を商品としてではなく，知識そのもののために発展させることである。その意味では，ワールド・クラスの大学というイデオロギーは，均質化に抵抗する研究者たちによる世界的な「階級闘争」につながるだろう。例えば周祝瑛は，SSCI（巻末「基礎解説2」参照）に収録されている学術雑誌（それらのほぼすべてが英文雑誌である）に論文を発表するよう社会科学者たちに奨励した中央政府の高等教育政策が，どのような結果をもたらしたかを分析した。こうした奨励策に対して2010年，3000人以上の台湾の大学教員が，SSCI収録雑誌への論文掲載数を大学の生産性指標として用いるのをやめるよう政府に要求する請願書に署名した（第8章周論文）。マックス・ウェーバーならばきっと，個々の学者たちがこのような新たな管理方式への参加や承認を拒否したりボイコットしたりしても，このような歴史の動きのなかでは遅きに失すると予言したであろう。英語での刊行物が支配的な社会科学系の学術雑誌に依拠するランキング・システムの強制に対して台湾の大学教員たちが示した反応を知ったならば，ウェー

---

[5] http://www.washingtonmonthly.com/college_guide/toc_2015.php　http://www.ctcl.org/

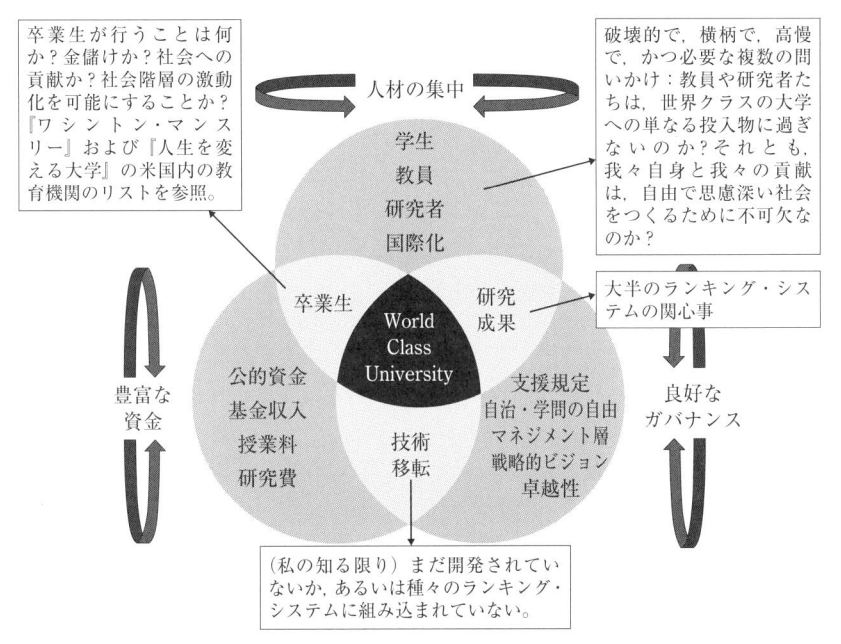

第6章 大学の「ワールド・クラス」競争と世界的な階級（クラス）闘争

[図の内容]

- 卒業生が行うことは何か？金儲けか？社会への貢献か？社会階層の激動化を可能にすることか？『ワシントン・マンスリー』および『人生を変える大学』の米国内の教育機関のリストを参照。

- 人材の集中
  - 学生
  - 教員
  - 研究者
  - 国際化

- 破壊的で，横柄で，高慢で，かつ必要な複数の問いかけ：教員や研究者たちは，世界クラスの大学への単なる投入物に過ぎないのか？それとも，我々自身と我々の貢献は，自由で思慮深い社会をつくるために不可欠なのか？

- 卒業生
- 研究成果
- World Class University
- 大半のランキング・システムの関心事

- 豊富な資金
  - 公的資金
  - 基金収入
  - 授業料
  - 研究費

- 技術移転

- 支援規定
  - 自治・学問の自由
  - マネジメント層
  - 戦略的ビジョン
  - 卓越性

- 良好なガバナンス

- （私の知る限り）まだ開発されていないか，あるいは種々のランキング・システムに組み込まれていない。

図2　サルミの概念図から想像しうる，「ワールド・クラスの大学」概念への批判点

バーはおそらく驚いただろう（Chou, 2014）。しかし，官僚の権威に関する理論が台湾における事態を説明するには不適切だということは，ウェーバー流の解釈の限界を示しているのかもしれない。

　台湾の反対運動が部分的にでも成功するならば，この運動は評価の尺度そのものを拒否することはできないまでも，少なくとも民衆と政治家たちが重要と考えるオルタナティブな尺度を提案することはできるかも知れない。米国では，教授陣が発表する研究成果よりも，スポーツチームのおかげで高い知名度を得ている大学も少なくない。また国によっては，大学が産業開発の担い手として知名度を高めているケースもある。おそらく必要とされるのは，大学全体をまとめて評価するのではなく，複数の大学院や学部に分けて考えることである。ランキングがなくてはならないものならば，少なくとも高等

教育の多様な目的が考慮されるべきである。本章で取り上げた米国における二つのオルタナティブな取り組み（『ワシントン・マンスリー』誌と，『人生を変える大学』の評価方法）は，いくつかの可能性を示唆している。それ以外にも，我々大学の教員は，種々のランキング・システムによって我々の仕事がどう変化しているかについて注意深く検討する必要がある。研究評価に携わる大学教員たちは，米国の大学の認定制度を参考に，評価がどのように行われるべきか，いくつかの具体例を見出すことができるだろう。米国での外部評価の具体例を無作為抽出してみれば，今日アジアの多くの地域でなされている大学と大学教員の評価方法との違いが明確になる。ピッツバーグ大学の場合，民間の認定評価機関の一つである中部諸州高等教育委員会（Middle States Commission on Higher Education）による認定評価が定期的に行なわれてきた。2012 年，ニューヨーク大学総長ジョン・ブラクストンを長とするグループによって作成された報告書は冒頭で，「ワールド・クラスの研究大学としてのピッツバーグ大学の名声は着実に向上してきた」と記している[6]。しかし報告書は，同大学内部における高度な研究やその他の成果の測定方法についても論じており，その中で次の点を強調している。

「ピッツバーグ大学は賢明にも，評価の実施方法の分散化をはかることによって，個々の研究ユニットがその置かれた状況に適切な評価方法を編み出すことを可能にすると同時に，一方で，そのようにして編み出される尺度が，厳正で，有意義で，目的と密接に関連づけられることを重視している。このように，評価を担当する部署が別に設置されるかわりに，個々のユニットが研究成果と自らが表明した目標達成への進捗状態について評価する責任を担う。個々のユニットが提出した証拠資料は，次いで，文書による報告プロセスと，計画，評価，予算配分との関連づけにより評価される。すなわち，評価は，重要な意味をもつ結果に直結するのである。この分権的アプローチは，

---

[6] http://www.middlestates.pitt.edu/sites/default/files/middlestatesfinalreport1.pdf

評価プロセスに対する強い当事者意識を生み出してきたが，その意識は当初この評価プロセスを疑問視していた人々にも共有されるほどの広がりをもっている。それと同時にこの評価プロセスは，大学の目指す目標を達成するためにも使われる。ピッツバーグ大学ではすでに，大学レベルの目標と個別のプログラム・レベルの目標が全学をあげて作成され，現在ではより明確化されている。個々のアカデミック・プログラムは，それぞれのミッションにふさわしい，学生が達成すべきゴールと目指すべき目的を打ち出している。学生たちの学習目標の達成度とプログラムの成果を評価するための適切な方式もすでに発見，導入されており，いまではさまざまな定量的ないし定性的な尺度が評価方式に組み込まれている。評価結果は，カリキュラム，プログラムの有効性，学生の経験，教育内容を改善するために活用されている」。

3 知識労働者たちは基準を自ら定められるか
—— 結びの問い

　学術研究は今後，どのように評価されるのだろうか。そして，そうした評価が最終的に重要だと見なされる根拠となるのはいったい何なのだろうか。また，大学の教員たちは，さまざまなグローバル・ランキングに対して，実際にはどんな意見を持っているのだろうか。今後の1年間，私は自分が所属する米国の大学の教員たちが発表した研究成果について調べてみたい。そしてゆくゆくは，彼らがさまざまな圧力のために，「国際的な」学術雑誌に掲載される可能性がより高い研究領域へと研究テーマをシフトさせたのかどうかを見極めたい。英語を用いる研究教育機関に所属する私の同僚たちは，そのように研究テーマを変える必要に迫られたこともなければ，自分の所属する機関のランキングについて真剣に考えざるを得ない立場に立たされたこと

もなかったのではないかと推測する[7]。私はプレッシャーが常に悪いものだとは思わない。プレッシャーのおかげで，自己満足に陥らず，エネルギーを与えられることもある。しかし，高等教育の目的の中で重要なのは，我々が個人として行うことと，我々が属する特定の社会のためにささやかな創造力と努力を提供しつつ集団で行うことの両者について，何をするのか，なぜするのかについて，批判的に思考することである。そのような熟考の後に，ある国の知識労働者たちは，すぐれた大学の質について，複合的で相互補完的な基準を自ら定める力を取り戻すことを望むであろう。

（藤井翔太・堤亮介 監訳）

参照文献

Altbach, P (2006) The dilemmas of ranking, *International Higher Education*, 42, (Winter).

Bridges, D (2009) Research quality assessment in education: Impossible science, possible art?, *British Educational Research Journal*, 35: 497–517.

Bridges, D (2011) Research quality assessment: Intended and unintended consequences, *Power and Education,* 3: 33.

Cheng, Y (2015) Academic ranking of world universities: Changes in world higher education?, *International Higher Education,* 42, (Winter).

Chou, CP (2014) The SSCI Syndrome in Taiwan's academia, *Education Policy Analysis Archives*, 22, (29). http://dx.doi.org/10.14507/epaa.v22n29.2014.

Durkheim, E (2014 [1893]) *The division of labour in society*, edited by Steven Lukes, New York: Free Press.（エミール・デュルケーム（田原音和訳）『社会分業論』（現代社会学体系 2），青木書店，1971）

Gerth, HH and Mills, CW (eds.) (2009) *From Max Weber: Essays in sociology*. New York: Routlage.

---

7) 北米の学者・研究者は，競争の結果が冗談ごとでは済まないような国々の学者・研究者ほどには，ランキングを真剣に考えなくてもよい立場にある。*US News and World Report* 誌が作成したランキング（と自動車雑誌 *Car and Driver* 誌が用いたランキング）についてユーモラスに論じた論評として，カナダ人の著述家マルカム・グラッドウェルが雑誌『ニューヨーカー』に寄稿した次の記事を参照されたい：http://www.newyorker.com/magazine/2011/02/14/the-order-of-things

Ishikawa, M (2014) Ranking regime and the future of vernacular scholarship, *Education Policy Analysis Archives*, 22, (30). http://dx.doi.org/10.14507/epaa.v22n30.2014.

マルクス，K．エングルス，F（廣松渉編訳，小林昌人補訳）（2002）『ドイツ・イデオロギー』岩波書店．

Salmi, J (2009) *The challenge of establishing world-class universities*, Washington, D: The World Bank.

Whorf,. B (1956) *Language, thought, and reality: Selected writings of Benjamin Lee Whorf*, edited by JB Carroll, Cambridge, MA: Massachusetts Institute of Technology Press.（B. L. ウォーフ（池上嘉彦訳）『言語・思想・現実』講談社，1993）

ウェーバー，M（阿閉吉男，脇圭平訳）（1978）『官僚制』恒星社厚生閣．

chapter 7

高等教育グローバル化に目覚めた中国
―― 大学の国際化と海外拠点の活動を通して

大谷順子

1 大学グローバル化の参与観察
── 最前線からのレポート

　本章では，大阪大学および前任の九州大学において筆者が高等教育におけるグローバリゼーションの波を感じてきたこと，特に平成 26 年 4 月より大阪大学東アジアセンター（海外拠点　上海オフィス）の責任者として活動する中で理解してきたことを論じてみたい。その際，筆者が大学教員となる前に経験したアメリカ，イギリス，スイス，中国への留学，あるいは中国を含めた国際機関における勤務経験等の個人的体験を通して得たグローバル人材というものへの理解を織りまぜるようにしたい。

　多くの大学人が感じていることと思うが，今日，文科省が求めてくる 5 年という期限付きの多額の競争資金方式による学術振興は，制度として期限内の「評価」を伴うが故に，必然的に短期的な成果を関係者が追い求めるようになる。大学世界ランキングにおいても同様であり，上位を目指せばその評価基準に応じてどうしても短期の成果を上げることに集中せざるをえない。しかし，多くの技術イノベーションが長期 (20 から 50 年) の持続する努力によって生まれるのと同様，いやそれ以上に，学術研究は長期的な努力がその結果を左右する。このことに関わって，麻生渡氏 (前福岡県知事，元全国知事会会長，福岡工業大学最高顧問) は，地方大学は，グローバル時代の世界競争の渦中で闘っていかなければならない先端大学と距離を置き，その落ち着いた環境を生かして，長期的基礎的な研究に取り組むべきであると語っている (平成 27 年 10 月 9 日，国立大学協会の大学マネージメントセミナー「地方創生と大学」での基調講演)。麻生知事 (当時) とは，福岡県庁の福岡女子大学改革委員会でご一緒したが，当時勤務していた九州大学とは違う地方の公立女子大学の良さを活かしてのグローバル人材育成のための改革について，大いに話し合った。

　ちなみに文科省も好む，「イノベーション」という流行語は，「技術革新」

とか「新しい技術の発明」等の意味で広く使われているが，そうした訳は正しくない。新機軸，新結合，新しい切り口，新しい捉え方，新しい活用法，あるいはそれを創造する行為という意味が英語としての意味であって，すべての領域に関わる概念で，決して一部の研究分野に焦点を当てるための概念ではない。オーストラリアの大学でも今，教育学から海洋学まで広く使われるが，実用的で，アウトプットを重視し，人類の生活を向上する成果を出すという意味で用いられる。理系だけでなく，人文社会系においてもイノベーションは長期の持続する努力によって生まれるのであって，短期的な世界ランキング入りを目指すだけでは達成し得ない。

　もっとも，筆者自身，大学の世界ランキングについてこのような疑問を持つ一方で，大学の海外拠点の一員として活動を続ける中で，ランキングが重要となっている現実に直面することも少なくない。たとえば中国では，一般に日本の大学は東京大学と早稲田大学のみが知られていると言っても過言ではない。筆者の勤務する大阪大学について言えば，大阪は大きな都市なので，「まあ大阪大学というのもあるだろう」と思われている程度で，京都大学に対してでさえ同様な認識であったりする。そこで2013年迄であれば，「大阪大学の世界ランキングは49位で，北京大学より少し上です」と中国の研究者に言うと，目を丸くして態度が急変することが常であった。しかし，それも数年前までのことであり，2014年には，大阪大学が北京大学に追いこされるランキングが出始め，この原稿を執筆中の2015年10月1日には，「世界大学ランキング　東大　アジア首位から転落」という報道が各誌でなされるようになると，今後の反応はいかばかりであろうか。

　このように，東大ですら，世界ランクで低迷している。そして「国際報道」によると，東大のランキングが下がった大きな理由の一つは，「国際化」指標で点数が低かったからだというのである。阪大のランキングが下がった理由の一つもまた同じだと思われる。ただし，国際化指標の点も低いが，ランキングにおける国際化指標自体の配点ウェイトは低いのでそちらの影響ばか

りが大きいとは言えない。もう一つ，中国と差をつけられた要因の一つに，産学連携がある。中国の場合，企業との研究開発協力が評価されているわけだが，これについては後にも述べるけれど，中国という国自体が巨大企業と化しているのだから，当然と言えば当然である。つまり，もともと国営企業ばかりだった改革開放以前の社会主義時代からの流れはもとより，今日の海外進出についても政府の全面的バックアップと政策の下にあるという点で，国の体制が日本とは違う。大学などの研究機関も，国家的な企業・産業の育成，国力増大のための科学技術の発展政策の一部として関連づけられているのだから，日本の大学にあるような産学連携の壁が中国にはない。それどころか方向を決めたら急速に突っ走る体制なのである。

(1) 世界大学ランキングの広報的効能

　世界ランキングに振り回されてはいけないと疑問を強く持つ一方で，この間のランキングの急変動により，中国のトップ大学とも大きな差をつけられてしまうと，海外での広報活動において，わが大阪大学を売り込むのは大変だというのも事実なのだ。
　こんな事例もある。2014年10月にモンゴル政府教育省を訪問したときのことだが，「世界ランキング100位に入っている大学に留学する学生にはモンゴル政府が奨学金を出します。日本では東大，京大，阪大です」と説明された。このとき，名古屋大学の関係者から，いったいどのランキングを見ているのか，名古屋大学はノーベル賞を多く取っている，との物言いがついた。ちょうど，ノーベル物理学賞日本人トリプル受賞のニュースで沸いていた頃であったが，モンゴルではなぜかそれが注目されていなかった。中国では大きなニュースになっていて，中国政府は（平和賞ではない）ノーベル賞受賞者を輩出することを目指して投資を行っている。ノーベル賞受賞者を中国の大

学に招聘する予算も設けられ，ノーベル賞級の学者を招聘したいという相談は多い。

　それにしても，大阪大学が世界ランキング100位に入っているのは，理系のお蔭である。ランキング自体がそれを評価するようなものになっているからだ。その一方で，即戦力の人材育成ができていないと経済界から不満が出ていて，文系は肩身の狭い思いをしている。筆者の所属するのは人間科学研究科だが，部局長運営会議から戻ってきた研究科長が，「理系は10位に入ったり，免疫学で1位になったりしているのに，文系は200位にも入っていないと肩身の狭い思いである」と教授会で報告したりする。文系不要あるいは1学部に統合する改組への圧力もある。ハーバード大学などのように，人文社会系は世界ランキングなど気にせず，どの出版社からどのような著書を刊行し，それがどの学術誌に誰からどんな書評を得たか，ということで評価されていることに自信をもって，どんと構えることはできないのだろうか。

　こんなことを言うと，他大学の関係者からは，「それでもまだ阪大はいいですよ。うちはもっと大変です」などと言われる。それももっともな話で，地方大などは少子化の波を受け，今や私立大学のおよそ半数が定員割れに陥っている。地方の特色を活かしながら，複数の大学で連合体をつくって積極的に売り出すなどの動きもあるが，手さぐりの状況で，大きく揺れている。いま大学にとって「グローバル化」は経営上も喫緊の課題で，生き残りをかけた取り組みが始まっている。「スーパーグローバル大学」37校が国によって採択され，大阪大学もその中に入ったものの安心はしていられない。2015年8月にメルボルン大学に滞在する機会を得たが，同大学の国際本部からは日本の「スーパーグローバル大学」制度に興味があるとの話があった。国策によるANU（オーストラリア国立大学）を別にするとオーストラリアでトップ大学であるメルボルン大学も，高等教育のグローバル化に対応するために模索しているということである。事実，大学の財政の4割を中国人留学生が払う高額な授業料に頼っているのだという。国を背負っていく人材を育てる

トップ大学が，このように他国に左右される状況になっていてよいのか。事態は危機的と言える。「グローバル化戦略」が注目を浴びているが，これからの時代，日本の大学にはどんな役割が求められるのかを考える参考にもなる例である。

　全人口数が数百万人と少ないニュージーランドにおいても，中国人留学生は大学存続を左右する頼みの綱である。ニュージーランドには8つしか大学がないが，それでも，全人口数に対して多すぎるという議論がある。2011年のカンタベリー地震の後，南島のカンタベリー大学などでは多くの学生が入学を控えたり，転校したりした。その時，学生を獲得するために貢献したのが中国人である。もともと総合大学であるところが人文社会系が縮小され工科大学化して行く中で，孔子学院の支援する中国語専攻は生き残った。南島のカンタベリー大学だけではない，北島のオークランド大学でも中国人学生がキャンパスを闊歩しており，英語より中国語のほうをよく耳にする。街には，「留学・移民」斡旋所の看板が多い。

(2) 国際共著論文の増加の陰で

　中国の大学がランキングの番付を上げている要因の一つに，国際共著論文の増加がある。これは，アメリカやオーストラリアの大学に留学した中国人留学生が，留学先の指導教員や研究室メンバーと共著で論文を発表する機会が増えていることも反映している。日本人研究者の場合も同じことが言えるのだが，中国からの留学生数の増大は圧倒的だから，共著論文の数も飛躍するわけである。後述するように，その躍進には目を見張るものがあるし引用数の高いものも多い。しかし，発表論文数が増えているほどには，その質が向上しているわけではないことも指摘されている。中国の大学を卒業して大学院に留学してくる留学生たちを見ていると，大人数の学生に対して基本的

な論文執筆の基礎も指導しないまま卒業させているのではないか，と疑うことも少なくない。履歴書には卒業論文を書いたようになっているが，実際に卒論を見せてもらうと，これが論文かというものも少なくない。先行研究レビューも無く，ネット記事のコピペで終わっているようなひどいものもある。それが，いわゆる名門大学の卒業生だったりする。実際，上海のあるトップ大学の教員から，「学生数が多すぎで論文執筆の指導もまともにしていないので，まずは基礎的な指導からお願いします」と言われたこともある。留学のための情報は出回っているので，大学院出願の申請書につける研究計画書などはきちんと書かれているのだが，実際，入学させてみると，まったく研究計画もかけず，論文執筆の基礎もわかっていないことが少なくない。論文を見たことがあれば，見よう見まねでせめて体裁だけでも整えられると思われるのだが，そのレベルにさえ達しておらず，コピー文化と言うか，基本的なトレーニングに欠けている。この問題は，アメリカやオーストラリアの大学教員などの間でも懸念されていることだと聞く。留学生を受け入れる側にとっても，卒業させるまでに，この点での指導がきちんとできていなければ，卒業生たちがそのような論文を継続して出し続ける危険性があるわけだから，注意が必要だ。

　筆者は，2015 年 11 月，浙江大学で開催された環太平洋大学協会博士課程学生会議（APRU・DSC）に教員として参加した。中国人学生が多かったが，オーストラリア，ニュージーランド，アメリカ，日本，ロシア，タイ，マレーシアなどいろいろな国の大学から博士課程の学生が集まって発表を行った。基調講演では徐立之前香港大学学長などの素晴らしい講演があり，また，エルゼビアが学術論文の書き方，投稿の仕方について，基本的な説明を講義してくれたので，院生たちには良い機会である。私が担当した社会学系のセッションでは，9 人の博士課程の学生も発表したのだが，事前に送られてきたペーパーを見て仰天した。中国人でもオーストラリアの大学で教育を受けた院生のものなどは論文として整っていたのだが，程度の差はあれ，中国の某

大学の院生の提出した9本ともが論文の基本的体をなしておらず，参考文献の引用の仕方も不十分で，いろいろなところからとってきた図表の出所も明記されていない。コピペとすぐにわかるところもある。いちいち厳しくコメントをするわけだが，こんなことで時間を取っていたら，もともとの研究内容について議論する時間が無くなってしまう。その大学は，中国のトップ大学の一つであり，本来優秀な学生たちである。その博士課程の学生がこのようなペーパーを提出するのを許した教員の指導状況に驚いたことであった。大学のグローバル化に腐心することは大事だが，「ランキング」の影に隠れたこうした実態を冷静に見ておく必要がある。

(3) 学内インフラ整備とランキング

　大学世界ランキングが必ずしも実質的な教育・研究の水準を反映していない，という実態を挙げる例は他にもある。昨今，中国や韓国の大学がランキング順位を延ばしているケースの中には，研究成果が必ずしも良くなくても，大学設備インフラ投資が評価されている例も見受けられる。現在，中国では次々と大学の設備投資が図られており，北京大学等の主要大学は5つ星レベルのホテルを建設し，国際会議やシンポジウムを開催しやすい環境を整え，ノーベル賞級の学者を招聘することに必死になっている。この数年は，西部の大学でのインフラ投資も進み，西安交通大学（もともと上海の名門である上海交通大学とルーツを同じくし，2016年4月8日には創立120周年を迎える）や新疆大学，新疆師範大学なども，広大な新キャンパス移転をどんどん進めている。先に挙げた浙江大学では，新たに8000人の学生を収容する新国際キャンパスの造成が進んでいる。中国の大学なので学生寮も完備されていて，留学生も招いて国際化を図る計画である。その規模の大きさは，なかなか日本では真似できない。浙江大学は，中国の大学ランキングでは北京大や清華大

よりも上で1位になる年もめずらしくないトップ校であるが，浙江省杭州という地理的な知名度が北京や上海ほどではなく，いわば地政学的な利を持っていないことが大学の知名度にも影響している。そこで浙江大学では，大学の世界ランキングを上げることで攻勢をかけており，大学間交流協定を世界のトップ10校と結ぶなどの取り組みを行っている。また，新疆大学などは，必ずしも全国であるいは世界ランキングで上位に入っているわけではないが，その地政学的重要性もあり，中国政府が名実ともに重点大学とするための政策を取っている。実際，北京大学，清華大学，上海の各トップ大学，武漢大学などが一対一の支援（いわゆる対口支援）をして，新疆大学のランキングを上げるよう協力を開始している。また，資源国であるカザフスタンをはじめ，近隣の中央アジア諸国との学術交流や留学生の受け入れも国策として進めている。

(4)「ランキングビジネス」の裏事情

ところで，世界ランキングについて，最近，いろいろな大学から次のような困惑の声が聴かれる。2015年10月の日中学長会議の際にインフォーマルに聞いた話では，九州大学では世界ランキングについて説明に来たヨーロッパの某民間企業から，説明の最後に「ところでランキング報告書に載せる大学の広告料400万円を出しませんか」という話が出たそうである。それでランキングが上がるとは言わないのだが，無言の圧力がある。日本の国立大学がそんなお金は払えない。しかし，中国の大学等は払っているようである。また，2015年12月に香港科技大学で開催された東アジア研究型大学協会（AEARU AGM）会議で，日本の某大学関係者からインフォーマルに聞いた話では，やはり世界ランキングに関係のあるアジアの民間機関がトップの取材という理由で大学を訪れ，やはり最後に広告料200万円を出しませんかと言

われたという。その大学の場合は学長への面談ということだったが，翌年もまた連絡をしてきたので断ったところ，「去年もお会いしている学長が断るはずがない」としつこく言ってくるらしい。いわばランキングの裏事情ということになるのだろうが，皆一様に困惑しているのが実情だ。

　いずれにしても，世界ランキングが落ちることは，アジアのどの大学にとっても一種の脅迫のようになっていて，香港では，香港大学と並ぶ名門香港中文大学もランキングが落ちてきているとオロオロしているし，間もなく創立25周年を迎える新設大学である香港科技大学はすでにランキングで香港トップに上がってはいるのだが，香港の絶景が見える山の上に国際会議場をつくり，国際シンポジウムを次々と主催することが知名度を上げ，ランキングを上げることに貢献するというのだ。

2 大学グローバル化の情報チャネルとしての海外拠点事務所

　周知のように，日本の各大学が中国をはじめ世界各国に海外拠点事務所を開設している。大阪大学について言えば，サンフランシスコ（北米センター），バンコック（ASEANセンター），グローニンゲン（欧州センター）に続く，4つ目の海外拠点として大阪大学東アジアセンターが上海に開設された。大阪大学は，中国の多くの大学や研究機関と多数の大学間交流協定や部局間交流協定を締結し，研究者及び学生の交流を積極的に展開しており，2009年当時約1600人だった留学生を10年後には3000人と倍増し，そのうち中国からは，当時450人余（全体の約3割）であったものを全体の約4割に，つまり1200人とする目標を掲げている。2014年現在，大阪大学の留学生2000人のうち，800人は中国からの留学生である。

　海外から来日する留学生の中で中国人留学生の数が最も多いことは周知の通りであるが，近年，中国から諸外国に派遣される留学生の数は急速に伸び

続けているものの，日本への留学は横ばいとなっている。このような状況を踏まえ，以前にも増して，中国人留学生の受け入れを強化し，経済発展した沿海部に限らず，中国の西部や内陸部からも優秀な人材を集め，さらには中国，台湾，韓国はもとより，中央アジアも含むより広い地域の高等教育機関との連携や学生交流を推し進めるための拠点が，筆者の勤務する大阪大学東アジアセンター（通称，上海オフィス）である。

　大阪と上海は姉妹都市の関係にあり，上海は中国のハブとして，中国全土とも結ばれている。中国においてもトップレベルの大学が上海とその周辺に多く存在している上，中央集権国家の中国において極めて政治色が強く，日中関係の動向に強く影響を受ける北京に事務所を構えることに比べると，上海にオフィスを置く利点は小さくない。

　東アジアセンターの活動は多岐にわたるが，たとえば，2015年5月に開かれた第14回中国大学生日本訪問プロジェクトでは，筆者の専門である災害国際比較研究をテーマにして，環境問題と並んで日中が協力していく重要な分野である災害について学生たちの交流が行われた。なにより日中双方の学生にとって，自らの研究生活を活かす場を考える良い機会になっている。日本から中国への留学生数は増えているが，その多くは中国語の語学留学生であり，中国経済の存在感から中国語教育がますます重視されていることが反映しているといえる。しかし昨今では，語学留学ばかりでもなくなってきている。たとえば2014年の大学生訪日プログラムに参加していた大阪大学の日本人男子学生は，博士研究員として北京大学に2年間の予定で赴任することが決まっているという。これまで中国に縁や関心があったわけではないのだが，彼の専門分野（化学の一分野）では，北京大学から近年，斬新な研究論文がどんどん発表されているので，ぜひその研究室に行って勉強したいのだという。中国からはあらゆる分野で日本への留学希望者がいるが，日本から中国へ留学するのは語学留学者がほとんどで，協定を結んでも短期研修プログラムを準備してもなかなか留学してくれない，というのがこれまでの認

識だったが，海外拠点事務所を基盤にした交流事業を通じて，そうした不均衡が解消されていくのは大切なことである。

こうした教育面はもちろん，東アジアセンターではいろいろな国際共同研究の支援活動を行っている。日本とも関係の強い経済発展の進んだ中国沿海部だけでなく，内陸の新疆大学，さらには国境を越えてカザフスタンの大学と，シルクロードをキーワードに国際共同研究を繋いでいる。言うまでもなくアジアの資源国カザフスタンとの学術交流は国益のためにも重要であり，またモンゴルとの交流も豊かな未来を期待させる。言うまでもなくこれら内陸部の地域は，少数民族問題と資源問題に関わって中国政府にとってかなりセンシティブな地域でもある。だからこそ「一帯一路(シルクロード)政策」として，習近平政権も中央アジアとの繋がりを強化しようとしているのであり，その意味で，日本だけでなくアジア全体の繁栄と安全保障に直結する。実際，この地域での大学プロジェクトは，生態学，地域研究，エネルギー，IT，ナノテクなど，あらゆる分野にわたっている。

言うまでもなく，世界の国々が少子高齢化の人口を抱える中で，大学教育の大衆化が進み比較的質の高い留学生を供給する中国は，人的資源としても，高等教育における国際化の波に乗る条件を揃えているといえる。しかし一方で，高等教育の国際化という圧力の中で，何事にも欧米方式の教育を取り入れることには，中国の高等教育の現場から戸惑いと反発が起きていることも事実である。大躍進のように見える中国の中にある悲鳴が聞こえてくるのも，海外研究拠点事務所ならではの機能であろう。次節では，グローバル化に揺れる中国の高等教育の現場について，レポートしてみたい。

3 中国における高等教育のグローバル化の波

高等教育分野においても進められた改革開放政策によって，中国における

高等教育の規模は拡大し，大衆化，規制緩和と競争原理の導入による高等教育の市場化と国際化が進んだ。すでに改革開放路線への転換以前から，重点大学の建設や高等教育分野における留学政策が国家の重要な戦略として位置づけられていたが，改革開放路線に転じた後には，211 工程（工程とはプロジェクトの意味）や 985 工程など，重点大学を支援する政策が次々に出された。211 工程は 1993 年，当時の国家教育委員会（現教育部）が 21 世紀に向けて 100 あまりの重点大学を構築することを目的として実施された国家プロジェクトである。985 工程は 1998 年，北京大学の創立 100 周年に際して，当時の江沢民国家主席が言及した「中国で世界一流大学を建設しなければならない」という発言を機に，1999 年から実施された国家プロジェクトである。ここでは 34 校の重点大学が指定され，校数は少ないが後者のほうが 4 倍近くの国家予算が投入されている。これらの 2 つの国家プロジェクトは，第 12 次五か年計画の中にある科教興国戦略（科学技術と教育によって国を興すこと）の中に，高等教育を向上させる重点事業として掲げられている。これらの支援は，Times Higher Education（THE）や上海交通大学高等教育研究所の大学ランキング結果としてその成果が表れているが，重点支援政策の下での大学間や研究者，学生間の国内競争のみならず，世界に門戸を開いたことによる一層激しい競争に曝された形で，大学の国際化がもたらされている。

(1) 学生の就職難と留学生の増加

先述した，各国への中国人留学生の増加もそうした結果の一つであるが，その背景として，中国の大学生が直面している就職難について，さらには中国の戸籍（戸口）制度についても理解しておく必要がある。中国では，1949 年の建国以来，計画経済に対応する高等教育制度のもとで，大学生の卒業後の就職先は国が計画し配分する体制（統一分配制度）が取られていた。学部や

学科の設置から学生の卒業後の就職先まで，国家による計画に基づいて大学の管理運営が行われていたわけである。学生が卒業後の職業を自分の希望で選べるようになったのはここ30余年のことである。1985年に公布された「中国共産党の教育体制改革に関する決定」においては，大学の自主権を拡大する方針が示されるとともに，学費を自己負担する学生の入学を認め，その学生は卒後の就職先も自分で選ぶことが許されることになった。1993年には「中国教育改革発展綱領」が公表され，統一分配制度についても見直されるようになった。学費の自己負担方式が拡大し，卒後の職業選択も現行の方法へと移行していった。逆に言えば，1990年代頃までは学生は職業を自由に選べなかったが，一方で，就職先は国家によって確保されていたということでもある。自由に選べるようになったということは，自分で就職先を見つけなければならなくなったということでもある。

　さらに1998年に公表された「21世紀に向けた教育振興行動計画」において，大学教育をエリート教育の段階から大衆化教育の段階へ引き上げる方針が出され，大学の進学率を2010年までに15パーセントにするという目標が打ち出された。その結果，2003〜2010年のわずか8年間に，大学卒業者の数は約3倍に増加した。1998年に9.8％だった大学進学率は，2008年には23.3％に達したのである。1998年の大学入学者数は108万4000人であったが2008年には607万7000人に増加し，その大学生たちが卒業する2003年頃から，大学生の就職状況は厳しくなっていった。

　中国の戸籍制度では，都市籍と農民籍の間で大きな差別がある。都市籍にはある社会保障制度が農民籍にはない。都市籍の中でも北京籍や地方都市の籍の間にも格差がある。大学の合格基準に差があるため，大学進学のみならず，就職，結婚，または大学生の恋愛事情にも大きな影響を及ぼしている。農村から都市部への戸籍の移動は，個人が自由にすることはできない。農民籍の者が都市の大学に進学することにより，大学在学中のみ都市籍に移ることができるが，卒業と同時にもとの農民籍に移されてしまう。都市で就職

きれば継続して都市籍を持つことができるが，一度，農村籍になると都市での正規就職が難しくなる。都市籍を取得できる就職先やポストは限られており，そのような求人への就職競争は非常に激しい。その都市の戸籍を取得していなくても，都市で生活すること自体は可能であるが，年金，医療，教育，住宅購入等の面において不利である。大学卒業後は海外に留学し，それを踏み台にして都市に就職するというのも，学生の生き残り戦略となっている。

　中国人留学生の推移を見てみよう。中国から海外への留学生はこの10年間で急増している。特に，米国への留学が激増している。日本へは増加していたものの近年伸び悩んでいる（図1）。中国の書店に行くと，以前は『留学指南』（留学ガイド）というカテゴリーだったものが，『留学・移民指南』と変わっている。前述したように，ニュージーランドのオークランドの町中には，「留学移民手続代行」の看板があちこちに挙がっている。メルボルン大学のトイレには，一面に，如何に留学に成功するか，オーストラリアへの移民に成功するかという内容のセミナー開催案内が貼ってある。留学に成功するとは，A評価を受ける論文を書くかどうかではなく，仕事を見つけ移民できるかどうかである。中国から大阪大学に留学したいと連絡を受けたその文面に，「わたしは阪大に何故留学したいか，それは，大阪大学は旧帝大のひとつであり……」で始まるものを続けて受け取ったことがある。中国からの留学生がこのような下りで始まる文章を書いてくることに驚き，かつ，繰り返されたことをいぶかしく思っていたところ，北京の大型書店に積み上げてあった『留学・移民指南』に各大学の紹介頁があり，大阪大学のところにその同じ文章があったのだ。つまりその本の例文どおりに書いてきていたようである。日本への留学生数は頭打ちとはいえ，全体としては留学熱が冷めたわけでもなく，その背景には国内での就職難という暗黒面があることを見落としてはならないだろう。

図1 中国からの留学生数の日米比較

注1：独立行政法人日本学生支援機構「外国人留学生在籍状況調査」より
注2：INSTITUTE OF INTERNATIONAL EDUCATION Educational Exchange Date from *Open Doors 2013* より
注3：中国教育統計局資料及び中国教育在線2013年出国留学趨勢報告 より

出典：日本学術振興会北京研究連絡センター（2015a）

(2) 基礎研究への重点的注力の陰で

　日本学術振興会北京研究連絡センターがとりまとめた『カントリー・レポート（中国・研究編）』（2015年4月30日）には，中国の著しい経済的成長に伴い，学術基礎研究やイノベーションに向けた研究開発の勢いも極めて速いスピードで伸長していることが報告されている（日本学術振興会北京研究連絡センター，2015b）。最近の中国の科学技術の躍進は著しく，研究開発費でみると10年間（2002年から2012年）におよそ倍増し，研究者数も70％以上伸びている。ただ当該予算の4分の3以上が企業の開発研究に使われており，基礎研究費の比率でみると欧米の主要国の15パーセント以上に対して，中国では4.8パーセントにとどまっている。しかし，これこそが，2015年10月1日に発表された世界ランキングでの勝因にも繋がっているようで，中国

のトップ大学は，企業との共同研究，産学連携の分野で日本に差をつけて，高い評価を得たのだ。さらに，最近7年間（2005から2012年）では，基礎研究費中の大学への配分割合も12パーセント伸びて55パーセントとなっており，中国での基盤研究における大学の役割が拡大していることがわかる。理系でのノーベル賞受賞者が出るのも時間の問題と言われていたが，本稿を執筆している2015年10月，大村智氏（北里大学特別栄誉教授）らと共に，中国人薬学者の屠呦呦女史のノーベル医学・生理学賞の受賞が決まった。屠氏は1930年，浙江省寧波市に生まれた。北京大医学院で，中国では人気が低かった生物薬学を学んだ。漢方薬などを研究し，中国中医科学院の主席科学者に就任したが，博士号や海外留学経験を持たず，学士院会員でもない「三無教授」として知られていた。ただし，文化大革命のためにそのような機会が無かった側面もあろう。いずれにしても，科学技術の分野での中国の躍進は著しく，論文数や論文のインパクトの面でも顕著である（図2）。そこでは，高インパクト論文数と国際共同研究の効果との相関関係がみられる。科学技術論文の発表数では10年間（2000から2010年）で約5倍と激増し，米国の約2分の1に迫っている。インパクトの高い成果に結びつく場合が多いとされる国際共著論文の数や，被引用回数の高い論文数でも中国は著しい伸びを示している。海外留学をした中国人留学生たちが留学先の指導教員や研究室の同僚らと共に，英語でのインパクトの高い論文を国際共著論文としてどんどん発表しており国際的業績をあげている（図3）。また，留学先の大学の研究者らにとっても，中国からの留学生によりアクセス可能となる中国のデータが興味深いものとなり，新たな知見を生み出している好機となっている側面もある。研究交流の重要性が指摘できると同時に，インパクトの高い論文の生産における中国の躍進ぶりに対して日本の貢献度の低下が明らかになり，日本における今後の学術研究の課題が改めて認識されることになる。先に述べたように，論文の質に問題があるのも事実なのだが，総じて言えば中国が世界の学術成果発表において，まずは量でさらには質の面においても著しく貢

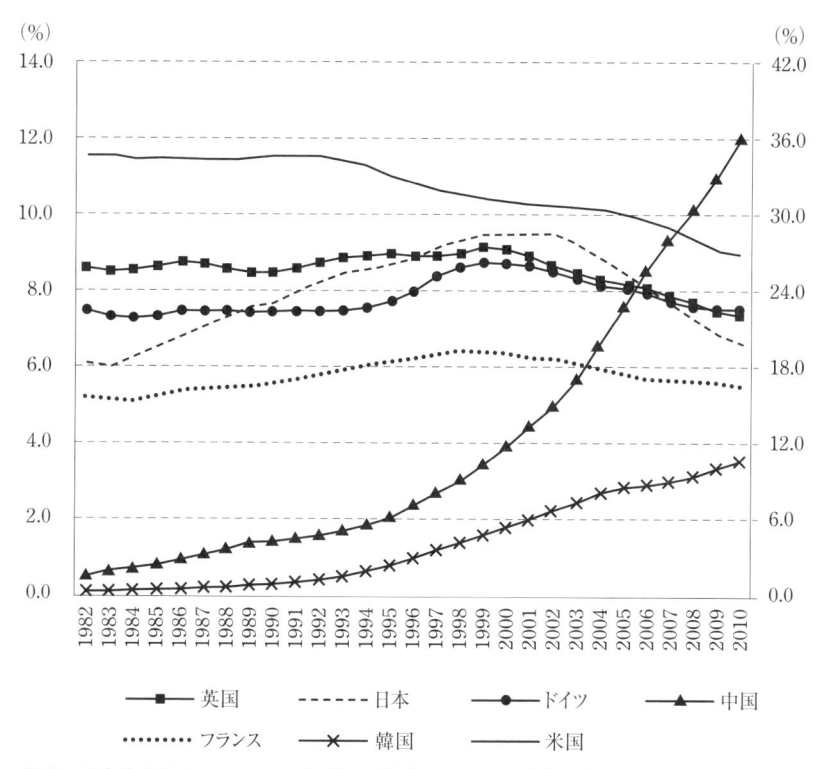

図2 発表論文数（シェア）の国別推移（整数カウント，右軸は米国，左軸はそれ以外）
出典：文科省科学技術政策研究所『科学研究のベンチマーキング2012』より

献し，双方ともに日本を凌駕している。たとえば，最近見た例でも，2015年9月にシドニーのニューサウスウェールズ大学で開催されたAPRUエイジング・シンポジウムでは受賞者3人のうち2人はオーストラリアの大学院博士課程の中国人，1人は国立台湾大学のベトナム人学生であった。これが，今回の世界ランキングの逆転劇にも繋がっている。

　しかし，こうした光の影で，グローバル化の暗黒面は中国の研究者を苦しめている。論文数を増やせという圧力は強く，文系でさえ，毎年2本の論文を発表するように通達されている。北京師範大学では，1200名の教員がい

図3　国際共著論文数の国別推移（整数カウント）
出典：文科省科学技術政策研究所『科学研究のベンチマーキング 2012』より

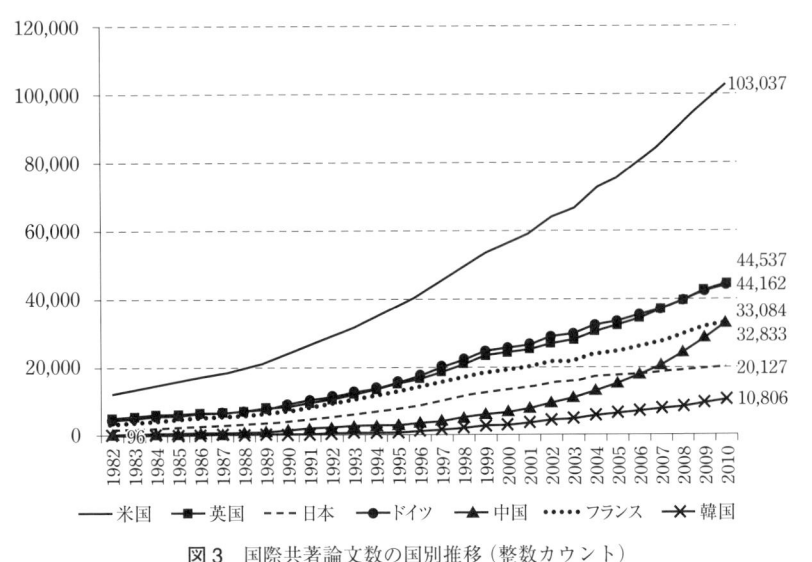

る中，低い研究パフォーマンスすなわち5年間続けて論文を発表しなかったことにより，10名の教授を降格したと報告されている。すなわち，「非昇即走」という，昇格できないなら去りなさい，という中国版の「パブリッシュ・オア・ペリッシュ」政策である。本書第8章で周祝瑛が報告するような「SSCI症候群」は，台湾のみならず中国本土をも襲っているわけである。結果，若い研究者も研究室に閉じこもり，SSCIに登録された雑誌に掲載されるようせっせと論文を投稿することで生き残るようにすることしかしなくなり，Public Intellectuals として社会に貢献することをしないまま20年を過ごすものが教授として生き残るようになる。人文社会系と名付けられた学問にとって，大問題である。中国では，外国語で刊行された学術論文に関しては，一律にSSCIに登録されている雑誌であるかどうかが評価基準になっており，SSCIに登録されていない雑誌での掲載論文は業績として認めないという規定がある。そのため，日本に留学経験のある研究者の論文が，日本において

評価の高い学術誌に掲載されていても，その雑誌がSSCIに登録されていないため，大学での昇進申請に使えないという現実もある。

(3) ダブルディグリー —— ビジネス化する高等教育

　中国による国際進出の一方で，中国への海外の大学の参入・市場開発の波は，日本に対するよりも格段に活発である。中国側の渇望と諸国の欲求が合致しているのであろう。アメリカの財団資本による北京大学や清華大学での英語での国際修士コースの設立も，その一例である。

　中国の各大学を訪問してしばしば提案されるのは，ダブルディグリーはできないか，という話である。アメリカ，イギリス，オーストラリアの大学とはすでに行っている。阪大で2年，中国で2年，あわせて4年で両方の大学からダブル学位を授与することはできないかというわけである。もともとこうした動きは，高等教育がビジネス化しているイギリスなどで，本来ポリテクニックであった高等教育機関が大学 (university) に昇格した時期，それらのいわゆる新設大学がビジネスとして中国に参入し，学位の安売りとも言えるようなやり方でダブルディグリープログラムを立ち上げていったことから始まった。しかし，今や「格下」の大学だけでなく，トップ大学も，中国市場への参入によって生き残りをかけている。

　ロンドン経済政治学院 (LSE) は，2004年より，LSE-PKUサマースクールというものを開設してきた。2015年で12年目になるが，学生が北京でLSEのコースを受講できるだけではなく，北京大学の教員たちにとってもLSEの教員たちと議論でき，感化される機会にもなっている。もちろんLSEの教員にとっても，北京の研究者の議論を聞く機会でもある。筆者も2005年に聴講し教員の懇親会にも参加させてもらったが，極めて学者的に論じる教授もいれば，共産党政府のスローガンばかり述べる教授もいるところが面白

い。「環境問題は可逆的であるのでまずは経済発展が優先。経済発展をしてから，環境問題は後で取り組めばいい，他の国の失敗から学んでいるので中国は同じ過ちを繰り返さない」と，経済発展重視のスローガンを大声で繰り返す教授もいた。

それはともかくとして，LSE は 2003 年にアンソニー・ギデンズが院長を退いた後，英国中央銀行からハワード・デービス（Howard Davies）が学長に着任してからというもの，大学経営においてますますビジネス色を強めた。文字通り，中国を市場として開拓するという戦略である。遠隔授業によって単位を揃え，ロンドンに来なくても学位が取得できる。卒業式も中国において行う。旧植民地のマレーシアにおいても同様のプログラムを行っている。こうして，ビジネス化したイギリスの高等教育機関がバーチャルに高額の授業料を稼いでいく。中国の求めている国際化への渇望欲と西洋の利益がここでは合致しているのだ。

4　世界ランキングの中の中国とどう向き合うか

いずれにしても，世界大学ランキングにおける中国のプレゼンスには，目を見張るものがある。もともと 1990 年代半ばから 2005 年まで国際機関に勤務していた筆者にとって，「国連外交に目覚めた中国」の動きは目覚ましいものであったが，今世紀に入っての「高等教育のグローバル化に目覚めた中国」の勢いはさらに目覚ましいものである。単に狭義の教育分野だけでなく，「一帯一路」というグローバルな経済・軍事政策にも 2015 年ころからは高等教育政策が結びつくなど，国レベルでの活力と巨大な投資が動いている。インフラ投資は日本を含め他のどの国も真似できない勢いである。論文数も中国のみが飛躍的に伸びている。その論文の質は必ずしも量と同じように延びていないとも分析されるが，増大する論文の中にはインパクトの高い論文も

増えてきている。一方で，コピペ文化もなかなか消えないという問題があるのだが，国力としての高等教育への投資は伸び続けるであろうし，経済が世界のトップになる日が間もなく来るであるように，中国の大学も世界ランキングのトップを占めるようになる日が来てもおかしくない。経済を含めた国力の背景は，中国語の国際語としての地位を上げている，これは，中国への留学生の数も増やしている。これまで日本語学習熱のあったオーストラリアやニュージーランドでも，現在は，中国語への学習熱が日本語を上回っている。国の体制への不信感もある一方で，国際通貨基金（IMF）が5年ごとに行っている見直しによって，2016年5月には人民元が仮想通貨「SDR」の構成通貨に認定され，円をしのいで一挙にドル，ユーロに次ぐ世界第3位の国際通貨の座につく方向であることがラガルドIMF専務理事によって発表された（2015年11月）。

世界大学ランキングの是非を論じることは他章に任そう。しかし，仮に世界大学ランキングを前提にしてものを考えるとして，相変わらず日本の高等教育は（政策レベルでも大学レベルでも），欧米のほうばかりを向いていることは問題だろう。世界大学ランキングの中で目覚ましい上昇を続ける中国の大学とどう付き合っていくのか，日本の高等教育の戦略が問われている。

参照文献

宮内雄史（2014）「グローバル社会での人的ネットワーク」『学思』No. 43, 8-10頁。（http://www.jsps.org.cn/jspsbj/site/dzzzjp/qkmljp-No.43.htm#）

日本学術振興会北京研究連絡センター（2015a）『カントリーレポート（中国・研究編）』（https://www-overseas-news.jsps.go.jp/pdf/countryreport/2014countryreport_08pek_kenkyu.pdf）

日本学術振興会北京研究連絡センター（2015b）『カントリーレポート（中国・留学編）』（https://www-overseas-news.jsps.go.jp/pdf/countryreport/2014countryreport_08pek_ryugaku.pdf）

大谷順子（2015）「大阪大学東アジア拠点設立5周年」『生産と技術』第67巻第4号，117-121頁（http://seisan.server-shared.com/674/674-117.pdf）

―――(2014)「学術交流を通しての日中友好促進と次世代の育成をめざして~大阪大学東アジアセンター長　大谷順子~」JSPS 北京研究連絡センター『学思』第 44 号 8-9 頁（和文）(http://www.jsps.org.cn/jspsbj/site/dzzzjp/zxqkjp.htm)

―――(2014)「"让学术交流架起日中友好的桥梁"~大阪大学东亚中心主任 大谷顺子~」日本学術振興会北京代表処『学思』第 44 期 8-9 頁（中文）(http://www.jsps.org.cn/jspsbj/site/dzzzch/qkmlch-No.44.htm)

―――(2014)「ニュージーランド国カンタベリー地震の社会的影響に関する一考察 ―― 特に教育セクターを対象として」『大阪大学大学院人間科学研究科紀要』，第 40 号，1-26 頁。

富岡有子(2011)「中国における大学生の就職事業 ―― 各大学の就職担当者へのインタビューを通じて」日本学術振興会北京研究連絡センター。

矢田裕美(2012)「中国高等教育界の新たな潮流 ―― 世界の熾烈な競争を勝ち抜くための戦略的取組」日本学術振興会北京研究連絡センター。

chapter 8

台湾学術界におけるSSCI症候群

周祝瑛

本章は下記の論文をもとに，本書への寄稿論文として改変し日本語に翻訳したものである。

Chou, Chuing Pruduce (2014). The SSCI syndrome in Taiwan's Acadumia, *Education Policy Avalysis Archives*, 22 (29).

1 新自由主義の台頭と台湾の高等教育

1980年代以降，国家財政における新自由主義の興隆とともに，ニュージーランド，オーストラリア，カナダ，そして多くのラテンアメリカ諸国の公共投資は，教育部門に直接配分されるのではなく，その大部分が企業や市場部門に結びつけられてきた（Dale, 2001）。加えて公共予算の急激な減少は，社会的価値のみならず教育の質にも影響を及ぼしてきた。なかでも，グローバル化の影響が高等教育に及ぶにつれて，多くの東アジア諸国では大学改革が熱心に推し進められるようになった。中国の「211工程」「985工程」，韓国の「BK21プログラム」，台湾の「5年500億計画」，日本の国立大学法人化など，形態は様々であるが，いずれもグローバル化の進展と，学術界の競争力向上を求める声が強まったことに対応したものである。オーストラリア，カナダ，中国，フランス，ドイツ，香港，日本，韓国，マレーシア，ノルウェー，シンガポール，スイス，台湾，イギリスなど，多くの政府が自国の主要大学を評価するための方策を独自に導入し，国際競争力と認知度の向上に努めてきた（Chou, Lin & Chiu, 2013）。

台湾の教育システムは，これらの影響ならびに2002年の世界貿易機関（WTO）への加盟の結果，他の東アジア諸国と同様に著しい変容を遂げた。とりわけ高等教育は，その方向性にグローバル化，地域化，情報通信技術の発達，そして一連の政治的，社会的，経済的，経営上の変化といった様々な潮流を織り込んできた。こうした流れが政策課題を後押しし，それに伴う変化が台湾の高等教育全般に広範な影響を及ぼしたが，その多くは状況変化に呼応した政策の結果であった（Chou & Ching, 2012）。

本章は，グローバル化の影響の副産物である二つの重要課題，すなわち経済における新自由主義の主流化と，高等教育における国際競争の激化という世界的な趨勢を取り上げる。本章の前半部で取り扱われるのは，台湾の高等

教育システムの拡大が原因となって引き起こされた政策転換である。ここでは政策転換の四つの主な領域，すなわちガバナンスおよびそれに関連する「アカデミック・ドリフト」，国家・機関レベルでの高等教育の財源確保に関する新たな計画，研究成果に関する量的な指標を重視した教員評価システムの導入，そしてこのシステムにおいて成功した学者に報酬を与える柔軟な新しい給与制度について詳述する。続く後半部では，これらの政策転換の主な影響，すなわち大学教員や研究者が新たな政策に適応するよう強いられる中，台湾学術界に出現した「SSCI症候群」について検討する。次いでこの問題に対する台湾国内における取り組みに目を向け，その対応の仕方が，高等教育に関して同様の状況に置かれている他国にとってのモデルとなりうるかを探る。本章の結論は，台湾の事例はその活用にかなりの制約があるにせよ，抵抗のモデルとして重要な教訓となりうるものである。

2 政策の転換

1994年以前における台湾の高等教育は，経済発展に資することを目的として推進されてきた。政府は，新たな高等教育機関 (higher education institutes, HEI) の設置については，公立・私立に関わらず，規模の指定，学長の任命，入学定員と教育課程基準の規制，学内における教員・学生に関わる事項の監督など，相当厳格な管理政策を実施していた。中央集権的な教育行政の下，経済発展と政治的安定が強く重視され，新規に大学が設置されることはほとんどなかった (Mok, 2014)。例えば，1人当りの所得がわずか4000米ドルだった1984年の時点では，国内の大学生の数は17万3000人で，総人口1900万人に占める割合は1％未満だった (Chou & Wang, 2012)。この時期の高等教育は依然として，厳しい大学入試システムにより国内最優秀の人材を選抜するエリート養成の手段であった。

1990年代中期以降になると，国際競争や，1996年から2006年にかけて実施された一連の政治活動および選挙，またその他の社会変動に対応する形で，台湾の高等教育はそれまでにない拡大期を迎えた。このうちの一つが高校・大学の格上げ・新設を求める社会運動に対する台湾政府の対応だが，その主な目的は，高校・大学入試に起因する深刻かつ慢性的な重圧を緩和することであった。

　これら国内外の問題が契機となって，続く10年の間に高等教育機関と学生の数は前例を見ないほど増加した。高等教育機関の数は2012年までに162校に達しており，そのうち120校が総合大学，28校が単科大学，14校が短期大学である（宗教系の単科大学，軍事・警察系高等教育機関，通信制大学は除く）。1984年から2009年までの25年間で，学生の数は17万3000人から136万人近くに増え，関連する各大学に設けられた3355の大学院課程には21万5825人の大学院生が所属している。2004年の時点で，18歳人口の68.1％が大学に進学しており，これは中国・香港の約4倍である（Song, 2006）。高等教育課程に属する学生の数は，2008年には総人口2300万人の6％近くに達し，この25年間で著しい人口統計学上の変化が生じた（MOE, 2012; Chou & Ching, 2012; Chou & Wang, 2012）。

(1) ガバナンスとアカデミック・ドリフト

　結果として高等教育への政府支出は，以前と比べると制約されるようになった。これを受けて教育部（the Ministry of Education）は，1994年から1996年にかけて一連の新たな政策を打ち出した。これは大学法の改正と行政院教育改革委員会の設置により，高等教育機関の規制緩和，脱中央集権化，民主化，国際化などを試みたものだった。例えば，1994年に大学法が改正されたことにより，これまで教育部によって中央集権的に管理されてきた大学は

より自律的なキャンパス環境へと転換を遂げ，学術・行政面における介入が減少し，入学，教職員の配属，授業料などの点で自律性が強化された (Mok, 2014; Chou & Ching, 2012)。こうした措置により，高等教育機関が競争力を高め，個人的，社会的，そしてグローバルな要望への対応力を強化することが期待された。

　高等教育システムの急激な拡大は予期しない結果ももたらした。専門学校のあまりにも急速な総合大学への格上げは，高等教育機関の性質を変化させ，その副産物の一つとして，職業教育系の高等教育機関におけるいわゆる「アカデミック・ドリフト」を引き起こした。これらの専門学校は本来，職業訓練のための教育基盤を有しており，従来は台湾の経済発展戦略における中核となっていたのだが，代わりに「包括的な総合大学」への転換が進められた (Chou, 2008; Hayhoe, 2002)。また，政府による市場競争メカニズムの導入は，公立と私立，エリート校と非エリート校の間のリソース配分の偏りを増大させ，台湾における社会的格差の拡大をもたらした (Chou, & Wang 2012; Chen & Chen, 2009)。教育部はこうした問題を受けて，新たな大学財政計画，大学評価制度の改正，公立大学教員の給与制度の柔軟化など，いくつかの高等教育改革策を実施した (MOE, 2009)。

(2) 財政計画

　大学改革以前，台湾の公立大学への公的資金，授業料，入学金などは，主たる資金提供源であった教育部の全面的な管理下に置かれていた。一方で私立の高等教育機関は，財源の大半を学生からの授業料で賄っていた。例えば，公立大学では授業料収入が予算の10〜20％程度を占めるのみであったのに対し，私立大学ではその割合は80〜90％だった。この数値が示すように，公立大学は政府からの補助金に大きく依存していたが，私立学校の運営は主

に学生が支払う授業料に依存していた (Chen & Chen, 2009)。

　このような公立・私立の高等教育機関の財政格差を減少させるため，私立大学への公的支援が大幅に拡大されたが，これにより公立学校に割り当てられる資金は著しく減少した。また教育部は，公立の高等教育機関の説明責任と効率性を高めるため，資金調達に関するいくつかの改革を実施した。その一環として公立大学は1999年以降，民間部門や卒業生からの寄付をもとに独自の大学基金を設立し管理することが認められた。この政策によって公立の高等教育機関と教育部の関係は変化し，これまで全面的な資金供給を受けていた公立の高等教育機関は，部分的に補助を受ける機関へと速やかに移行していった。この政策が開始された後，持続的な公的資金の不足が原因となって公立の高等教育機関の間で教育の不均衡が拡大していることに加え，公立大学のエリート校・非エリート校の間における資源配分の二極化が避けがたく生じ，社会階層が再生産されてきた (Chen, 2001)。以上のように資金調達と行政面で変化があったにもかかわらず，公立大学は依然として収入の60％を政府補助金から得ているのに対し，私立の高等教育機関におけるその割合はわずか20％に留まっている (Chen & Chen, 2009)。

(3) 評価制度

　台湾の大学法は2003年，国際競争力，国際的な水準，有効性といった課題に対処するために改正された。この改正では，評価の目的が資金配分と将来的な高等教育の質保証にあることが繰り返し強調された。この法律に基づいて2005年以降，高等教育の質を保証するための政策が導入・強化され，大学は教育，研究，サービスのあらゆる面で定期的な自己評価の実施を義務づけられた。これに対応して，台湾高等教育評鑑中心基金会が定期的な外部評価を実施するために設置された。

2006年から2010年にかけて，第一次全国評価が学科・大学院・大学レベルで実施された。対象となったのは79大学の1908の学科・大学院で，大学，学科，卒業生の質に焦点が当てられた。評価結果に関する報告が公表されると大きな社会的議論がわき起こり，公的資金，大学の名声，学生の確保に大きく関連しうる評価結果に納得できない教員と大学当局から不満の声が上がった (Wu, 2009)。

第二次全国評価は2011年に開始され，2016年まで継続される予定となっているが，第一次評価とは対照的に，学生の学習成果と，より広い観点からの学科・大学院・大学の評価に焦点が当てられている。評価項目には大学のセルフ・ポジショニング，大学のガバナンスと経営，教育と学習のリソース，説明責任と社会的責任，持続可能な自己改善，質保証などが含まれている (B. J. Wang, 2010)。

こうした全国評価では，個々の教員を評価するに当たって，SSCI，SCI，EIなど内外の様々なサイテーション・インデックス（巻末「基礎解説2」参照）に登録された論文の情報を監視するための内部・外部評価制度が新たに導入された。これらの新たな指標については後段で詳細に述べるが，そのいずれもが国際基準への適合と，各種の賞，業績，また学問的貢献につながることを目的として導入されたものである。

このように，ここでみてきた大学評価政策は，台湾固有の事情を検討することなく開発された指標を用いて，教育部がトップダウンで実施したものである。個々の教員は，上述した専門家組織による機関ごとの定期的な評価のみならず，学科ごとの評価にも服することが法律で義務づけられた。さらに評価の結果は昇進，給与，長期有給休暇，またその他教育と運営に関わる研究外の職務に影響する。そしてこのような評価を免除されるのは，全国的・国際的な賞の受賞者だけなのである。

(4) 給与制度の柔軟化

　現状通用している年功序列・学位ベースの俸給表は，教育と研究の質の向上につながりうる教員間の競争環境を整備する上で不適当であるとの批判を受けてきた。教育部によると，公立大学教授の税引き前の固定給の年間総額は，2001年時点で，分野に関わらず1.5ヵ月分の賞与を含めて112万5000～135万新台湾ドル（3万7500～4万5000米ドル）だった。香港の教授はその3.5倍，シンガポールの教授は2.5倍の給与を受け取っている。またこの給与の差は，アメリカやヨーロッパとの比較ではさらに顕著である（Wang, 2009）。

　このような給与の格差が引き起こす大学教授の海外流出は，近年台湾にとって深刻な懸念事項となっている。新たな4年制大学制度を導入した香港は，台湾の大学の2倍から3倍の給与を提示して，台湾のトップクラスの教員を複数引き抜いている（NowNews, 2009）。台湾最高の研究機関である中央研究院は，この8年間で27人の研究員をアメリカ，ヨーロッパ，香港の研究機関に引き抜かれた。また台湾の主要大学の著名な教員たちが，様々な理由から中国，カナダ，その他の競争相手国に移住している（China Post, 2010）。

　世界的な人材獲得競争と「頭脳流出」の問題に対応するため，教育部は2010年8月，学術界との協力の下，高等教育機関および教員の説明責任と競争を促進してさらなる頭脳流出や世界レベルの研究人材が不足する事態を防止するための解決策を打ち出した。「成果主義に基づく柔軟な給与体系の施行による優秀人材の確保と保持」と名づけられた給与制度は，業績に基づいて卓越した成果を挙げた学者に報酬を与え，勤続年数と学位に基づく公立大学教員の従来の固定給制度に取って代わった（Taipei Times, 2010; Yeh, Cheng, & Chen, 2009）。この新たな制度は，教育部と国家科学委員会（NSC）による年間40～50億新台湾ドル（1億3000～1億6500万米ドル）の追加的な財源が必要となると見込まれている。この新たな給与体系は，世界レベルの教育・研

究人材を台湾に引きつけつつ，国内教員の海外機関への流出を阻止することを目的としており，また「5年500億計画」の名称で知られる教育部の「一流大学化」プロジェクトと，2005年以降3年ごとに授与されている「優秀教育賞」を通じ，教員給与に補助金を割り当てることが可能になっている。

政府が実施した給与体系の柔軟化については，多くの専門家から，学術論文などの量的指標に基づく教員給与手当の導入によって，二極化と階層化が拡大するとの懸念が表明されてきた。この制度の下では，自然科学と人文・社会科学，最上位校とそれ以外の高等教育機関，公立と私立，またとりわけ研究活動と教育活動の間で給与の上昇に偏りが生じることが判明している。この給与体系に対する不満は，業績と能力主義についての現行の指標が過度に単純化されたものであり，教育活動などの質や真髄，社会的意義などといった質的なものが捨象され，論文数などの定量的なもののみが重視されている点に向けられている (Chou & Ching, 2012; Yeh, Cheng, & Chen, 2009)。このような批判に対して政策決定者たちは，台湾の教員が諸外国の競争相手よりも低い給与しか受け取っておらず，研究成果に基づいて給与を柔軟に増額することで，優秀な教員を保持し，より多くのトップレベルの人材を呼び込むことができるという言い方で，制度の正当化をはかろうとしている。

しかしながらこの見解は，台湾独自の状況を正確に捉えたものではなく，また学術界の現行の給与構造における，固定給とは別に存在する代替的な給与の要素を見落としており，正当性を欠いている。例えば，知識人と大学教授に対して深く敬意を払う台湾の文化的伝統のおかげで，台湾の大学教員は年間の基礎給与額に加え，報酬として外部からの収入を得る機会が提供されている。彼ら，特に公立の高等教育機関の教員は，公的・民間部門の双方で顧問業務による給与外報酬を得るとともに，終生の医療サービスと年金が保証されている。こうした給与構造は台湾独自のものであり，諸外国の競争相手にとってはそれほど一般的なものでない (Chou & Ching, 2012)。

3 SSCI 症候群

ここまで議論してきたように，グローバル化，新自由主義的な構造改革，国際舞台における競争重視の強まりなどを理由とする政策転換は，台湾の高等教育に著しい影響を及ぼしてきた。ガバナンス，資金配分，評価，給与構造の変更等，各々の政策はいずれも大学の質を高めようとする試みであった。今日では能力主義，説明責任，教職員間のネットワーキングが，従来よりも大幅に重要性を増している (Chou, 2008)。しかしながらこれらの改革は，様々な点で，政策決定者が期待していたようなポジティブな効果をもたらしていない。この点を最も明瞭に示しているのが「SSCI 症候群」として知られる新たな現象の発生である。

(1) 起源

本書「基礎解説 2」で詳述されるように，SSCI をはじめとするサイテーション・インデックスは元々情報検索の道具として考案され，ある文献を起点としてその後に引用されている文献を探して研究の道筋を辿り，関心のあるテーマの研究文献を数年間にわたって検証することを可能にする。半世紀前には，サイテーション・インデックスにはこうした元来の用途，基本的な機能を超えた有用性があることを既に発見した研究者たちがいた (Price, 1965; Garner, 1967; Garfield, 1994a; Thomson, 2008)。これらのデータベースは，論文発表後の引用数を集計することで，世界的な研究コミュニティーにおける影響力を見積もり，特定の理論の正しさが裏付けられたのか，変更されたのか，あるいは改善されたのかを判断する手段となりうる。このような理由からサイテーション・インデックスの用途は拡大し，学術誌の評価とランク

づけに利用されるようになった (Garfield, 1972, 1994b)。

　今日，学術研究の質と個々の学者の影響力は，これらのサイテーション・インデックスに含まれる指標によって測定されるのが通例である。一般的には，「the Social Sciences Citation Index (SSCI)」，「the Science Citation Index (SCI)」，「Arts & Humanities Citation Index (A&HCI)」，「the Engineering Index (EI)」(以上のデータベースについては，「基礎解説 2」に詳述) などが広く用いられている。これらのサイテーション・インデックスは，営利企業であるアメリカのトムソン・ロイター社 (SSCI, SCI, A&HCI)，オランダのエルゼビア社 (EI) が保有しており，その指標はオーストラリア，カナダ，アメリカ，イギリス，ニュージーランドなどの英語圏諸国の主要大学，とりわけ理工系の分野で，教員による研究の影響力が量的に評価される際に，長年にわたって利用されてきた。

　この 20 年間，国際的な大学ランキングをめぐる競争が激化してきたが，これは学生，雇用側，学者側からの要求があったから，という側面もある (Williams & Dyke, 2004)。ほとんどのランキングでは，本書序章及び「基礎解説 1，2」で紹介されたような研究成果の量的指標に依拠した基準が用いられている。例えば，異論もあるものの幅広く引用されている上海交通大学が発表した世界大学ランキングでは，研究の質の指標 (＝自然科学系の SCI の拡張版である SCIE と社会科学系の SSCI に登録されている論文の数) に 20％ のウェイトが与えられている (Institute of Higher Education, 2012)。結果として学者らは，SCIE および SSCI に掲載された研究を最良の研究成果と同一視する傾向がある。同様に，Asia Week が発表した「Asia's Best Universities」では，トムソン・ロイター社による論文引用指標が研究成果の評価に使われていた (Asia Week, n.d.)。イギリスで発表されたタイムズ・ハイアー・エデュケーション (THE) 世界大学ランキングでも，トムソン・ロイター社のサイテーション・インデックスが用いられている (訳注：2015 年にエルゼビア社 Scopus に変更された)。

台湾教育部は，高等教育の国際化を追求するなかで，このような量的指標の活用を重視する評価システムを構築し，2003 年には黄栄村（2002～2004），杜正勝（2004～2008）の 2 人の教育部長（大臣）の下，学術的成果の評価基準として国際論文指標を採用した。導入当初には，教育部と国家科学委員会の政府高官，また特に自然科学，経済学など一般に量的指標の使用を好む分野の学者から広範な支持が得られた。これに先立って，業績評価を完了するため，研究者の業績リストを評価する職務が 2 人の匿名の評者に与えられた。この作業は主として数量化されにくい指標を用いて実施されたため，客観性，透明性，有効性に欠けるものとみなされた。大多数の関係者は何らかの形で改革を支持したが，学術界には抵抗する人たちも数多くみられ，早くも 2003 年には新たな方策に対する反対運動を開始した。こうした国内の動きについては後段で詳しく述べる。

　国際的論文指標が用いられるのは，公的リソースの配分と高等教育の改革政策の両方に関して，大学の国際化が重要視され，世界でも通用する大学をつくりだすことが要請されているからである。大学側にしてみると，論文指標を用いることで，予算獲得競争において他の高等教育機関よりも優位に立つと同時に，未来の学生と教員にとってより魅力的に映る大学を作り上げたいということになる。

　台湾の高等教育機関には，研究成果の指標として国際的なサイテーション・インデックスをさらに広範に活用し，質と競争力を高めていくことが期待されている。こうした新たな政策に直接対応するために，台湾の高等教育機関は，特定の重点領域の開発と「質の高い」研究の推進に集中的に取り組む管理機関およびセンターを開設した。業績評価プロセスは，3 つのサイテーション・インデックスに登録されている教員の論文数を実際に集計し，単科大学と総合大学の最終的な序列を決めることが中心となる。このように台湾の高等教育機関の教員は，昇進と認証評価のために，国際的な学術誌に論文を投稿して SSCI，SCI，A&HCI，EI の検索対象となるよう政府と所属機関

の両方からプレッシャーをかけられている (Ching, 2014)。

(2) 影響

　卓越した学術的成果の獲得に繋げようという関係者らの最大限の努力にも関わらず，量的側面を極めて重視した評価指標はネガティブな影響をもたらしてきた。サイテーション・インデックスに載った論文の重要性が増す中，SSCI 症候群が台湾学術界に浸透していった。サイテーション・インデックスに登録されている査読付き雑誌に論文を掲載すべしという多大な圧力の下，学者たちは，この目標が個人にとっても所属機関にとっても最高度の重要性を有するという現実を受け入れざるを得なくなり，「パブリッシュ・オア・ペリッシュ（出版か死か）」の考えが広く行き渡った。

　論文の数は，大学評価システム，研究助成金の認定，大学の社会的ランキング，終身在職権の付与，昇進，さらには政府からの助成金の付与においてさえも主たる基準として用いられている (Kao & Pao, 2009)。容易に推測されるように，これらの評価基準によって台湾の研究者は関心対象を狭め，論文投稿においても，国内のニーズに取り組んで中国語で出版することより，国際誌で好まれるテーマの論文を英語で投稿することを重視するようになったのである (Chen & Qian, 2004)。

　さらに言えば，論文の掲載されやすさはすべての分野で一様なわけではない（第 5 章参照）。また個々の学術領域の特質はおおむね無視され，不公平な競争にさらされていると感じた学部の教授たちが不満の声を上げてきた。評価の目標は研究の質の向上である。しかしながら，分野ごとの特質と社会的・文化的背景の影響もまた考慮されねばならない (IREG, 2010)。学問を SSCI および SCI に登録された論文によって評価する際には，発表された学術論文の強みと弱みを浮き彫りにするため，複数の基準を適用する必要がある。

例えば，2005 年に開始され，2011 年に継続資金を得た「5 年 500 億計画」は，競争に基づいて資金配分を行うことを目的としたプログラムである (Chou & Ching, 2012; Chang & Ho, 2007)。このプログラムからの資金は，人文・社会科学系よりも自然科学系の課程を多く有する国立台湾大学 (NTU) など，特定の有力大学に流れる。これらの大学は，台湾における公的予算縮小の時代においても，充実した研究施設と十分な財政支援を受けられる。その結果，他の大学は無視されることになる。その一例が社会科学系の国立政治大学 (NCCU) で，助成金の額は非常に少なく，改革の影響を実感せざるを得ない状況に置かれている。

新しい給与制度は，SSCI や SCI に登録される論文数が自然科学系よりも少ない人文・社会科学系の教員や大学にとってはありがたみが少ない。NTU と NCCU は学生数こそ変わらないが，現行の競争ルールの下での教員の待遇を比較した場合には差が見られる。NCCU に所属している人文・社会科学系の教員の中で制度の恩恵を受けているものの割合は，NTU に所属している自然科学系の教員の半分程度の値になっている。政府による新制度導入の結果，文化面，あるいは報酬面での格差の拡大は，自然科学系と社会科学系の間に従来から存在していたリソース配分の偏りをさらに拡大させた。Ye によると，成果の主要発表形態が雑誌論文ではなく本である人文・社会科学系の関心対象は，そのほとんどが地域もしくは国内の問題であり，またこれらの学問分野には歴史的・文化的な境界が存在する。その結果，論文を英語に翻訳して文化的障壁を乗り越え，社会問題に取り組むことには時に困難が伴う (Ye, 2004)。

学術界における奨励給与制度は，業績や説明責任の評価を以前よりはるかに複雑で難しいものにする。目標を達成し，他の人たちよりも優れた仕事をするよう大学教員にやる気を出させるためには，他の職業と同様に経済的なインセンティブだけが役立つわけではない。学術界では，成果の水準は大きく異なり，また状況に左右されるものである。ある研究によると (Lin,

2009），金銭的報酬および昇進のような明確な報賞でもって認められることは，生産性の向上につながる。しかしながら，学術パフォーマンスの向上には，自己動機づけや達成による充実感のような，内発的に強く訴えるものも必要である。多くの学術研究者は，少数の「花形研究者」のみが報いられ，教育や社会的奉仕を引き受けるその他大勢の研究者の評価が切り下げられるような新しい給与制度が設けられることよりも，大学が総体としての組織と環境の改善を通じて彼らに間接的に報いることのほうがより好ましいと考えている（Lin, 2009）。

(3) 国内の反応

SSCI症候群の出現と，前節までに述べたような傾向から，多くの人々が改革に疑問を抱くようになった。量的な評価指標の重視は議論をまき起こし，あらゆる分野の学者たちが，高等教育政策におけるSSCI論文の偏重という現状を改めるためにどうすればいいのかを考えている。特に，現在の雑誌論文重視の方向性の下では研究業績が十分評価されない人文・社会科学系の人たちは強く反発している。

教育部と国家科学委員会が新たな業績評価指標の導入を押し進めていた2003年の時点で，研究者らは早くも改革に対応するための組織化を開始していた。一連の会議が開催された後，社会科学系の研究者らのグループによって『グローバル化と知識生産 —— 台湾の学術評価再考』と題された書籍が刊行された（Reflections Meeting Working Group, 2004）。これら初期の取り組みにより，国際論文指標を用いることでネガティブな影響が生じる可能性についての理解は深まったが，結局は改革の方向性を変えるには至らなかった。

研究活動が公共の利益ではなく論文出版への志向をますます強めていく中，教育政策におけるこれらの業績指標はグローバルスタンダードを偏重し

ているのではないか，また各種の国際的な尺度は西洋（特にアメリカ）の伝統と慣習に支配されたものではないか，といった疑問をめぐって議論が始まった（Mok & Tan, 2004; Lai, 2004; Wang, 2014）。英語圏諸国や，その他の歴史的に高い水準の英語力を有してきた社会とは異なり，台湾の大多数の研究者にとって英語は外国語である。英語を母語としない研究者が国際的な学術コミュニティーに参加しその中で生き残るためには，言語障壁を乗り越えるために奮闘し，国際誌への論文掲載を勝ち取らねばならない。国際共通語としての英語が世界標準として広く普及している陰には，周辺部の，あるいは非英語圏の世界からの様々な声が無視されているという現状がある（Liu, 2014）。

　それにも関わらず，ますます多くの教員がSSCI症候群の，そして教育やその他の社会貢献よりも研究を重視する競争的な勝者総取り式報酬システムの犠牲になっている。事実，研究業績の要件を満たせなかったり，評価に服することを拒否したりした台湾各地の教員たちが失職している。台湾で最も大きな論争の一つとなったのが，著名な国立大学の教授が自己評価の申請を拒否したことが理由で退職を強いられた事例である。この教授は，学内で2つの優れた教員賞を受賞し，指導する学生からは極めて高く評価されていたにもかかわらず，今日の学術界では成功することができなかった。この教授は研究論文の発表数が不足しており，また大学が義務づけていた自己評価の要件を満たさなかった。この事例は，大学と教育部の苦情処理委員会に持ち込まれたが，2度とも否認された。しかしながら同教授の雇用停止は，全国の学生による教授支援活動を呼び起こした（Wang, 2010）。

　SSCI関連のテーマをめぐる白熱した議論を広く一般に知らせるため，台湾の大学教員のグループは2010年11月，集団行動を訴えるインターネット上の請願活動を開始した。その目的の一つは，台湾政府に対し，サイテーション・インデックスに登録された学術誌を大学評価と資金配分の主たる指標とすることを成文化した現在の政策を中止し，これとは異なる評価方針を採用

するよう求めることであった。また第二の目的として，公的資金の管轄機関に対し，国内外のサイテーション・インデックスに登録されている学術誌の量と多様性を拡充し，人文・社会科学系の論文・著作にもしかるべき重要性を与えることを要求した。この請願運動は，総じて，国内外の社会活動を通じて改革に抗議するものであった，台湾政府と大学当局に対しては，異なる性質・分野の研究を評価するための多様かつ信頼性の高い評価指標を導入するとともに，人文・社会科学系の学問のために，文化的要因を考慮に入れた評価基準を導入するよう促そうとしたのだった (Chou, Lin, & Chiu, 2013)。

請願には 2010 年より学者と市民社会からの支援が寄せられた。3000 人の署名者のうち 85％が人文・社会科学系，10％が自然科学関連の領域で活動する人々だった。また様々な公開討論会や公的支援による研究成果のなかでも，請願の主な要求に対する支援が表明されてきた。さらに SSCI についての論争は，全国的な報道を通じて人々の関心を引きつけた。台湾政府指導部の高等教育政策の担当者らは，2012 年中頃になってようやく初めて SSCI の問題を検討することに同意した。その後政府は，実際に SSCI 中心の資金配分および評価ガイドラインを修正している (NCCU Teachers' Association, 2012)。とはいえ，学者からの要求に対処するため，政策に軽微な変更が加えられはしたものの，SSCI 症候群は依然として台湾学術界の全般的な構造と報酬システムを支配し続けている。

(4) グローバル化とは？

台湾の学者は，この問題を通じて，公的な議論と社会活動をさらに呼び起こし，台湾の高等教育システムの競争力を高める別の解決策を模索することが非常に重要であることを理解するに至った。同時に彼らは，台湾の事例が，他の非英語圏世界の高等教育システムにとって教訓として役立つのではない

かと考えはじめた。大学の管理者と公的資金の管轄機関は，本来文献目録の作成を目的とするサイテーション・インデックスを，依然として教員の採用，昇進，資金配分の評価基準として用いている (Kokko and Sutherland, 1999; Bauer and Bakkalbasi, 2005)。実際のところ，この現象は台湾の高等教育機関に限られたものではない。現在では，これらのツールを研究成果の評価に用いることには懐疑的な見方が強まっている (Ackermann, 2001)。ISI (訳注：SSCI, SCI などのサイテーション・インデックスを作成。1992 年にトムソン・ロイター社が買収) の創始者 Garfield によれば (Garfield, 1994b)，より信頼性の高い評価システムのためには，査読の際に専門家によって判断が分かれるという問題が生じるにせよ，実際にそれぞれの論文を読んで質を評価することが必要である。引用という基準を学術の影響力を評価する道具として使うことは可能かもしれないが (Lawani & Bayer, 1983)，いくつかの研究によると，ISI のサイテーション・インデックスは客観的であるというにはほど遠く，登録されている学術誌の影響力の算定は信頼性が低く，また「グローバル」の語はマスタージャーナルリスト (訳注：サイテーション・インデックス所収雑誌のリスト) に関する真実を拡大解釈している (Cruz, 2007)。SSCI, SCI, A&HCI, EI に掲載されている学術論文は，そのほとんどが英語で書かれている。例えば SSCI の社会学の項目に記載されている学術雑誌 96 のうち，45 がアメリカ，27 がイギリス，4 がドイツ，2 がフランスのもので，いずれも英語誌である。このような状況は，権威ある学術誌に論文を投稿したいと考えている英語を母語としない人文・社会科学系の研究者の意気を喪失させるものである。学術誌がもつ言語の障壁と，これらの雑誌との文化的な関連性がないことが考慮されねばならない。

　SSCI 症候群への国際的な関心を高めようとする台湾の試みとして，個別にではなく，世界的にまとまった形で問題に取り組む試みもなされてきた。その特筆すべき例の一つが香港，マレーシア，台湾，アメリカの研究者たちの共著による『The SSCI Syndrome in Higher Education: A Local or Global

Phenomenon』の出版である (Chou, 2014)。この試みの出発点となったのは台湾に関する実証研究である。この研究は，近年の大学ガバナンス改革が高等教育機関の自治と学術的専門職に与えた影響を研究者がどのように評価しているかを批判的に分析し，台湾とアジアの学術界が全体として，強力な経営ガバナンスによって影響を受け続けていると結論づけている (Mok, 2014)。

　また量的な学術評価システムの根拠は，激しい党派間の対立を伴った1990年代以降の台湾の民主化の過程において，混乱を招きかねない学術界をコントロールする必要があったという点に求められている。日本やアメリカと比べると，台湾学術界は派閥間の争いを特徴としており，地域的・世界的な特性を伴った系統的かつ統合的な研究発展に関する合意を形成できずにきた。しかしながら，サイテーション・インデックスを学術評価に使用することは，台湾の学術研究がローカルな問題の解決に再び目を向けつつ，国際的な読者に対してもより魅力を増すにはどうすべきなのかという問いに答えていない (Wang, 2014)。

　台湾では他国と同様，頻繁な選挙によって地方・中央政府が交代し，その結果として教育政策・プログラムは長期的な視野を欠く近視眼的なものとなってきた。そのために，公平性と客観性という名の下に正当化された量的基準が幅広く用いられている。しかしながらこの手法は，評価側の主観的な論理を覆い隠してしまう。「勝者総取り」の論理は，論文での成果を挙げたトップグループの研究者や大学にリソースが集中する結果をもたらし，階層間の社会格差を拡大させた。「一流大学・研究センター育成計画」などの高等教育政策は，学術研究のあり方と教育の平等にネガティブな影響を与えてきた (Chan and Lee, 2014)。

　加えてSSCI症候群は，国内の出版物に対する差別を助長し，英語圏諸国の学術的ヘゲモニーを強化する効果を持つことも明らかになった。台湾学術界における現行の報賞政策は，実利主義，アカデミック・キャピタリズム，社会的不公正と不平等をより増大させる階層化を促進してきた (Su, 2014)。

教員と学生の考え方から，サイテーション・インデックスの持続的な影響力が台湾の学術環境と学術活動の大部分において支配的であることが見てとれる (Ching, 2014)。この現象が台湾に特有のものではないことは間違いない。また少なくとも，台湾よりも経済的・学術的リソースの透明性とアクセスがより限られている中国と比較すると，台湾におけるリソース配分が公正である点は指摘しておく必要がある (Liu, 2014)。いずれにしても，SSCI 症候群による困難に立ち向かった台湾の経験から，一定の教訓を得ることはできるかもしれない。

教育分野の国際的学術誌のサイテーション・インデックスを，特に台湾の文脈に焦点を当てながら構築してはどうかという提案が，SSCI 症候群に対する一つの考えうる解決策として提案されている。提案者たちは，国内のサイテーション・インデックスと国際的なサイテーション・インデックスの間で，バランスを取る必要があると主張している (Cheng, Jacob, and Yang, 2014)。

台湾における SSCI 症候群は，総じて，国際的な学術コミュニティーにおける英語の特権的地位をさらに強化する役割を果たしている。皮肉なことに，台湾の研究者の大部分は英語の話者でないにも関わらず，学問分野や学術的背景に関わりなく，特権的な英語での議論に適応し，国際的な学術コミュニティーに参加するよう政府と大学から奨励されてきた。台湾の高等教育の政策担当者は，英語に基礎をおく覇権的な知識産業の正当性が，いずれは台湾の学術界をして周辺部としての多様な声を発信させ，台湾の学術コミュニティー内部から生じるパラダイムシフトへとつながることを依然として信じている (Wu & Bristow, 2014; Liu, 2014)。しかしながら人文科学と社会科学は，自然科学とは異なり，より社会的・文化的な問題に取り組む学問である。したがってこれらの学問領域は，文化を考慮し社会に関連した研究を通じて，社会的責任の文化を醸成することが期待され，そうした研究の内容と成果は，地域の人々とコミュニティーのニーズを満たすものでなければならない。だからこそ，社会・人文科学の分野で文化を考慮に入れた評価基準を確立する

ことは，台湾等の学者の生活のためだけではなく，より重要な，彼らが成しうる社会的な貢献のためにこそ必要不可欠なのである。

　この20年間に台湾の高等教育システムが拡大した結果，政策決定者にとっては，国際的な競争力を担保する質の維持が主要な関心事項となった。本章では，教育部が2000年代初頭以降，一連の高等教育改革政策を実施して，大学の学術的レベルを上げ，また正式に大学評価の方針を決定し，大学の競争力と国際的な知名度を向上させようと試みてきた過程を詳述してきた。その中で政府は，評価結果と公的資金の配分を明確に結びつけることをルール化した。そして，公的資金の獲得と学術的・社会的名声の主たる指標として，教員の研究業績が優先されるようになった。大学評価において量的な側面が重視され，学者たちはSSCIや他のサイテーション・インデックスに掲載されている学術誌に掲載した論文数に基づいて報賞を受けるようになった。このような量的な評価指標の重視に対して，全国の様々な分野の研究者たちは複雑な心境を抱き，一様ならぬ反応を示した。特に人文・社会科学系の学者は，量的指標に主な重点が置かれたたことで，研究業績の多くが過小評価されたり無視されたりするという事態に直面することになった。本章では，これらの政策転換が学術界に与えた重大な影響と，それに対する反響を詳述するだけでなく，台湾で示されたSSCI症候群の解決策についても検討した。それらの対策には限界があり，またそのプロセスは現在進行中であるが，台湾の経験は，同様の課題を抱えている学術的「周辺部」に位置する他の多くの非英語圏諸国にとって貴重な教訓となりうるだろう。

（石川真由美・堤亮介 監訳）

参考文献

Ackermann, E G (2001) *Developing comparative bibliometric indicators for evaluating the research performance of four academic nutrition departments, 1992-1996: An exploratory study.* Knoxville, TN: University of Tennessee.

Anderson, M S, Ronning, E A, Vries, R D, & Martinson, B C (2007) The perverse effects of competition on scientists' work and relationships. *Science and Engineering Ethics*, 13, 437-461. http://dx.doi.org/10.1007/s11948-007-9042-5

Asia Week (2000) Asia's best universities 2000. CNN. Retrieved from http://edition.cnn.com/ASIANOW/asiaweek/features/universities2000/index.html

Bauer, K, & Bakkalbasi, N (2005, September) An examination of citation counts in a new scholarly communication environment. *D-Lib Magazine, 11*. http://dx.doi.org/10.1045/september2005-bauer

Boyer, E L (1990) *Scholarship reconsidered: Priorities of the professoriate.* Princeton, NJ: The Carnegie Foundation for the Advancement of Teaching.

Chambers, C (2004) Technological advancement, learning, and the adoption of new technology. *European Journal of Operational Research, 152*(1), 226-247. http://dx.doi.org/10.1016/S0377-2217(02)00651-3

Chan, J C-Y & Lee, C-N (2014) A difficult situation of higher education in Taiwan. In Chou, CP (ed.) *The SSCI syndrome in higher education: A local or global phenomenon.* Netherlands: Sense Publishers.

Chang, K W, & Ho, M S (2007) Half-hearted neoliberal reform: Analyzing Taiwan's college tuition policy and controversy. *Education and Social Studies, 12*, 73-112.

Chen, L-C & Chen, S-T (2009) An analysis of our universities' financial structures and what it reveals about tuition and fee policy formulation. Presented at the Dialogue on Education Research and Education Policy International Academic Symposium, November 20-21, Taipei, Taiwan Normal University.

Chen, K S, & Qian, Y X (2004) Academic production under the neo-liberalism globalization (in Chinese). Paper presented at the Reflecting on Taiwan's Higher Education Academic Evaluation Conference. International Plenary Hall, National Library, Taipei, Taiwan.

Chen, L-J (2001) The effect of public university fund policy in Taiwan. *Education Policy Forum, 4*(1), 118-166.

Cheng, K S Y, Jacob, W J & Yang, S-K (2014) Reflections from the Social Science Citation Index (SSCI) and its influence on education research in Taiwan. In C P Chou (Ed.) *The SSCI syndrome in higher education: A local or global phenomenon.* Netherlands: Sense Publishers.

China Post (2010, January 24) Gov't mulls professor salary raise. *China Post.* Retrieved from http://www.chinapost.com.tw/taiwan/national/national- %20news/2010/01/24/242077/Govt-mulls.htm

Ching, G S (2014) ISI perceptions and hard facts: An empirical study from Taiwan. In C P

Chou (Ed.), *The SSCI syndrome in higher education: A local or global phenomenon.* Netherlands: Sense Publishers.

Chou, C P (2008) The impact of neo-liberalism on Taiwanese higher education. In D Baker & A W Wiseman (Eds.) *The worldwide transformation of higher education* (pp. 297-312). Bingley, U.K.: Jai.

Chou, C P, & Ching, G S (2012) *Taiwan education at the crossroad: When globalization meets localization.* New York: Palgrave Macmillan. http://dx.doi.org/10.1057/9780230120143

Chou, C P, Lin, H F & Chiu, Y J (2013) The impact of SSCI and SCI on Taiwan's academy: An outcry for fair play. *Asia Pacific Education Review, 14*, 23-31. http://dx.doi.org/10.1007/s12564-013-9245-1

Chou, C P & Wang, L T (2012) Who benefits from the popularization of higher education in Taiwan? *Chinese Education and Society, 45*(5-6), 8-20.

Cruz, I (2007) Challenging ISI Thomson Scientifics' journal citation reports: Deconstructing "objective," "impact," and "global." Vancouver, Canada: PKP Scholarly Publishing. Retrieved from http://scholarlypublishing.blogspot.com

Dale, R (2001) Constructing a long spoon for comparative education: Charting the career of the New Zealand model. *Comparative Education, 37*(4), 493-501. http://dx.doi.org/10.1080/03050060120091274

Dirks, A L (1998) The new definition of scholarship: How will it change the professoriate? Retrieved from http://webhost.bridgew.edu/adirks/ald/papers/skolar.htm

Flowerdew, J (1999) Problems in writing for scholarly publication in English: The case of Hong Kong. *Journal of Second Language Writing, 8*(3), 243-264. http://dx.doi.org/10.1016/S1060-3743(99)80116-7

Garfield, E (1972) Citation analysis as a tool in journal evaluation: Journals can be ranked by frequency and impact of citations for science policy studies. *Science, 178*(4060), 471-479. http://dx.doi.org/10.1126/science.178.4060.471

Garfield, E (1994a) The concept of citation indexing: A unique and innovative tool for navigating the research literature. Retrieved from http://wokinfo.com/essays/concept-of-citation-indexing/

Garfield, E (1994b) Linking literatures: An intriguing use of the citation index. Retrieved from http://wokinfo.com/essays/linking-literatures/

Garner, R (1967) A computer oriented, graph theoretic analysis of citation index structures. *Drexel Press.* Retrieved from http://www.garfield.library.upenn.edu/rgarner.pdf

Hayhoe, R (2002) Teacher education and the university: A comparative analysis with implications for Hong Kong. *Teaching Education, 13*(1), 5-23. http://dx.doi.

org/10.1080/1047210120128555

Huang, A H M (2009) Science as ideology: SSCI, TSSCI and the evaluation system of social sciences in Taiwan. *Inter-Asia Cultural Studies, 10*(2), 282–291. http://dx.doi.org/10.1080/14649370902823413

Huang, A H M (2004) SSCI, TSSCI and Taiwan social science evaluation system (in Chinese). Paper presented at the Reflecting on Taiwan's Higher Education Academic Evaluation Conference, International Plenary Hall, National Library, Taipei, Taiwan.

Institute of Higher Education, Shanghai Jiao Tong University (ARWU) (2012) World ranking methodology. Retrieved from http://www.shanghairanking.com/ARWU-Methodology-2012.html

IREG (2010) The academic rankings: From popularity to reliability and relevance. Retrieved from http://www.ireg-observatory.org/pdf/abstracts_and_speakers.pdf

Keith, B (1999) The institutional context of departmental prestige in American higher education. *American Educational Research Journal, 36*(6), 409–445. http://dx.doi.org/10.3102/00028312036003409

Kao, C, & Pao, H L (2009) An evaluation of research performance in management of 168 Taiwan universities. *Scientometrics, 78*(2), 261–277. http://dx.doi.org/10.1007/s11192-007- 1906-6

Kokko, H, & Sutherland, W J (1999) What do impact factors tell us? *Trends in Ecology & Evolution, 14*(10), 382–384. http://dx.doi.org/10.1016/S0169-5347(99)01711-5

Lai, D M (2004) Quantitative indexes are not the panacea of academic evaluation (in Chinese). Paper presented at the Reflecting on Taiwan's Higher Education Academic Evaluation Conference, International Plenary Hall, National Library, Taipei, Taiwan.

Lawani, S M, & Bayer, A E (1983) Validity of citation criteria for assessing the influence of scientific publications: New evidence with peer assessment. *Journal of the American Society for Information Science, 34*(1), 59–66. http://dx.doi.org/10.1002/asi.4630340109

Lin, S-D (2009) A study on the flexible salary compensation system for national university professors in Taiwan. Unpublished master's thesis. Retrieved from http://nccur.lib.nccu.edu.tw/handle/140.119/34772

Liu, Y-J (2014) Problems, strategies, and impact of SSCI publication in English: Perceptions and negotiations of Taiwanese researchers. In C P Chou (Ed.), *The SSCI syndrome in higher education: A local or global phenomenon*. Netherlands: Sense Publishers.

Ministry of Education (2009) Higher education for excellence. Taipei: MOE.

Ministry of Education (2012) Education statistics. Taipei: MOE. Retrieved from https://stats.moe.gov.tw/files/ebook/Education_Statistics/102/102edu.pdf

Mok, K H (2014) Promoting the global university in Taiwan: University governance reforms and academic reflections. In C P Chou (Ed.), *The SSCI syndrome in higher education: A local or global phenomenon*. Netherlands: Sense Publishers.

Mok, K H, & Tan, J (2004) Globalization and marketization in education: A comparative analysis of Hong Kong and Singapore. Cheltenham, U.K.: Edward Elgar Publishers. Retrieved from http://www.ireg-observatory.org/pdf/abstracts_and_speakers.pdf

Morris, P (1996) Asia's four little tigers: A comparison of the role of education in their development. *Comparative Education, 32*(1). 95–109. http://dx.doi.org/10.1080/03050069628948

NowNews (2009) High salary in Hong Kong. Taipei. *NowNews Network*. Retrieved from http://www.nownews.com

NCCU Teachers' Association (2012) Petition statement. *Taiwan Competitiveness Forum*. Retrieved from http://memo.cgu.edu.tw/yun-ju/CGUWeb/NCCUEdu2010/HomeAgainstSSCI.htm

Price, D J S (1965) Networks of scientific papers: The pattern of bibliographic references indicates the nature of the scientific research front. *Science, 149*(3683), 510–515. http://dx.doi.org/10.1126/science.149.3683.510

Palmquist, R A (2001) *Bibliometrics*. Austin, TX: University of Texas, Austin. Retrieved from http://www.gslis.utexas.edu

Reflections Meeting Working Group (2004) Globalization and knowledge production: Reflections on Taiwan's academic evaluations. *Taiwan Society Research Forum 04*. Retrieved from http://taishe.shu.edu.tw/book_forum_04.html

Su, S-W (2014) To be or not to be: Impacts of "I" idolization. In C P Chou (Ed.), *The SSCI syndrome in higher education: A local or global phenomenon*. Netherlands: Sense Publishers.

Shin, J C & Harman, G (2009) New challenges for higher education: Global and Asia-Pacific perspectives. *Asia Pacific Education Review, 10*(1), 1–13. http://dx.doi.org/10.1007/s12564-009-9011-6

Song, P-C (2006, October) Comparative assessment of 65 universities in greater China: Taiwan's teachers superior; research strong in China and Hong Kong. *Global Views Monthly*.

Taipei Times (2010, January 1) Academic sector proposes flexible salary for experts. *Taipei Times*. Retrieved from http://www.taipeitimes.com

Thelwall, M, Vaughan, L, Cothey, V, Li, X M, & Smith, A G (2003) Which academic subjects have most online impact? A pilot study and a new classification process. *Online*

Information Review, 27(5), 333-343. http://dx.doi.org/10.1108/14684520310502298

Thomson, R (2008) Web of science. New York: Thomson Reuters. Retrieved from http://scientific.thomson.com/products/wos/

Wang, H H (2014) The political economy of quantitative indexes for measuring academic performance. In C P Chou (Ed.), *The SSCI syndrome in higher education: A local or global phenomenon*. Netherlands: Sense Publishers.

Wang, B-J (2010) University evaluation based on the whole school evaluation approach. *Bimonthly Evaluation, 23*. Retrieved from http://epaper.heeact.edu.tw/archive/2010/01/01/2282.aspx

Wang, T-L (2009) Salary of assistant professor is lower than those who teach in primary/junior high school. Taipei: United Daily News Group. Retrieved from http://mag.udn.com

Wang, W-L (2010) It is about time for university faculty to be alert thanks to the strict evaluation system. *United News*. Retrieved from http://mag.udn.com/mag/campus/storypage.jsp?f_ART_ID=279045

Williams, R, & Dyke, N V (2004) The international standing of Australian universities. *Melbourne Institute*. Retrieved from http://www.melbourneinstitute.com/downloads/reports/ExecSumm.pdf

Wu, C C (2009) Higher education expansion in Taiwan: The problems faced. Taipei: National Taiwan Normal University. Retrieved from http://cve.ntnu.edu.tw

Wu, L-Y & Bristow, A (2014) Perishing Confucius: An analysis of a rupture point in the discourse of Taiwanese "New Higher Education." In C P Chou (Ed.), *The SSCI syndrome in higher education: A local or global phenomenon*. Netherlands: Sense Publishers.

Ye, Q Z (2004) The lack of the sense of social practice: The myth of criterion-based evaluation (In Chinese). Paper presented at the Reflecting on Taiwan's Higher Education Academic Evaluation Conference, International Plenary Hall, National Library, Taipei, Taiwan.

Yeh, W-Y, Cheng, Y, and Chen, C J (2009) Social patterns of pay systems and their associations with psychosocial job characteristics and burnout among paid employees in Taiwan. *Social Science & Medicine, 68*(8), 1407-1415. http://dx.doi.org/10.1016/j.socscimed.2009.01.031

chapter 9

東アジアの高等教育の変容と世界大学ランキング
―― 中国・香港・日本における研究評価の比較

李軍

管理イデオロギーの拡がりと国家の評価事業の厳しい要求のために，官僚主義がはびこっている。大学教員は教育をやりがいのあることと思えても，準備をする時間が十分にとれない。(中略) 国家の監査員は脚注ばかり多い論文を高く評価する一方で，学生や一般読者向けに書かれたベストセラー教科書などにポイントを加算しない。研究者は一時休職する，つまり教職から離れて研究を進めた方が，所属大学の地位を上げることに貢献できるであろう。

Terry Eagleton (2015)

1 研究大学変容の経験を国際比較する

　「ワールド・クラス」の大学を目指す世界的な動向は，研究評価指標をつくろうとする近年の動きと密接に結びついている。大学がいわゆる世界ランキング・システムに今ほど支配され，圧力を受けたことはなかった。大学ランキングは当初は一部の大学を対象とするものであったが，この数十年間で世界的影響力をもつようになった。その結果，高等教育のあり方は，ワールド・クラスの大学を生み出す方向へと劇的に変わった。まず，知識の探求・伝達の方法が数量化できる尺度に合わせて狭まり，学術雑誌への論文発表はさまざまな研究評価事業に影響されるようになった。学術や研究生活も同様に，説明責任を果たせるよう，測定可能なものに適応するよう作り上げられた。さらには高等教育の使命が本質的に変わり，こうした世界ランキング・システムに適した実利志向に向かっている。

　近年，世界ランキングの影響力に対して世界的に多大な関心が寄せられるようになり，多数の研究成果が刊行されている。しかしながら，世界ランキングが大学の研究評価事業や研究生活をどのように変容させてきたのかについては十分考察されていない。本章の狙いは事例研究により中国，香港，日本のトップレベルの研究大学各1校を比較検討し，研究評価事業が，知識の

生産という観点から見て大学の使命をいかに変容させてきたかを浮き彫りにすることにある。特に，異なる制度環境にある大学教員がそうした研究評価に対応するよう，どれほどの圧力をどのような形で受けているのかを考察する。経験的知見を検討することによって，今後の高等教育改革に向けて政策上の示唆がいくつか得られるだろう。

■課題の設定

　この数十年間，質保証は高等教育改革の課題として徐々に関心を集めてきた (Harman 2011; Teichler 2011) が，大学ランキング，ひいては研究評価事業に，政府の政策決定者や大学の首脳陣，教員，学生，保護者，その他のステークホルダーが世界的に関心を寄せてきたのは，このような質保証へのアプローチとしてであった (Chou 2014; Shin, Toutkoushian & Teichler 2011; van Vught & Ziegele 2012 など)。質の管理に向けたそうした世界的慣行は「組織の有効性」(Shin 2011) や「研究の質と影響力」(Harman 2011) に資するものであり，また，「透明性のツール」(van Vught & Westerheijden 2012)，「監査文化」(Power 2004)，「説明責任運動」(Toutkoushian & Webber 2011) としても役立つと見られている。こうした試みはいずれも世界ランキング・システムを支える要素とみなせる。世界ランキング・システムというのは政府の説明責任，資格証明，商業的ランキングなどの諸要因が収斂してできたもので，高等教育の卓越性，価値ある知識，そして究極的にはワールド・クラスの大学を規定するために利用されている (Gonzales & Nunez 2014, p. 3)。では，世界ランキング・システムは各国・地域の高等教育のありようにどのような影響を与えてきたのか (Hazelkorn 2015)。また，「如何にランク付けするのか」から「何故ランク付けするのか」(Oguz 2004)，さらには「何をランク付けするのか」へと関心が移る中で，ランキング・システムにはどのような影響があったのか。

　関連文献を参照すると，2つの対照的なシナリオが共存している様が伺える。一部の研究者は良い効果が見られる場合があるとする。例えば Shin

(2011) は，ランキングと質の管理が「大学の質と組織の効率」に貢献すると述べ (p. 19)，同様に Harman (2011) は，世界ランキングは高等教育機関に対して，従来の不適切であった質保証の仕組みを改変し，「ビブリオメトリクス」など，研究の評価と影響を測定する計量的手法を重視するよう圧力をかけていると論ずる (p. 49)。さらに van Vught & Westerheijden (2012) は，世界ランキングは透明性の高いツールであり，研究大学が「より大きく高い標準」を設定するよう，良い効果を与えうると見ている (p. 12)。このような見方があるために，大学首脳陣は質の向上に向けた世界的競争に参加するよう駆り立てられる。

　一方，ポストモダンの立場に立つ著名な批評家であり知的リーダーであるテリー・イーグルトンの最近の批判 (Eagleton 2015) に明らかなように，世界ランキングをめぐる議論の中心を占める傾向にあるのは，高等教育への悪影響である。イーグルトンによれば，イギリスのシステムはアメリカほど民営化されておらず，教員による大学運営ではなく，「ビザンツ式の（複雑な）官僚機構」がかなりの程度存在する。イギリスでは若手教員は下級官吏にほかならず，学長は最高経営責任者 (CEO) であるかのように振る舞い，ベテラン教員は今や上級管理職であり，学内は「監査と経理」の話でもちきりである。混乱のさなか，人文科学系の学部・学科はいずれすべて廃止されるかもしれない (Eagleton 2015)。本書第 8 章でも周祝瑛が台湾の大学の制度改革に悪影響が及んでいると述べ，それを「SSCI 症候群」と呼んでいる。その諸相は次の 5 つに要約される。

　1）英語覇権
　2）教育と研究の両立不可
　3）研究成果と評価指標とのジレンマ
　4）研究成果の国内の関心との乖離
　5）人文社会科学分野における書籍出版の価値の等閑視

　石川 (Ishikawa, 2014) は日本の研究大学を調査研究し，世界ランキング・

システムが国内の学術研究に及ぼす脅威を,多元的アプローチを用いて分析している。そして,世界に通用する研究を目指して個人の研究業績を高めると同時に世代を超えた研究者間の平等を保証する必要性があるにもかかわらず,大学ランキングはこの必要に応じることには適さず,むしろ英米の学術サークルが世界を支配する傾向が強まっていると結論づけている。Gonzales & Nunez (2014) は関連文献を検討して,ランキング・システムは,①個人主義,②標準化,③商品化,④同一化という価値や慣行を浸透させ,教員の活動,特に研究の評価に悪影響を及ぼしかねないと述べている (p. 8)。

　世界ランキング・システムが高等教育の改革に及ぼす影響を取り上げた文献はあるが,研究評価が高等教育のありようをいかに変容させてきたかという点に関心を寄せた実証的アプローチや比較アプローチはほとんどない。本章はこれをテーマとし,中国,香港,日本のトップレベルの研究大学各1校から一次データを収集,分析,考察し,研究評価事業が,知識の生産という観点から見て大学の使命をどのように変容させてきたかを明らかにする。特に,異なる制度環境にある研究者が,研究評価事業からの要求に応じるようどの程度の圧力をどのような形で受けてきたのかを考察する。

■**分析枠組みと方法**

　大学は「知ろうとする基本的決意」(Jasper, 1959, p. 20) を促す機関であり,個人の発達と社会の発展に3つの主要な役割を果たすことが長らく期待されてきた。その3つの役割とは,フレクスナーが近代のアメリカ,イギリス,ドイツにおける様々なシステムを分析して指摘したように (Flexner, 1930, p. 6),真理の探究,学生の訓練,知識と理念の解釈である。1950年代にカリフォルニア大学バークレー校の学長を務めたクラーク・カーは,複合大学 (マルチバーシティ) についての著書のなかで,この考えをさらに発展させた (Kerr, 1963)。その後 Pelikan (1992) は,機関としての大学の機能を,研究,教育,社会貢献と定義し,Harman (2006) は教育,研究と学術,サービスとした (p.

309)。

　本章は大学の中核的機能に関するこうした理論的説明を踏まえ，それをデータ収集・分析の枠組みとする。具体的には，学部生と大学院生の教育および地域社会へのサービスを2つの重要な機能と捉えた上で，学術出版を指標として高等教育の研究機能を論じる。研究・教育・社会貢献3者の関係も本章が興味を持つテーマであり，世界ランキング・システムのもとにある異なる社会政治的・経済的・文化的状況でその3つがどのように相互作用し，影響するのかを比較したい。

　本章の狙いは，研究評価事業が3カ国・地域の高等教育システムの改革にどのような影響を及ぼしてきたかを比較・考察することにある。言い換えれば，研究評価事業が中国，香港，日本の高等教育機関に生じさせた変化に及ぼした影響の主な相違点と共通点を探る。

　こうした研究は広範囲にわたるので，「類似点」と「相違点」を見出すために複数の地点で事例研究を行うことにした (Yin, 2014, pp. 56-63)。研究評価事業がそれぞれの大学の変容にどのような変化を与えたかを考察するために有意サンプリング法を採用し，3カ国・地域のそれぞれから「決定的に重要な事例」を1つずつ選定した。Yin (2014, p. 51) によれば「決定的に重要な事例」は理論的説明にも重要な実験的設計にも不可欠なものである。また，本章の目的からして研究に重点をおいている大学ほど有用と考えられるため (Stake, 1995)，3カ国・地域で研究に重点をおく大学を事例として取り上げた。

　データの収集は2014年2月から2015年11月にかけて行い，3種類のデータを収集した。(1) 1993年，2003年，2013年の発表論文に関する表形式の定量データ，(2) 若手およびベテラン教員へのインタビューや発言を含む質的なデータ，(3) 3大学に関する関連文書や報道に関する文献調査。インタビューとその録音については事前に同意を得た。ほぼすべてのインタビューデータを記述，解釈，パターン化という3つのコード化法にもとづいてコー

ド化した (Miles & Huberman, 1994, p. 57)。本章では主に2番目と3番目のデータから得た知見を分析する。

2 中国,香港,日本の事例と政策環境

中国,香港,日本の事例として取り上げる大学はいずれも儒教文化を継承する社会にあり,高等教育の卓越性を重視する傾向にあるが,政策環境はそれぞれかなり違う。

(1) 中国トップ大学 (TCU)[1]

TCUは中国で最も古く,最も威信のある高等教育機関の1つである。制度改革によって研究成果にもとづく世界クラスの地位を築いたという意味で同国のリーダー格の公立大学であり,オックスフォード,ケンブリッジ,ハーバードなど外国の世界クラス大学と競争できる国内有数の大学と一般に見られている。62の学部・研究科があり,2014年度の教員数は7000人で,博士課程在籍者1万人 (45プログラム),修士課程在籍者1万5000人 (50プログラム),学部生1万5000人 (120以上のプログラム) であった。留学生は3500人である。

TCUの改革に大きく影響したのは,「ワールド・クラス大学」(WCU) を目指す3つの国内政策,すなわち「211工程」,「985工程」,「バカロレア・プログラム国内評価プロジェクト」(NEBPP) である。211工程は1993年,985工程は1998年に始まり,大学の教育,研究,組織運営の質を高め,世界ク

---

[1] 本章で取り上げる大学はいずれも仮名で表記する。

ラスの大学を生み出すことを目的としていた。両プロジェクトは，認定された大学のインフラ全般や教員採用など重点分野への開発支援（ソフト・ハード両面への資金援助）を行うほか，社会経済的発展の要請に応じるさまざまな教育機関の重点研究分野や，教育と研究に関する国内データベースの構築など公共サービスシステムに対しても助成している。211工程は第1期が1996～2000年，第2期が2001～2006年，第3期が2007～2011年で，この間に112大学，821の研究分野が対象となり，公共サービスシステムが3件構築された。現在，第4期（2012年～）が進行中である。985工程の戦略は，中央・地方政府から多額の公共投資を得て，一定数の世界クラス大学の創出を大きく前進させるというものである。こうした国立大学が中国の高等教育システム全般の水準を高める推進力になることが期待されている（Min, 2004, p. 74）。

　中国は両プロジェクトとほぼ同時期にNEBPPを開始した。これは大学の教育と質を継続的にモニタリングして向上させようとするものである。NEBPPは評価を通して大学の改革と再編を促進することを原則としている。NEBPPにおいては，①機関の使命，②教員，③教育施設とその活用，④プログラムの構成と教授法改革，⑤教育管理・運営，⑥教育・学習形態，⑦教育効果の評価も行われる。これら7つの指標はいずれも「科学的に」設計され，各指標にいくつかの下位指標がある[2]。NEBPPは全国で採用され，5年ごとの評価結果は「優」「良」「可」「不可」の4段階評価で教育部高等教育教学評価センターから発表されるので，中国ではNEBPPでよい評価を得ることが，高等教育機関としての成功に不可欠な政治的成果とみなされている。

---

[2] NEBPPについて詳しくは，教育部高等教育教学評価センターのウェブサイトを参照（http://www.heec.edu.cn/en/index.jsp）。

(2) 香港トップ大学 (THKU)

　THKU は香港で最も威信のある高等教育機関の1つであり，「QS 世界大学ランキング」でしばしば 100 位以内に入っている。9 の学部・研究科があり，2014 年度の教員数は 3000 人，博士課程在籍者 2000 人（30 プログラム），修士課程在籍者 1600 人（130 プログラム），学部生1万 6000 人（70 プログラム），留学生は 3500 人であった。

　公立大学である THKU は，イギリス領時代と同じく大学助成委員会 (UGC) を通して香港政府から資金援助を受けている。UGC が設置された 1965 年以来，THKU は UGC の監督下にあり，高等教育機関としての実績を重視した監査やモニタリングを受けている。香港が特別行政区として中国に返還された 1997 年以降，財政支援計画は香港の各高等教育機関の研究成果に応じて調整されるようになった。当時 UGC 事務局長であったナイジェル・フレンチは次のように述べている (French, 1997)。

> 資金配分の方法が変わり，各教育機関の教育・研究目標の達成に必要な資金の査定がこれまでよりはるかに厳格かつ詳細なものになった。各機関の近年の研究成果に応じて予算を配分するという仕組みが初めて導入された。こうした方法をとることで，研究・教育両面の業績に報いて質を高めるという意図もある。UGC は現在，次の3年期の資金配分のための評価を考えるにあたり，この質を高めるという側面をより重視している。

　より直接的には THKU は 1993 年以降，イギリスにおける高等教育機関の質保証システムをもとに UGC が雛形を作った「研究評価事業」(RAE) によって定期的に評価されてきた。RAE の主たる目的は，UGC が助成した高等教育機関 8 校の研究の質を評価して世界クラスの研究を奨励することにある。その評価に際しては，各機関への交付金や継続的助成金の配分および再

配分を公的に説明可能なものとし，研究成果を国際的な研究水準に照らして評価するために，成果（アウトプット），投入資金（インプット），高評価・認知（エスティーム）に関する厳しい基準が主要な指標とされる。研究成果は，カーネギー財団による学識の4つの定義（発見，統合，応用，教育）を用いて，①世界をリードする（★4つ），②国際的に優れている（★3つ），③国際的水準（★2つ），④地域の水準（★1つ），⑤分類不能の5つのカテゴリーに分類される（Boyer, 1990; Glassick, Huber & Maeroff, 1997）。

UGCによる業績測定型評価プロセスの一環として，2014年に実施された直近のRAEでは，研究大学間の公的研究資金の獲得競争に新たな方法が導入された。研究助成協議会（RGC）の毎年の研究資金獲得の結果にもとづく資金配分が徐々に増え，9年後には研究資金全体の50％を占めるようになる。そして，RAE2014の評価結果は，残りの50％の資金配分にも反映されるというものである。RAEはUGCが資金を配分する大学の順位付けや個人の研究業績の評価を意図しておらず（The UGC, 2014, June），評価結果は個人の氏名や所属を伏せてコストセンター単位で伝えられるが，ほとんどの教員は各コストセンターや機関の高い期待に応えるよう圧力を受けている。

(3) 日本トップ大学（TJU）

TJUは日本のトップレベルの国立大学の1つであり，日本が明治維新によって近代化を進めた19世紀に創設された。その後1930年代に7帝国大学の1つとして統合され，現在，日本の総合大学の五指に入るものと広く認められている。2015年度の教員数は3200人を超え，他に教育に専従する非常勤スタッフが3500人いる。16の学部・研究科があり，博士課程在籍者3200人，修士課程在籍者4600人，学部生は1万6000人である。留学生は2100人である。

中国や香港と違って，日本の高等教育システムは私立大学が多数を占めている。とはいえ中国や香港と同じく，日本でも国立大学のほうが長年研究活動に重要な役割を果たしてきたし，文部科学省の厳しい監督下にある。日本の国立大学は，教育研究の成果を向上させることを目的として 2004 年に法人化された。新たな国立大学法人制度では，文部科学省が 6 年間の中期目標を定め，各大学はそれに沿って中期計画を策定する。中期計画は文部科学省の承認を得なければならない。国立大学の業績評価はその中期計画を踏まえて 6 年終了後に，文部科学省に設置された国立大学法人評価委員会（NUCE）の要請を受けて大学評価・学位授与機構が行う。

　NUCE は教育，研究，組織運営に関する各種の実施計画と中期目標に照らして各大学の業績を評価する。そうした国立大学評価の枠組みとして大学評価・学位授与機構が評価実施要項と実績報告書作成要領を定めている。各大学はこの要綱・要領に従って実績報告書を作成しなければならない。次いで各大学の業績は，報告書の分析と大学訪問を基本とする評価プロセスで監査される。これは中国の NEBPP と似ているが，導入は中国のほうが早い。NUCE の目的は 2 つあり，①国立大学の質保証と教育研究の改善，②公的機関としての説明責任の履行，である。

　大学評価・学位授与機構は評価を計画的に行うために国立大学教育研究評価委員会を設置しており，同委員会は学長，大学教員のほか，ジャーナリストやエコノミストなどの専門家ら 30 人程度で構成されている。同様の評価を行う目的で文部科学省の認証を受けた質保証機関として，他に大学基準協会や日本高等教育評価機構などがある。各国立大学はこれらの評価結果を用いて教育・研究活動の改善を図る。さらに重要なことに，文部科学省は国立大学交付金を各大学の評価結果や制度的努力に応じて配分する新システムを導入した。そうした意味合いでは，これは香港の UGC が採用しているシステムと類似している。現在，第 2 期中期目標期間にあり，また，ワールド・クラスの大学の構築に向けた「グローバル 30（国際化拠点整備事業）」や「大

学の世界展開力強化事業」などの新事業が進められており，大学や研究機関への大きな圧力や激しい競争が個々の教員にも及び，なかでも TJU のような研究に重点をおいた大学の教員が影響を受けている．

3 研究活動はどう変わったか

　研究評価は異なる政策環境にある高等教育システムにどのような影響を与えてきたのかという問いに答えるには，研究は大学の制度的使命の中でどのように位置づけられてきたのかをまず理解する必要がある．本章での調査結果によれば，3 つの大学はいずれも研究を重視しており，TCU，THKU，TJU でインタビューした教員は専門分野や身分に関係なく全員がそのように見ていた．研究は大学，特に研究大学の主要な使命の 1 つであることにほとんどの教員が同意し，ほぼすべての教員がそれぞれの大学でこの使命を果たすことにたいへん意欲的であった．

　例えば，TCU のワン教授[3]は最近，同大学の高等教育研究所長を退任したが，TCU 名誉教授として残っている．ベテラン教員であり，自身の経験からして TCU では研究が優先されてきたという．そして，「大学は本来のあり方を追求すべきです．(中略) 研究を深め，真理を探究できるのが大学です」と語り，TCU は研究に重点をおく大学であり，教育，研究，社会サービスのうち最も優先すべきは研究だと主張している．同じくベテラン教員である THKU のラウ教授 (教育学) や TJU のタカムラ教授 (人類学) も，それぞれの大学は研究の重要性を強調しており，そうした優先づけは新グローバル時代に大学の使命を果たすために必要だと話している．こうした見方は，3 つの大学でインタビューしたほぼすべての教員に共通するものであった．

---

3) 本章に登場する個人名はいずれも仮名である．

インタビューした教員は全員が各大学における研究の重要性を認めているが，中国，香港，日本の政策環境はそれぞれ異なる。例えばTCUでは，研究は大学の制度的使命の1つであるばかりか，国内の社会経済的発展のためにも，グローバル化が進展するなかで国の競争力を高めるためにも不可欠だと見られており，世界ランキングによって評価されることが多い。TJUの事例に見られるように，日本の大学についても同じような理由づけがされるが，Ishikawa (2009) も指摘しているように，さまざまな分野でグローバル競争力を高めるために大学の地位を高め，維持するという意味合いが一層強調される。中国と日本の事例は国レベルでも大学レベルでもキャッチアップ志向や競争心が強いことを示している。加えてTJUは，研究は教育や社会サービス以上とはいわなくとも，同じくらい重要であると強調している。

THKUの場合，Postiglione & Jung (2013) が指摘しているように，一大学として世界的地位を強めるため，さらには特別行政区である香港の経済競争力を高めるために研究に力が入れられている。インタビュー調査によると，具体的にはTHKUは公立大学として研究活動のレベルを世界クラスに高め，香港をアジア太平洋地域のみならず高等教育の国際的拠点にしたいと考えている。

ラウ教授によれば，THKUでは大学の3つの使命のうち研究が教育や社会サービスより重視される傾向にある。また，研究に重点をおく大学では教育は重要であるが，優先順位は明らかに研究が先に来るという。THKUでは制度上，全教員の年次評価に際して教育，研究，社会サービスが同等に考慮されることになっているが，実際には通常，研究活動が各教員の業績全般を評価する第1の尺度とみなされている。若手教員ほど教育や社会サービスより研究に力を注ぐ傾向にある。

(1) 評価のための研究か？

　調査した3大学では，研究の重要性が大学の使命に体系的に組み込まれており，その証拠に，教員の研究成果に対する制度的評価が定期的に行われている。そして，これが大学教員へのさまざまな圧力となっている。こうした研究評価事業の制度的影響を3つの事例について見ていくと，本質的な相違点が浮かび上がってくる。

　研究への圧力について言うと，ベテラン教員は個人的な関心や知識探求の動機にもとづいて研究する傾向にあり，研究への圧力を受けていないようである。その分野の大家であるTCUのワン教授は研究生活に入って以来今日までずっと研究を続けてきたし，退任後も複数の研究プロジェクトを率いている。ベテランの人類学教員であるチャオ教授は50代前半だが，これまでの研究成果はすべて個人的な学術的関心から生まれたものであり，TCUの制度的評価による圧力は受けていないと，次のように語っている。

> 私は自分の研究を十分楽しんでやってきましたし，長い間，おそらく30年以上人類学科にいます。以前は私の大学には，昇進のための年次評価や終身在職権を得るための研究評価といったものはありませんでした。そういうものができたのは近年のことです。昔は誰もが研究成果を出版したわけではなく，ごく少数の年輩の教授しか出版しませんでした。われわれが評価したのは学術的関心であり，研究に取り組む姿勢で，研究成果のアウトプットや成果数を示す指標はありません。長年教授職にありますが，今日の厳格な評価手法で評価されても怖くありません。まずありえないでしょうが，大学が私を資格なしと判定するなら，すぐに別の大学に移ります。他の大学はトップレベルの研究機関から優秀な研究者を引き抜く機会をつねに狙っていますから。

　チャオ教授は自分の研究の卓越性に相当な自信をもっており，研究評価の制度的基準に従うよう大学から要求されたら転職の自由を享受できると語っ

ていた。THKU のラウ教授や TJU のタカムラ教授が認めているように，同様のことは香港や日本でも見られる。ラウ教授とタカムラ教授は共に熟年世代で，あらゆる種類の研究活動に積極的に携わっている。

若手の教員は自らの関心や動機にもとづいて研究を進めるという姿勢を意識的あるいは無意識的に受け継いでいるようであり，このことは調査した3大学のいずれにおいても見てとれる。例えば，研究テーマの選択に際して評価が大きな制度的圧力になるという見方を否定した助教もいる。TCU のファン助教（人類学）は採用2年目であり，アメリカの有名な私立大学で博士号を取得した。彼は，現在の研究は自分の関心分野ではないが，今後は自分のテーマに取り組む時間が十分とれると話していた。

THKU のレン助教（教育学）は採用5年目であり，研究の成果を気にしたことはなく，これまで自分は研究がしたくて研究を続けてきたとにこやかに語ってくれた。また，「昇進か解雇か」を判定する厳しい審査が 2014 年にあるが[4]，それに合格するかどうかも気にしていなかった。なぜ研究に強い圧力がないのかと尋ねると，ファン助教もレン助教も，自分には研究能力があり，研究評価事業の要求に十分応えられる成果を生み出せるからだと返答した。

確かに，研究に重点をおく大学で働くこうした若手教員は所属大学のより高い期待やより厳しい評価にすでに備えていた。しかしながら，すべての若手教員がそうした楽観的な見方をし，士気が高いわけではない。TCU でファン助教の同僚でもあるチャン助教（教育学）は採用4年目で，研究成果がTCU の研究評価事業で評価されることにプレッシャーを感じていた。准教授になれるかどうかの審査が1年後にあり，それに備えて競争力をつけるた

---

4) 香港の主要な公立大学の一部は，人事に関して「昇進か解雇か」という審査方針を採用している。つまり，助教は6年間の正規雇用後，終身地位保証のある准教授に昇格するか，契約を打ち切られる。後者の場合，助教は大学を辞めなければならない。この仕組みはアメリカの多くの大学の任期制と似ている。

めにできる限りの努力をしなければならないと語っていた。

　TJU での調査によれば，研究評価事業は日本のトップレベル大学の教員により深刻な影響を及ぼしているようである。一例を挙げると，TJU の新任助教ヤマグチ女史（人類学）は研究評価の制度的圧力が怖くて，研究活動に終始没頭しているという。研究が多忙で，私生活のための時間もとれず，30代後半になっても独身である。彼女はインタビューの間中硬い表情を崩さず，自分の研究生活を次のように話した。

> 今後何年かでもっと論文を発表するために研究に集中しなければなりません。そうしなければ大学での身分を失うでしょう。（中略）ポストをめぐる競争は激しく，大学は全教員に高い期待を抱いています。後れをとれば，間違いなく仕事を失います。（中略）ですから私の生活はといえば，毎日，朝早くアパートを出て6時半に研究室に来ます。帰るのは夜遅くで，深夜になることもあります。幸い，通勤時間はそれほどでもなく，1時間もかかりませんが。

　ヤマグチ助教の同僚で TJU のサカ教授（教育学）の発言からも同じような状況が伺われた。彼はインタビューの前に，日本語または英語で書いたいくつかの研究書や論文を見せてくれた。それは，この20年間における彼の優れた業績を誇らしげに示すものであった。研究評価は大学の制度的地位を確かなものにするためにきわめて重要だとサカは断言しており，彼自身 TJU の競争メカニズムを支えることに力を尽くしてきた。

（2）SCI に収録される英語論文を評価されるための研究か？

　研究への圧力，特に一部の若手教員が受ける圧力をさらに理解するには，研究評価の影響がこの数十年でどう変わってきたのかを知る必要がある。その変化は，各種の世界大学ランキングで評価される研究卓越性をめぐる世界

的競争に，研究に重点をおく大学がどう対応してきたかを示している。これについて考察すれば，研究評価事業の影響が時とともにどう変わってきたかという問いへの答えにつながるだろう。

調査した3大学から収集した定量データによれば，論文作成に使用する言語がこの20年間で母語から英語に変わる傾向にあった[5]。質的データによれば，そうした傾向にあるのは，研究評価事業の性質が変わってきたからだと言える。例えば，質と同時に，母語ではなく英語の使用についても要求が厳しくなっている。

TCU の研究評価事業では，サイテーション・インデックス SCI (Science Citation Index)，EI (Engineering Index)，SSCI (Social Sciences Citation Index いずれも巻末「基礎解説2」参照) に収録される学術雑誌の論文が昇進，資格証明，報奨の主要指標とされる。具体的には，①発表論文数と② SCI，EI，SSCI に収録された論文数で評価されるが，この基準は専門分野や教員の身分によって異なる。例えば，自然科学分野で教授になるには，① 10 本と② 7 本，または① 8 本と② 5 本プラス優れた研究論文1本が必要で，准教授になるには，① 6 本と② 3 本，または① 4 本と② 2 本プラス研究論文1本が必要である。SCI，EI，SSCI に収録された論文が英語の場合は評点が加算される。こうした評価法を TCU の教員は「評価主義 (evaluationism)」と呼んでいる。

また TCU は，各種世界ランキングの順位を教員や学生を募集する際の広報に使っている。例えば，研究業績評価データベース ESI (Essential Science Indicators) や QS 世界大学ランキングが学生募集の宣伝戦略として使われている。さらに学生募集の商業キャンペーンでは，(1) 大学の順位，(2) 教員の質，(3) 卒業生の質，(4) メディアへの影響力に関する国内ランキングも強調されている。

若手教員もベテラン教員も世界ランキング・システムは研究成果を国際

---

5) 定量分析の結果は別途，『Higher Education Policy』に掲載する論文で発表する。

化・標準化する 1 つの手段だと見る傾向にあり，SCI・EI・SSCI に収録される英語論文が評価で重視されることを肯定している。とはいえ，若手教員がそうした評価の影響を受けている一方で，ベテラン教員は実際には影響を受けていない。論文のテーマや言語の選択については，若手もベテランも長い目で見れば国内で通用することが大事だと考える傾向にあり，論文の国際的な影響より国内での影響が重要と考えていた。これは興味深い結果である。TCU は研究活動の世界的影響力を求めているからだ。しかし，教員の考え方は必ずしも大学の意向と一致するものではない。チャン助教は次のように述べている。

> 全般に同僚たちは英語の論文をそれほど書いていません。こういう状況はたいして変わっていません。それは 1 つには，国内では英語の論文を読む研究者が少なく，インパクトが小さいからです。大半の同僚にとって，英語論文が第 1 の選択肢というわけではありません。もっとも，積極的に英語で書いている同僚も 2～3 人います。これは中国の高等教育機関での研究が世界にインパクトを与えるうえで良いことでしょう。

THKU は現行の研究評価事業による評価にあわせて，SCI・EI・SSCI 論文指標を教員の昇進や資格証明，報奨の指標にしていない。もっとも，THKU は英語論文の発表を期待しているが，外部・内部の評価過程でそうした期待を明文化してはいない。とはいえ，外部・内部の評価過程は教員の資格証明に不可欠であるため，この暗黙のルールをあえて無視しようとする教員はまずいない。その意味では TCU より THKU のほうが評価に積極果敢である。

THKU でのインタビュー調査によれば，ベテラン教員はさまざまな評価プログラムで設定された世界標準の拡大を支持する傾向にあり，若手教員はそれを受け従っている。ベテラン教員は研究評価の影響をさほど受けていないが，若手は受けているという同じ構図が見られる。また，ベテランも若手も，長い目で見れば論文が国内で通用することが重要だと考えている。香港

の大学教員は伝統的に英語で論文を発表しており，ベテランも若手も国内への影響のみならず国際的な影響も重視しているが，若手のほうが SCI・EI・SSCI 収録雑誌に論文を発表する傾向にある。ある若手教員は研究評価事業の制度的圧力を次のように受け止めている。

> 香港の大学教員は世界最高水準の給与を得ており，香港の大学は研究教育の成果を香港政府と一般市民に説明できなければなりません。それがわれわれにとって大きな圧力となっています。(中略) 成果がすべてというおかしい考え方が幽霊のように香港の大学をさまよっています。つまり，期待された研究成果をあげることができなければ，大学は私の代わりになる人をすぐ見つけられるのです。他の大学でも事情は同じです。私自身，大学から大事にされているとは思っていません。

THKU や TCU と比べて TJU は研究評価を重視する世界的傾向にそれほど染まっていないようであるが，文部科学省に設置された国立大学法人評価委員会が求める「監査文化」には対応している。大学評価・学位授与機構が6年ごとに監査する中期目標を達成するために，TJU は教員に対して，昇進や資格証明のビブリオメトリクス的指標の1つとして，定評のある学術雑誌に論文を発表することを奨励している。制度的には SCI・EI・SSCI 収録雑誌の論文が研究評価にあからさまに使われるわけではないが，暗黙の基準があって，各学部・学科が教員の採用や昇進を決める際にそうした論文があることが優先される。若手教員についてはそれが顕著な例もある。例えば，理工学系の博士課程在籍者は国際的に定評のある学術雑誌や SCI 収録雑誌に論文を発表することが求められる。

中国や香港の場合と同様に，TJU でインタビューした日本人教員はいずれも，研究評価の世界標準を採用することは TJU の地位を高めることに資するし，必要だと考えている。タカムラ教授も，こうした慣行によって日本の大学は国際社会でもっと「可視化」されると見ているが，新しいグローバルな指標がどのように「適切に使われる」べきなのか懸念ももっている。それ

はヤマグチ助教も同じで，この先准教授になるための基準を満たすために，どうすれば国際的な学術雑誌に載る「立派な論文」を書けるのか不安を感じている。

> 研究者の世界に入ったばかりですが，ここで生き残り，成長していくのは容易なことでないのはよくわかっています。特に女性はそうです。SSCI 収録雑誌に立派な論文を発表すればいいのでしょうが，それはとても難しい。英語は私の母語ではないし，英語で書くのはたいへんです。（中略）とはいえ，英語で論文を発表したほうが TJU で身分を確保するのに有利ですし，昇進の可能性も高まります。ですから，数年以内に准教授になれるまで精一杯頑張るしかありません。もちろん，こういう不安を抱えているのは私だけではありません。

4 研究評価の影響

　グローバルな時代の数多くの新たな課題に対応するなかで高等教育は大きく変容しつつあり，世界ランキングはその課題の 1 つにすぎない。これまで大学の財政，ガバナンス，教員・学生，社会文化的環境などによって大学の 3 つの主要な使命が推進され，形づくられてきた。しかし，このわずか 10 年で世界ランキング・システムがこうした従来の要素を押し伏せ，世界中の高等教育のありようを意図的に変容させる強力かつ広範な要因になってきた。論文が研究の生産性を評価する主要な指標になる場合は特にそうであり，研究評価が大学や個々の研究者に与える圧力が増している（Post, 2012）。

　本章の研究で明らかなように，調査した 3 大学のいずれにおいても研究が主要な使命となっていて，教員はみな，研究は大学としても個人としても本質的に重要なものと認識している。研究は大学の 3 つの主要な使命の 1 つであるが，これまで以上にますます重要とされ，他の 2 つの使命である教育や社会サービスより優先すべきものと一般に見られている。それゆえ，「出版

するか消え失せるか（パブリッシュ・オア・ペリッシュ）」が研究者の生活の現実である。

定期的な評価メカニズムが教員の昇進，資格証明，報奨に使われることで研究活動が変容することは，3大学における調査結果がはっきり示している。そうしたメカニズムが中国では「評価主義」，香港では「評価がすべてという考え方」，日本では「監査文化」，台湾では「SSCIシンドローム」を生み出した。いずれにおいても定評ある学術雑誌に掲載された論文が特に重視される。

論文を評価する際，その国際的影響力が，国内の状況や社会状況，個々の大学が奨励あるいは要求する必須の評価指標になる。ほとんどの場合，英語で書かれた論文のほうが高く評価される。英語は世界の「支配的言語」（Altbach, 2013）であり，SCI・EI・SSCI収録雑誌の論文は圧倒的多数が英語であるからだ。また，そうした学術雑誌は昔から欧米の出版社やデータベース作成機関の傘下にある。

そうした世界ランキング・システムは東アジアの大学にジレンマを生んでおり，大学は世界的な競争と国内の要求に同時に対応するために，大学の使命と人的資源のバランスをどのようにとればよいか苦闘している。そのために大学での研究活動は以前より困難なものとなっている。例えば，研究者は研究成果をどこに発表するか難しい決定をしなければならない。Hanafi（2011）が東アラブ地域の大学について論じているように，国際的な学術雑誌に発表すれば国内で評価されず，国内で発表すれば国際的には評価されないというジレンマを生む。

いうまでもなく，本章では考察の対象を東アジアの3つの研究大学に限定しているが，東アジアには多様な大学があり，ダイナミズムに満ちている。他の大学は世界ランキング・システムの影響を受けているのか。受けているとすれば，そうした大学はどう変わったのか。共通する変化があるのか，それとも個々に違うのか。それぞれの変容によって大学の制度的使命，例えば

教育の質はどう変わったのだろうか。また，教員の生活や学生の生活はどのような影響を受けているのか。これらはいずれも今後さらに考察すべき喫緊の問題である。

5 ランキング・システムの矛盾

　植民地主義とポスト植民地主義を下地としたグローバル化によって，世界各地の高等教育がこの 10 年間で欧米流のモデル化志向と英語覇権に席巻されてきた。各種大学ランキングを典型とする世界ランキング・システムは，新グローバル時代に推し進められた欧米優位のもう 1 つの形態にすぎない。数多くの研究で指摘されているように（Ishikawa, 2009; Marginson, 2010; Postiglione & Jung, 2013 など），世界ランキング・システムが生むジレンマによって，東アジア地域の大学は多大な責務と巨大な圧力にさらされて制度的変容を余儀なくされてきた。

　東アジアの大学には他の地域とは異なる伝統がある（Hayhoe, 1995; Li, 2016）。例えば，紀元前 124 年に中国に設立された「太学」は世界初の高等教育機関であった。ヨーロッパに大学が誕生する 1000 年以上前のことである。現在，中国の高等教育機関は「チャイニーズ・ユニバーシティ 3.0」という，過去 20 年の中国の文化的遺産を踏まえた新たな段階に入っている（Li, 2016）。この新しい東アジアモデルが，現在まで欧米モデルと英語に完璧にまで圧倒されている大学のグローバルな使命にどう対応していけるのか注視していきたい。

　東アジアには，世界ランキングにどう対応するかという新たな課題を大学の質と地位を高める機会と捉える大学もあるが，多くの大学では，研究と同等に重要かつ不可欠と見るべき教育と社会サービスへの力の入れ方が低下している。おそらく今後数十年のうちに教育と社会サービスの重要性が再確認

されることが望まれる。願わくば，大学は国内での存在意義を踏まえて，より好ましい方向への変革を遂げてほしい。

謝辞

　本研究は，「ワールド・クラス大学，論文発表，研究評価 ── グローバル時代の高等教育の使命再考」および「教育・訓練における中国・アフリカ大学連携 ── 学生，訓練生，教員，研究者」をテーマとする筆者の研究プロジェクトの一環である。前者のプロジェクトは世界大学ネットワーク研究開発基金（RDF/WUN Ref.: 4930217）から，後者は香港研究助成協議会一般研究資金（RGC/GRF Ref.: 842912）から助成を受けている。この2つの助成機関と，名前は伏せるが本稿に目を通し助言してくれた人たちに特に謝意を表する。また，ここに発表できたことに感謝している。しかし，内容に関する責任はすべて筆者にある。

（藤井翔太・堤亮介　監訳）

参照文献

Altbach, PG (2013) *The international imperative in higher education*. Boston: Sense Publishers.

Boyer, EL (1990) *Scholarship reconsidered: Priorities of the professoriate*. New York: The Carnegie Foundation for the Advancement for Teaching.

Chou, CP (2014) *The SSCI Syndrome in higher education*. Rotterdam, the Netherland: Sense Publishers.

Eagleton, T (2015, April 6) *The slow death of the university*. The Chronicles *of Higher Education*. Retrieved April 10, 2015 from http://chronicle.com/article/The-Slow-Death-of-the/228991

Flexner, A (1930) *Universities: American, English, German*. Oxford: Oxford University Press.

French, N (1997) Financing of higher education in Hong Kong: Outline of UGC funding methodology. University Grants Committee of the Special Administrative Region of Hong Kong. Retrieved on Oct. 28, 2015 from the UGC Website: http://www.ugc.edu.hk/eng/ugc/publication/speech/1997/nf_finhe.htm

Glassick, CE, Huber, MT & Maeroff, GI (1997) *Scholarship assessed: Evaluation of the professoriate*. San Francisco, CA: Jossey-Bass & The Carnegie Foundation for the Advancement for Teaching.

Gonzales, LD & Núñez, AM (2014) The ranking regime and the production of knowledge: Implications for academia. *Education Policy Analysis Archives*, *22*(31), 1-20.

Hanafi, S (2011) University systems in the Arab East: Publish globally and perish locally vs publish locally and perish globally. *Current Sociology*, *59*(3), 291-309.

Harman, G (2011) Competitors of rankings: New directions in quality assurance and accountability. In J. C. Shin, R. K. Toutkoushian & U. Teichler (Eds.), *University rankings: Theoretical basis, methodology and impacts on global higher education* (pp. 35-53) Dordrecht: Springer.

―― (2006) Research and scholarship. In J. J. F. Forest & P. G. Altbach (Eds.), *International handbook of higher education* (pp. 309-328) Dordrecht: Springer Science+Businesses Media B. V.

Hayhoe, R (1995) An Asian Multiversity: Comparative reflections on the transition to mass higher education in East Asia. *Comparative Education Review*, *39*(3), 299-321.

Hazelkorn, E (2015) *Rankings and the reshaping of higher education: The battle for world-class excellence* (2nd ed.) New York, NY: Palgrave Macmillan.

Ishikawa, M (2014) Ranking Regime and the Future of Vernacular Scholarship. *Education Policy Analysis Archives*, *22*(30), 1-22.

―― (2009) University rankings, global models and emerging hegemony: Critical Analysis from Japan. *Journal of Studies in International Education*, *13*(2), 159-173.

Jasper, K (1959) *The ideal of the university* (Trans. H. A. T. Reiche & H. F. Vanderschmidt) London: Lowe & Brydone.

Kerr, K (1963) *The uses of the university*. Cambridge, MA: Harvard University Press.

Li, J (2016) Chinese University 3.0 in a global age: History, modernity and future. In P. C. I. Chou & J. Spangler (Eds.), *Chinese education models in a global age: Transforming practice into theory*. Singapore: Springer.

Marginson, S (2010) GLOBAL: Research: A force for globalisation. Retrieved on Oct. 28, 2015 from http://www.universityworldnews.com/article.php? story=20100326113121559

Min, WF (2004) Chinese higher education: The legacy of the past and the context of the future. In P. G. Altbach & T. Umakoshi (Eds.), *Asian universities: Historical perspectives and contemporary challenges* (pp. 53-83) Baltimore & London: The Johns Hopkins University Press.

Oguz, A (2004) Ranking competition: How much to endeavor to move up? Unpublished M. A.

thesis, Emory University.

Pelikan, J (1992) *The idea of the university: A reexamination*. New Haven, CT: Yale University Press.

Post, D (2012) Rank scholarship. *Comparative Education Review*, 56(1), 1–17.

Postiglione, GA & Jung, J (2013) Frameworks for creating research universities: The Hong Kong case. In J. C. Shin & B. M. Kehm (Eds.), *Institutionalization of world-class university in global competition* (pp. 237–254) Dordrecht: Springer.

Power, M (2004) The risk management of everything. *The Journal of Risk Finance*, 5(3), 58–65.

Shin, JC (2011) Organizational effectiveness and university rankings. In J. C. Shin, R. K. Toutkoushian & U. Teichler (Eds.), *University rankings: Theoretical basis, methodology and impacts on global higher education* (pp. 19–34) Dordrecht: Springer.

Shin, JC, Toutkoushian, RK & Teichler, U (2011) *University rankings: Theoretical basis, methodology and impacts on global higher education*. Dordrecht: Springer.

Stake, R (1995) *The art of case study research*. Thousand Oaks, CA: Sage.

Teichler, U (2011) Social contexts and systemic consequence of university rankings: A meta-analysis of the ranking literature. In J. C. Shin, R. K. Toutkoushian & U. Teichler (Eds.), *University rankings: Theoretical basis, methodology and impacts on global higher education* (pp. 54–69) Dordrecht: Springer.

The UGC (2014, June) *Research Assessment Exercise 2014*. Retrieved October 28, 2015 from http://www.ugc.edu.hk/eng/doc/ugc/rae/gn_201406.pdf

Toutkoushian, RK & Webber, K (2011) Measuring the research performance of postsecondary institutions. In J. C. Shin, R. Toutkoushian & U. Teichler (Eds.), *University rankings: Theoretical basis, methodology and impacts on global higher education* (pp. 123–144) Dordrecht: Springer.

van Vught, FA & Westerheijden, DF (2012) Transparency, quality and accountability. In F. A. van Vught & F. Ziegele (Eds.), *Multidimensional ranking: The design and development of U-Multirank* (pp. 11–23) Dordrecht: Springer.

Yin, R (2014) *Case study research: Design and methods* (5th Ed.) Thousand Oaks, CA: Sage.

第 4 部

新しいメトリクスのために

chapter 10

比較可能なデータシステム構築のために
——欧州における新たなランキング・研究評価の動向

藤井翔太

1 あたらしい評価・ベンチマーキング方法の登場

すでに多くの章で述べられたように，21世紀の高等教育において，世界大学ランキングはその存在感を高めてきた。2003年の上海交通大学ランキング（Academic Rankings of World University），2004年のタイムズ・ハイアー・エデュケーション世界大学ランキング（当時 Times Higher Education-QS World University Rankings, 現在は Times Higher Education World University Rankings）を皮切りにして，現在は消滅した物も含めると10以上の世界大学ランキングがそれぞれの指標（Methodology）に基づいて世界中の大学を文字通り格付けしてきた。

21世紀以前から，アメリカのUSニューズ＆ワールド・レポート社のアメリカズ・ベスト・カレッジズ（U. S. News and World Report "America's Best Colleges"）のような国内の大学の格付けを行うランキングは存在したが，21世紀の大学ランキングは国家の境界を越え，グローバルに大学を序列化するプロジェクトとして発展を遂げてきた点に特徴がある。この流れは国際的な留学生の増加と並行して進んできた。特に，世界屈指の留学生大国である東アジアの中国や韓国，旧植民地という経緯から英語による高等教育が実施されている香港やシンガポールにおいては，トップ層の大学が世界大学ランキングを通して自らのブランド価値を世界中の学生にアピールする戦略がとられている。また，日本政府を含めた各国政府も，世界中から優秀な学生・研究者を集めるために，ランキングの上昇を目標に掲げる高等教育政策を打ち出してきた。

このように，グローバル化の進む高等教育・研究の世界において，世界大学ランキングが影響力を拡大していく過程の功罪については本書の他の論考の中でも繰り返し述べられている。それに対して，本章では少し違った角度からランキングについて考察したい。

第4部　新しいメトリクスのために

　筆者は元々西洋史学（近現代イギリス・スポーツ史）を専門とする研究者であるが，研究活動だけでなく，2010年から大阪大学の国際交流オフィスにおいて大学ランキングに関する業務を担当している。具体的には，各種ランキングへの大学データの提供，毎年公開されるランキングの結果，およびそれをベースにしたベンチマーキング分析と大学執行部向けの報告書の作成，ランキング運営会社や他大学のランキング担当者との情報交換などである。また，2014年以降は大阪大学未来戦略機構戦略企画室において，大学のIR（Institutional Research）チームに所属し，学内のデータ収集・分析，学生・卒業生調査の実施，教員評価・研究評価の国際的動向に関する調査などにも関与している。つまり，本書のテーマである国際的な大学ランキングや研究評価の最新の動向をフォローしつつ，大学としていかに対応すべきか，実際のデータに触れながら検討する仕事をしてきたのである。

　したがって本章では，そうした経験を踏まえて，最新のランキング・研究評価の動向について考察する。まず第1節で，高等教育の世界において影響力を拡大してきた商業的なランキングを中心に，21世紀のランキングの動向全体を概観する。それに対して第2節，第3節では，定量的な研究力分析を中心にすえた既存のランキングとは異なる評価・ベンチマーキングの枠組みであるEUにおけるU-Multirankと，イギリスにおける新たな研究評価の枠組みであるREF2014におけるインパクト（Impact）評価について分析する。この二つは，大学の格付けという性格を伴いつつも，比較可能なポートフォリオの構築，大学外のステークホルダーに対する大学の教育・研究力の説明という，既存のランキングとは少し異なる評価の視点を有している。こうした新たな潮流について考察することは，今後の大学ランキングのあり方を占う上で重要である。新たな動向を踏まえた上で今後，日本の大学にとって何が課題となるのか検討したい。

2 最新のランキング動向と今後の予測

　2014年末，タイムズ・ハイアー・エデュケーション（以下，THEと略記）は来年度以降のランキングにおいて使用する論文・引用データベースを，2010年から5年間利用してきたトムソン・ロイター（Thomson Reuters）社のWeb of Science から，エルゼビア（Elsevier）社の Scopus に変更すると発表した[1]。筆者は発表の当日東京で開催されていたセミナーに出席しており，その場に同席していたトムソン・ロイター社の社員が青天の霹靂といった感じで唖然としていたのを覚えている。ランキングには，論文数や論文の被引用回数（Citation Impact, THE では全体の30％）など，論文・引用データベースが影響を与える指標が多く，データソースが変更されることでランキング自体が大きく変動する可能性がある。実際に，2015年10月に発表されたTHEランキング2015-2016においては論文関連の指標のスコアが大きく変動しており，その影響を受けて日本の大学は軒並み順位を下げた。細かい評価結果をみても，表面上の評価指標は昨年度と同じだったにもかかわらず，各指標のスコアが大きく変動しており，ランキング発表直前に来日して日本の大学向けに説明を行ったTHEの関係者自身が，去年までのランキングとは別物だと思って欲しいとの発言をしている。

　こうしたデータベースの変更に伴う順位やスコアの大きな変動によって，ランキングの信頼性を損なう可能性があるにもかかわらず，それでもなおTHEがデータベースを変更した理由は何だろうか。一つには国際的な存在感を急速に高めているアジアをはじめとした途上国への対応を重視したから

---

1) Times Higher Education announces reforms to its World University Rankings, Times Higher Education, https://www.timeshighereducation.co.uk/world-university-rankings/news/times-higher-education-announces-reforms-to-world-university-rankings（2015年8月12日閲覧）より．

であろう。THE は 2013 年にアジア大学ランキング（Times Higher Education Asia University Rankings）を発足させるなど，地域別ランキングの展開を進めてきた。英語雑誌中心で，コアジャーナルの数を厳選する Web of Science に比べると，より広い地域・言語の雑誌をカバーする Scopus へのデータベースの変更と，国際的な存在感を急速に高めているアジアなど途上国の大学への対応を重視していることは無関係ではないだろう。

ただ，それ以外にもデータベースの変更には大きな理由があると考えられる。THE はトムソン・ロイターからエルゼビアへのパートナー変更にあわせて，THE 内部にデータ収集・分析を担当するチームを設置している。2014 年までは，THE ランキングに使用されるデータは（論文・被引用以外に関しても）トムソン・ロイターが世界中の大学からデータを収集し，そのデータを THE が評価に利用するという形式がとられていた。それが 2015 年以降には，論文・引用データベースに関しては Scopus をデータソースとするが，評判調査（Reputation Survey）を含めて，それ以外の機関単位のデータの収集から評価まで，THE の内部チームが一貫して担当することになった。つまり，THE はパートナー変更にあわせて，ランキングに使用するデータを全て自らの管理下におくように体制を変更したのである。

ランキングを運営する企業がランキングに関するあらゆるデータを保有することの意味は，企業にとってランキングだけが目的なのではないことを示している。つまり，THE にとってランキングは手段であり，その先にある目標を達成するためにあると考えるべきだろう。ランキングを通じて企業が収集したデータは，国境を超えて，しかも，大学単位で比較することが可能なデータである。もちろん，ランキングの評価指標に対する批判は多く，THE 自身のデータベース変更が示しているように経年比較が難しい部分もある。しかし，大学単位でパフォーマンスや予算構造をベンチマーキングし，大学の強み弱みを世界的にアピールしようとすれば，比較可能なデータを保有していることは非常に大きな強みである。端的にいえば，THE は世界中

の大学から収集したデータを利用して，世界中の大学にコンサルティングを商品として売り込むことも可能なのである。

　ランキングを通じたベンチマーキング可能なデータの収集と商品への転用という点に関しては，THE と同じく世界大学ランキングを運営しているクアクアレリ・シモンズ社（Quacquarelli Symons，以下，QS と略記）のほうがより明確に意識している。元々，留学生に対する世界各国の大学の情報提供を目的（商品）とする QS の場合には，ランキングはその経営目的を達成するための手段としての側面が強い。QS ランキングは THE ランキングに比べると非常にシンプルな評価指標を用いることで，より多くのステークホルダーに分かり易いデータを提供するとともに，より多くの大学がランキングに参加することを狙っている。近年 THE が力を入れている地域別，分野別ランキングに関しても，QS の方が先に着手しており，より多くの大学関係者が QS の運営する各種ランキングに関心をもつように巧妙な運営を行っている。

　その上で，ランキングを高めたい大学向けのコンサルティングや広報冊子への記事掲載，QS Apple や QS Maple のような地域単位での国際会議やサマースクールの企画・運営を行っている。つまり QS は，より多くの留学生・外国人研究者を集めるためのノウハウを商品化して販売しているのであり，その展開のためには分野別・地域別を含めたより細やかなランキング運営が必要なのである。また，QS ランキングも教員一人あたりの被引用数（Citation per Faculty）や評判調査の占める割合が高く，研究に特化した総合大学以外はランクインが難しいため，ランキングに縁の薄い単科大学や教育を重視する大学向けには QS スターズ（QS STARS[2]）というレイティングを実施している。スターズは，教育，研究，国際化といったランキングと共通する評価項目だけでなく，設備（Facility），雇用（Employability），社会的包摂度（Social Inclusiveness）など多様な指標を用意し，指標ごとに 5 段階の格付けを行うサービスである。

---

2) http://www.topuniversities.com/qs-stars

第4部　新しいメトリクスのために

まさしく高等教育の世界におけるミシュランガイドとでも呼ぶべきものが，このQSスターズである。しかもその影響力は拡大を続けており，ランキング圏外の途上国の大学から，ランキング上位に位置する大学までスターズによる格付けを受けており，それぞれの大学が自らの強みを証明するための手段として定着しつつある[3]。

QSスターズの例が示しているように，ランキングを運営する企業は，現時点では国際的な序列付けに参画しえない大学まで巻き込み，国際的な高等教育の世界に新たな市場を開拓しようとしている。そのためには，研究や教育や国際化といった既存のランキングに用いられている評価指標だけでなく，社会的な需要を満たす指標も考慮に入れた上で，国際的に比較可能なデータを収集・分析することが必要であり，ランキングやQSスターズはそのための手段として利用されているのである。

もちろん，上海交通大学ランキングやライデン大学ランキング（CWTW Leiden Ranking）のように高等教育機関によって運営されているランキングも存在しており，全ての大学ランキングがTHEやQSのように営利目的で運営されているわけではない。一方で，THEやQSが新たな高等教育市場の開拓のために国際的に比較可能なデータを収集・分析していることは，世界中の大学のパフォーマンスを多面的に比較することでえられる情報に対する需要の高まりを示している。特に，EU統合に伴い国を超えた統一的な教育・研究政策が推進されているヨーロッパにおいては，多様な指標に基づく国際的に比較可能なベンチマーキングを行うことは必要不可欠である。

そこで，次節ではEUにおいて近年始まったU-Multirankを取り上げ，既存のランキングとは異なるベンチマーキングの新たな動向について検討する。

---

3) たとえば筆者が参加した2014年にQS Appleでは，ステージ上で格付けを受けた大学が「星」を受け取るセレモニーが行われていた。また，教育の質保障に関するセッションにおいて，QSスターズを質保障の手段として活用している大学もみられた。

3 U-Multirank が映し出すもの

　U-Multirank は 2013 年に開始された，ヨーロッパにおける新たな高等教育機関のベンチマーキング事業である。ヨーロッパ委員会からの補助金に基づいて，オランダの CHEPS (Center for Higher Education Policy, University of Twente の付属機関) とドイツ CHE (Center for Higher Education，ドイツの非営利研究機関) という非営利の高等教育研究機関が中心となって運営されている U-Multirank は，既存の世界大学ランキングを参照しながらも，営利企業によって運営されているランキングとは異なった理念に基づいて運用されている。

　U-Multirank は 2000 年代のヨーロッパにおける高等教育政策の影響下で始まったプロジェクトである。EU による統合が進む中で，ヨーロッパにおいては国境を越えた制度の統一が進められており，高等教育もその一部として改革の対象となった。

　経済統合に比べると，教育制度をヨーロッパ規模で統一するには大きな困難が伴うが，1999 年にボローニャ協定 (ボローニャ・プロセス) が調印されたのをきっかけにして，国を超えた単位互換制度 (ECTS) や共同学位プログラムの整備 (Erasmus Mundus) などが進められてきた[4]。つまり，ヨーロッパ各国で独自に整備されてきた高等教育制度の多様性を認めつつ，教育の質の水準を一定に保つように「チューニング (Tuning)」することが EU レベルで推進されてきたのである。その目的は，EU 内での国境を越えた学生の移動，卒業生の雇用を促すことでヨーロッパ全体の高等教育の魅力を高めるだけでなく，その魅力を海外へと発信することで非ヨーロッパ圏からも学生・研究者を獲得することである (ゴンザレスとワーヘナール，2012)。

---

4) "Bologna Process: European Higher Education Area" http://www.ehea.info/

こうしたEUレベルでの改革を効果的に進めるためには，ヨーロッパ各国の大学を比較し，その多様性を可視化するためのベンチマーキングが必要である。そして，ヨーロッパの大学の比較可能なプロファイル作成を目的としたU-Map[5]プロジェクトをベースに，世界中の大学のベンチマーキングを行うプロジェクトとしてスタートしたのがU-Multirankである（van Vught and Huisman, 2013; Gonzalez and Yarosh, 2013）[6]。

　U-Multirankを既存のランキング（主にTHEとQS）と比較すると，機関別ランキング（Institutional rankings）よりも分野別ランキング（Field-based rankings）に力を入れていること，評価指標の数が圧倒的に多いこと，そして結果が順位表（League Table）形式で公開されないことが特徴としてあげられる。

　一点目の分野別に関しては，U-Multirankに参加する大学は全学のデータを提供するのと当時に，毎年3〜4の選定される分野（毎年選定される分野は異なる。例えば初年度の2013年は物理学，電気工学，機械工学，経営学の4分野）単位でのデータを提出する。大学間の構造の違いが評価結果に大きな影響を与える機関単位での比較よりも，より比較可能な分野単位での比較を中心にすえることで，公平で分かり易いベンチマーキングが指向されている。また，分野別評価が採用されることで，注目度の高いTHEやQSの世界大学ランキングではほとんど浮上してこない，単科大学や特徴的な部局をもつ大学が浮上する余地が大きい（Westerheijden, 2014）。例えば，日本でも北陸先端科学技術大学院大学がU-Multirankにおいて「研究成果」，「外部資金獲得」，「外国語プログラム」などの指標において最高ランクの評価を獲得している[7]。

5）　http://www.u-map.eu/
6）　http://www.u-map.eu/
　　Jeroen Huisman (2013), "Institutional Profiles: Some Strategic Tools", *Tuning Journal for Higher Education*, 1, pp. 21-36.: Julia González and Maria Yarosh (2013), "Building Degree Profiles: The Tuning Approach", *Tuning Journal for Higher Education*, 1, pp. 63-64.
7）　北陸先端科学技術大学院大学「欧州連合（EU）発の新たな大学ランキング

大学院大学はTHEやQSのランキングではそもそも評価対象外であるが，U-Multirankはそうした既存のランキングでは光の当たらない機関を評価することを一つの目的としている（Westerheijden, 2014）。

二点目の評価指標の多さに関しては，THEランキングの評価指標が13であるのに対して，U-Multirankの分野別ランキングに関しては48もの評価指標が用意されている[8]。評価指標は教育・学習（Teaching and Learning），研究（Research），知識移転（Knowledge Transfer），国際性（International Orientation），地域貢献（Regional Engagement）の5つのカテゴリーに分類されている。具体的な指標のレベルでみると，学生／教員比率（Student-Staff Ratio）や分野別に標準化された平均被引用数（Field-normalized Citation Rate）の様な世界大学ランキングで一般的に採用されている指標もあれば，学生アンケート調査の結果に基づく学生の満足度指標（Students Satisfaction Indicators，コースの質や設備などの満足度が計測される）や，年限内卒業率，就職率，地域企業との連携（就職・インターンシップ・共同研究数）など，既存の世界大学ランキングでは重視されていない細かい部分まで評価対象となっている。こうした独自の指標は，学生の主体的な学びと労働市場のニーズに対応するために，企業など社会のステークホルダーと連携して教育成果の実質化を推進しているヨーロッパの高等教育政策とU-Multirankが連動していることを最も象徴的に示している部分である（van Vught and Huisman, 2013）。

結果の公表に関しては，機関別，分野別ともにU-Multirankのホームページ[9]で公表されるが，ユーザーが選択した分野（機関単位も可能）[10]に関して，

「U-Multirank」において，本学の研究等が世界的にトップクラスとなる優れた評価を獲得」http://www.jaist.ac.jp/news/update/2014/euu-multirank.html（2015年10月28日閲覧）。

8) http://www.umultirank.org/#!/methodology? section=undefined
9) http://www.umultirank.org/#!/home
10) ユーザーが個別に指定することも可能であるが，国や大学の規模などを指定すれば，自動で類似する大学をピックアップして比較する機能も搭載されている。

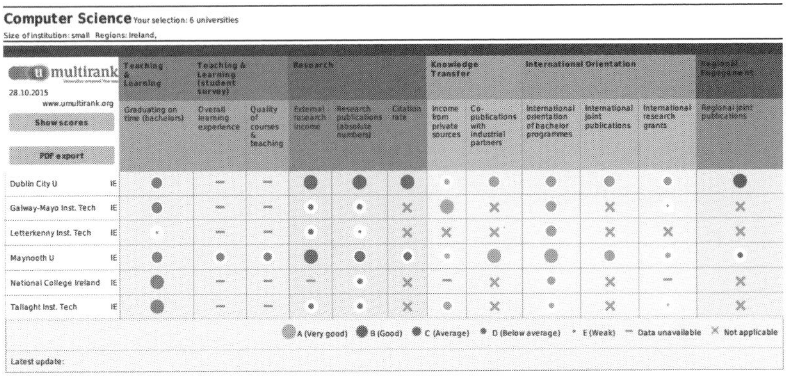

図1　U-Multirank 結果表示サンプル
U-Multirank の HP より作成 http://www.u-multirank.eu/#!/home

　ユーザーが選択した評価指標ごとに5段階の評価が表示される（図1）。この際，順位が一切表示されていないことからも，U-Multirank の目的が，大学をランキング化することではなく，比較可能な指標に基づいて個々の大学の強みを浮き上がらせることにあるのが分かる。ユーザーである学生や大学執行部の役員などが自ら大学・分野・評価指標を選ぶことで，それぞれの目的（進学先の選択や意思決定の補助）に応じてカスタマイズしたベンチマーキングの結果を示すことこそがU-Multirankの設計思想なのである（Westerheijden, 2014）。

　一方で，U-Multirank にも問題点は多く存在する。U-Multirank は基本的にはヨーロッパの大学が中心であるが，ヨーロッパ外の大学とのベンチマーキングも指向しており，U-Multirank 2014 に掲載された38％の機関が非ヨーロッパ圏の高等教育機関である。しかし，2011 年にパイロット版を試行した段階から北米の大学や中国の大学はデータ提出に消極的であり（van Vught and Ziegele, 2011），U-Multirank 2014 に掲載された約800校のうち，大学が自らのデータを提出したのは約500校のみで，その他の大学に関してはU-Multirank 側が集計可能な指標（Web of Science に基づく論文数，被引用数など）

のみ結果が表示される形式になっている。これは，地域（Regional）の定義など，非ヨーロッパ圏の文化と馴染まない指標・定義も多いこと，また，学生アンケート調査の実施負担が大きいことなどとも関係しているだろう。つまり，U-Multirank は，他の世界大学ランキングに比べると参加するためのハードルが明らかに高いのである[11]。

　例えば大阪大学の場合には，2014 年から U-Multirank に参加しているが，学内関係者で議論を重ねた結果，比較的収集が容易な項目のみデータを提出し，学生アンケート調査の結果が必要な項目に関してはデータ提出を見送っている。分野別ベンチマーキングの推進や多角的評価という U-Multirank の理念には共感を示しつつも，参加にかかる事務的な負担を考えて部分的な参加にとどめるとの判断が下された。

　ただし，2014 年 12 月にオランダ・トゥウェンテ大学の CHEPS を訪問した際に，U-Multirank の運営担当者は可能な限り大学への負担を強いない方法を模索していると述べていた。U-Multirank では，大学外部に公開されているデータに関しては，個々の大学に頼ることなく自分たちで収集する方針がとられている。ヨーロッパにおいては高等教育制度・教育水準の統一が進められると同時に，国やヨーロッパ単位で共通の評価の枠組みが設計されており，大学間で比較可能なデータの収集・公開が進んでいる。U-Multirank はそうした国単位，ヨーロッパ単位の取り組みをある程度前提に設計されている。例えば，ノルウェーのケースでは，政府が実施している学生満足度調査の結果を U-Multirank において利用する契約が結ばれており，今後はヨーロッパ外の大学に関しても，検討の上で同様の措置が取られる可能性はある。

---

11) 学生満足度調査に関しては，質問項目数が多く，質問文の翻訳などの負担がある中で，Web ベースで 20％近くの回収率を達成する必要があるなど，十分な準備が必要なため実施しない大学も多い。また，学生の回答結果の生データは U-Multirank が保管し，参加校にはレポートのみが配布されるという点も実施コストに見合わない。

本節では，既存のランキングに対抗するために立ち上げられた U-Multirank をとりあげ，ヨーロッパにおける新たなベンチマーキングの特徴を考察した。U-Multirank は国家を超えた統合の進むヨーロッパの高等教育政策と強くリンクしながら，分野別ランキングの積極的な推進によって比較可能なベンチマーキングであることを理想とし，企業や学生など大学外のステークホルダーの関心も反映させた幅広い評価指標を採用することで，実際に評価結果をユーザーが利用することを強く意識した設計になっている。一方で，ヨーロッパ外への汎用性が弱いことにくわえて，大学の構造の多様性を考慮した評価を指向するがゆえに，現時点では却って大学に大きな負担を強いることになっている。個人的には U-Multirank の提示する理念に賛同する部分も多いが，今後その存在感を高めていくためには参加にかかる負担の軽減は不可欠だと考える。

その際，U-Multirank は国レベルで収集・実施されたデータや調査結果を参照することで，参加機関の負担を下げようとしているのは上述の通りである。また，大学として予算を確保するためには，国内の研究評価への対応を避けて通ることができない。そこで次節では，イギリスを例にとって，ヨーロッパにおける国単位での研究評価の最新の動向について検討する。

4 REF のインパクト評価にみる研究成果の可視化

THE や QS などが本拠地をおくイギリスは世界大学ランキングの母国とでもいうべき存在である。19 世紀末のイギリスで成立したプロ・フットボールの世界で発明された「順位表（League Table）」という概念は，今ではあらゆる業界に適用されている。高等教育の世界においても教育や研究など様々な尺度から大学の「順位表」が発表されており，その最新型が 21 世紀の世界大学ランキングである。

歴史的に大陸ヨーロッパと比べて小さな国家を指向する傾向の強いイギリスであるが，高等教育に関わる国家予算の削減と，予算の傾斜配分による大学間の競争を促す政策が本格的に採用されたのは1980年代のサッチャー政権時である。それを象徴するのが，1986年に始まったRAE (Research Assessment Exercise) である。RAEは大学の研究活動を評価し，研究活動向けブロックグラントの傾斜配分に利用されるとともに，大学間の序列を可視化する「順位表」としても機能した[12]。その影響力はオーストラリアや香港など旧大英帝国の版図を中心に世界中に拡がり，研究評価と予算の傾斜配分の「お手本」とされている。

本節ではRAEから名称を変更し，2014年に実施されたREF (Research Excellence Framework) について考察する。REF 2014は研究成果や研究環境といったRAEでも行われていた評価にくわえて，研究活動の社会的・経済的・文化的・政治的影響力を測る新たな評価指標である「インパクト (Impact)」を導入した。2009年の学費値上げなど，高等教育に対する社会的関心は高まっており，その流れを受けて導入されたインパクト評価はイギリスの大学にいかなる影響を及ぼしたのだろうか。

RAE2008とREF2014を比較すると，分野別評価 (REF 2014では36分野) である点，論文や著作物など研究成果 (Output, 65%) や，博士号授与数や研究予算などの研究環境 (Environment, 15%) の評価に関しては大きな変化はなく，インパクト評価 (Impact, 20%) の導入が最大の変化だといえる。大学の研究が社会にもたらす影響力を重視すべきだとする議論が高まる中で，研究活動の学界外 (社会) への影響がインパクトとして測られることになった。また，定量的な指標 (論文数，被引用数) に基づく評価をより推し進めることも検討されたが，最終的には研究者によって構成される評価パネルによるピア・レビューの形式が維持されている (林，2012)。

---

[12] RAE自体はランキングではないが，評価結果が公表されると，THEなどのメディアによって即時に順位表が作成される。

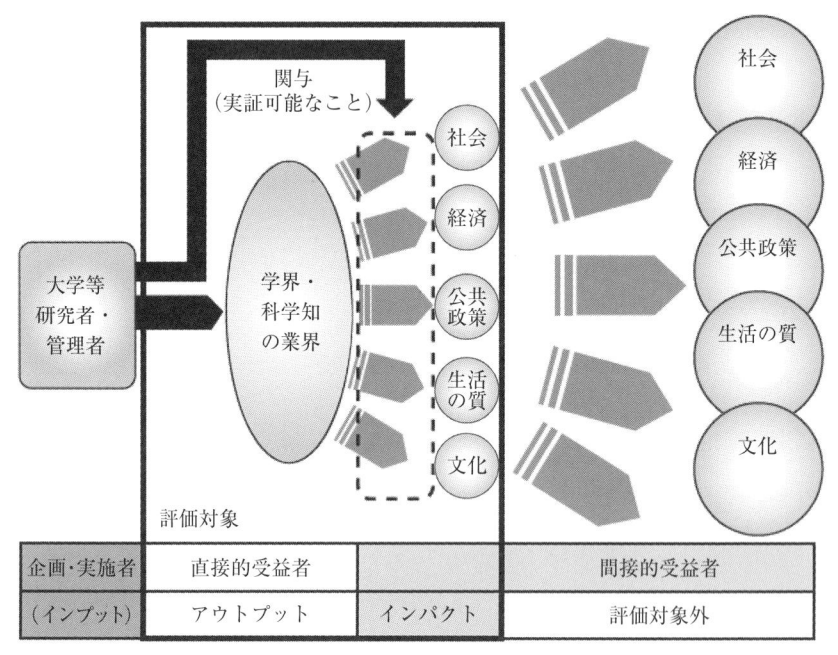

第 4 部　新しいメトリクスのために

図2　REF におけるアウトプットとインパクトの定義，および評価の対象範囲の概念図
大谷・加茂・小林, 2012 より引用

　インパクトが研究成果，研究環境と異なる点は，図2にもあるように学界の外への影響力が評価されること，そして研究の影響力について実証可能で説得的なストーリーを文書の形で提出するため，他の指標にくらべて定性的評価の側面が強いことが挙げられる。第11章（林・土屋論文）で論じているように，RAE 2008 においてもビブリオメトリクスに基づく評価が難しい分野を中心に，研究成果の社会的・経済的・文化的影響力が評価対象として提出されていたが，REF 2014 においてはそれらの成果をインパクトとして切り離すとともに，成果例・評価基準の明確化が目指された。表1は，社会科学（C領域）におけるインパクトの定義（カテゴリー，内容，成果例）をまとめたものであるが，REF に参加する大学はこの定義にしたがってより具体的

な証拠に基づいて説得的にインパクトを証明することが求められているのである。

REF2014 ではこうした定義に基づいて大学が評価されるわけであるが，評価結果はもちろんのこと，研究成果として提出された成果物のリスト，研究環境に関する定量的データ（博士号授与数，研究予算獲得額），そしてインパクトを説明した書類が全てホームページ上で公開されている。また，評価結果に関しては THE が分野別にランキング化し公開している（図3）[13]。

以下では，ホームページ上で公開されている評価結果とインパクトに関する提出書類（Case Study）を利用して，筆者の専門領域である歴史学（30. History）を例に，REF 2014 におけるインパクト評価の実態を分析する。

グラフ1は各大学の研究成果（Outputs）とインパクト（Impact）の GPA（Grade Point Average）スコアに基づく散布図である。全体としては研究成果とインパクトは有意に正の相関がみられる（n＝83, p＝.543**）[14]。一方で，大学を全体スコア（研究成果，インパクト，研究環境のスコアを上述の比重に応じて計算し算出したもの）に基づいてグループ化し[15]，それぞれのグループ単位で相関係数を計算すると違う傾向がみられる。すなわち，第2グループ（upper-middle: n＝29, p＝－.380*）第3グループ（lower-middle: n＝24, p＝－.422*）で有意に負の相関がみられるように，グループ単位では研究成果が高い大学が必ずしもインパクトが高いわけではない。20世紀末に RAE を導入して以降，イギリスでは大学間の階層化が進み，上位の大学と下位の大学で研究費の格差が拡大したことを考慮すると，グループ内で研究成果の評価の高い大

---

13) REF の評価結果は4段階に評価され，分布状況として公開されるが，THE はそれを GPA 化することでランキング化している。
14) 以下，** は1％水準で有意，* は5％水準で有意であることを示す。
15) Overall スコアの平均点を基準として，平均点＋2SD 以上を supreme，平均点＋1SD〜平均点＋2SD を top，平均点〜平均点＋1SD を upper-middle，平均点－1SD〜平均点を lower-middle，平均点－2SD〜平均点－1SD を bottom，平均点－2SD 以下を cellar としてグループ化した。

表1　社会科学（C領域）におけるインパクトの定義

カテゴリー	内容	例
社会・文化・創造性 Impacts on creativity, culture and society	個人・集団・団体もしくは共同体の知識，行動，習慣，権利や義務への貢献	・遺産の保存，保全，企画に貢献すること。博物館やギャラリーでの展示も含む。 ・映画，小説，TV番組を含めて文化的工芸品を制作すること。 ・公的，政治的議論を形成，影響をあたえること。規範や思考のモード，実践に挑戦し，打ち立てる活動を含む。 ・社会福祉，平等，社会的包括を向上させること。裁判所へのアクセス改善や雇用，教育などの他の機会の向上など。 ・法律やその他の知的財産権を守る枠組みを改善すること。 ・貧困軽減のための政策や実践への貢献。 ・社会・経済・政治的，そして法律の変化に重要な貢献をすること。 ・問題や現象の社会的理解を高めること。公的態度や価値観を形成し，影響を与えること。
経済・商業・組織 Economic, commercial, organisational impacts	営利活動を行う企業やその他の団体への貢献	・資源配分のアプローチを変え，サービス提供を向上させること。 ・新たな，もしくは改善された材料，製品，プロセスを発展させること。 ・「小規模」な技術の発展にむけた支援を向上させること。 ・効率や職場での実践を向上させること。 ・法的枠組み，ビジネスのガバナンスを改善すること。 ・財政的機会へのよりよいアクセス。 ・社会的，文化的，環境的安定性向上への貢献。 ・CSRの強化。 ・より効果的な調停。 ・代替的な経済モデル（例えばフェアトレード）の理解，発展，採用。
環境 Impacts on the environment	自然環境，歴史的環境，建造環境への貢献	・環境に関する公的意識，行動の具体的な変化。 ・自然資源や環境リスクの運用や保全の改善。 ・環境リスクや崩壊の運用改善。 ・ビジネスや公共事業の業務，実践を変え，環境目標を達成すること。 ・環境政策や規則のデザインや履行の改善。 ・保全政策，実践や，資源運用実践の変化。 ・環境，建築デザイン水準や一般的実践の変化。 ・専門家の実践やコードへの影響。 ・生物の多様性に関わる実践，政策の変化。
健康・福祉 Health and welfare impacts	個人・集団（動物も含む）の生活の向上（害の緩和），もしくは権利や利益の保護および擁護への貢献	・健康や幸福にかんする新たな指標の発展や採用。 ・医学倫理や利用サービス，社会的ケアの提供に関する政策や実践の発展。 ・CPDへの影響。 ・関連する法律の形成への影響。 ・サービスの利用に関する政策や実践への影響。 ・サービス提供やアクセスの向上。 ・倫理水準の発展。 ・訓練水準の向上。 ・健康・福祉成果の向上。

専門職・専門職サービス Impacts on practitioners and professional services	専門職サービス・倫理の発展・提供に関わる個人・団体への貢献	・特定の集団への実践の変化。 ・専門職の水準，ガイドライン，訓練への影響。 ・専門職の実践強化のための資源の発展。 ・研究発見を専門職の仕事や実践で利用すること。 ・サービスの運用や計画に影響を与えること。 ・専門職団体によってベストプラクティスや政策の策定，ロビー活動や他のステークホルダーへの働きかけのために研究発見を利用されること。 ・研究が専門家の議論に影響・刺激を与えること。 ・ステークホルダー間の議論を研究が刺激すること。
公共政策・法律・公共事業 Impacts on public policy, law and services	政策，システム，改革などの履行もしくは不履行を通じた，政府・公共部門・チャリティー組織や協会への貢献	・法律の変更，法的原則の発展，法的実践。 ・規則や調停，法廷へのアクセスの形式に影響を与えること。 ・政府や準政府組織，NGO や私的組織の政策形成や形成された政策に影響をあたえること。 ・公的サービスの形式や提供の変化。 ・研究成果によって政策議論を刺激し，政策の確証，政策方向の転換，政策の履行に影響を与えること。 ・サービスの質，コスト，アクセシビリティや効率への効果。 ・民主的参加への貢献。 ・NGO や商業組織の仕事に影響を与えること。 ・社会的問題に対する公的理解の向上。 ・社会通念への挑戦を可能にすること。

（REF 2014, Panel Criteria and Working Methods より作成）

学とインパクトの評価が高い大学である程度分かれる傾向がでてきているのではないだろうか。そこで，グラフの左上に位置する大学（研究成果の評価は低いが，インパクトの評価が高い大学）に着目して，どのようなインパクト例が高い評価に繋がっているのか考察する。

　一つ目の分析例としては，De Montfort University（以下 DMU，全体順位 57 位）を取り上げる。DMU はイングランド中部の都市レスターに位置し，1992 年にポリテクニック（polytechnic）から大学に昇格した新興の大学であるが，その際にスポーツ史・文化コース（Sport History and Culture）を新設し，現在では世界屈指のスポーツ史の研究拠点として知られている。REF 2014 の歴史学においてもスポーツ史研究のインパクトが高く評価され，研究成果（74 位）とインパクト（5 位）の順位差が最も大きくなっている。DMU の歴史学がインパクトに関する提出書類で強調しているのは，BBC ラジオ 4 の人気コンテンツ *Sport and the History* の制作である。同番組はスポーツの歴史をラジ

RESEARCH EXCELLENCE FRAMEWORK 2014: INSTITUTIONS RANKED BY SUBJECT

Overall							Output			Impact		
2014 rank order by GPA	2008 GPA	Institution	Total number of FTE staff submitted	% of 4* research activity	GPA	Research power	Institution	% of 4* research activity	GPA	Institution	% of 4* research activity	GPA
1 Clinical medicine												
1	n/a	Oxford	239	53	3.45	823	Plymouth	48	3.33	Bristol	100	4.00
2	n/a	Cambridge	192	58	3.43	659	Cambridge	39	3.21	Dundee	100	4.00
3	n/a	King's College London	136	48	3.40	464	Oxford	34	3.20	Imperial	94	3.94
=4	n/a	Imperial	334	48	3.33	1,113	King's College London	32	3.20	Institute of Cancer Research	90	3.90
=4	n/a	Institute of Cancer Research	69	46	3.33	230	Cardiff	33	3.16	Aberdeen	83	3.83
6	n/a	Edinburgh	207	44	3.30	683	Queen Mary	27	3.14	Oxford	82	3.82
7	n/a	Queen Mary	144	40	3.28	473	Institute of Cancer Research	29	3.09	UCL	84	3.81
8	n/a	Cardiff	59	38	3.25	192	Warwick	24	3.07	Cardiff	80	3.80
=9	n/a	UCL	450	43	3.20	1,439	UEA	35	3.07	Exeter	80	3.80
=9	n/a	Glasgow	177	40	3.20	568	Edinburgh	27	3.06	London School of Hygiene and Trop Med	89	3.77
=9	n/a	Newcastle	147	38	3.20	471	Sheffield	21	3.04	Newcastle	75	3.75
12	n/a	Manchester	136	36	3.19	434	Exeter	36	3.04	Cambridge	86	3.74
=13	n/a	Exeter	25	39	3.16	77	Imperial	27	3.03	Sheffield	74	3.74
=13	n/a	Plymouth	15	37	3.16	46	Manchester	22	2.98	Edinburgh	75	3.73
15	n/a	Sheffield	64	28	3.14	201	St Andrews	25	2.98	Nottingham	72	3.72
=16	n/a	Nottingham	104	34	3.12	324	Glasgow	21	2.95	Leeds	72	3.72
=16	n/a	London School of Hygiene and Trop Med	57	40	3.12	176	Leeds	18	2.92	King's College London	71	3.71
18	n/a	Leeds	94	28	3.10	292	St George's	23	2.91	Queen's Belfast	75	3.70
=19	n/a	Liverpool (joint submission with LSTM)	144	30	3.09	443	Newcastle	18	2.90	Leicester	65	3.65
=19	n/a	Bristol	84	31	3.09	261	Leicester	22	2.86	Glasgow	77	3.62
=19	n/a	LSTM (joint submission with Liverpool)	31	30	3.09	96	Birmingham	17	2.85	St George's	72	3.62
22	n/a	Warwick	32	24	3.05	99	Liverpool (joint submission with LSTM)	16	2.85	Southampton	61	3.56
=23	n/a	Birmingham	164	27	3.04	499	LSTM (joint submission with Liverpool)	16	2.85	Manchester	61	3.56
=23	n/a	Dundee	50	28	3.04	150	UCL	17	2.84	Queen Mary	77	3.55
25	n/a	Leicester	72	27	3.03	218	Nottingham	18	2.84	Liverpool (joint submission with LSTM)	58	3.53
26	n/a	UEA	14	32	2.96	43	London School of Hygiene and Trop Med	22	2.83	LSTM (joint submission with Liverpool)	58	3.53
27	n/a	St George's	44	29	2.95	130	Bristol	14	2.82	Birmingham	54	3.45
28	n/a	Southampton	143	25	2.94	422	Dundee	12	2.82	Plymouth	30	3.30
29	n/a	Aberdeen	54	25	2.89	157	Aberdeen	13	2.73	Warwick	40	3.20
30	n/a	Queen's Belfast	74	20	2.88	212	Southampton	17	2.71	UEA	40	2.60
31	n/a	St Andrews	16	17	2.79	45	Queen's Belfast	8	2.66	St Andrews	0	2.27
	n/a	National profile	3,571	39	3.19	11,391	National profile	23.1	2.97	National profile	76.4	3.71

図３　THE による Clinical Medicine の評価結果のランキング化
（Times Higher Education 2014, No. 2 より）

オの講義形式で配信したものであり，2012 年のロンドン五輪開催と相まって多くのリスナーを獲得した。また国内でのラジオ放送だけでなく，podcast で配信することで海外を含めて多くのユーザーがダウンロードして視聴していること（30 万弱），また配信のプラットフォームとしている iTunes のランキングにおいて高い評価（分野別ランキング１位）をえていることなどの定量

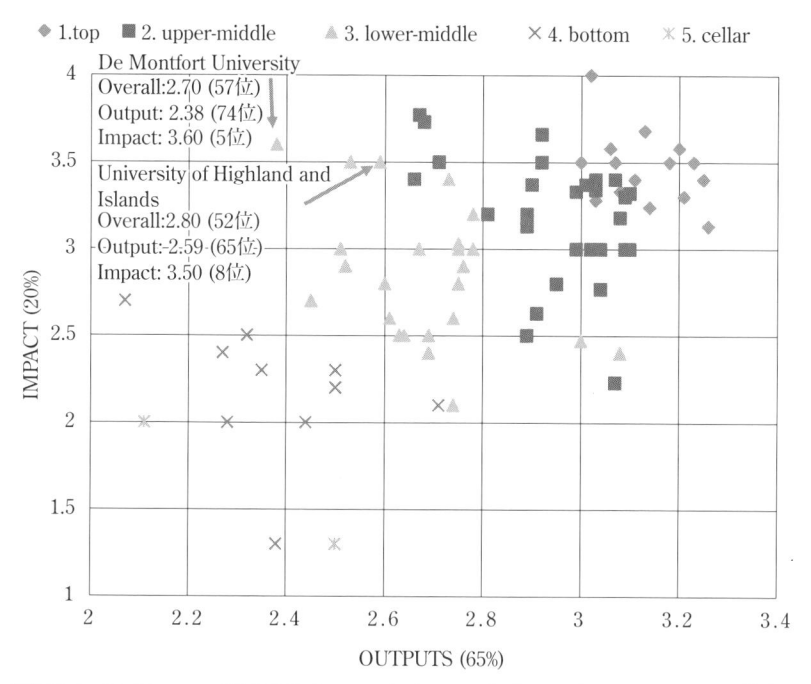

グラフ1 30. History の研究成果（Outputs）インパクト（Impact）の GPA スコアの散布図

的証拠に基づいて，スポーツ史研究のインパクトを証明している。スポーツ史自体は歴史学においてはマイナーなジャンルではあるが，DMU の場合には，FIFA や IOC などから資金援助を受け，スポーツ専門職員の育成コースを設置するなど，既に国内的にも国際的にも高い社会的評価を受けている。そうした自らの強みを説得的に訴えることで，高いインパクト評価をえた例である。

二つ目の例として，University of Highland and Islands（以下 UHI，全体順位 52 位，研究成果 65 位，インパクト 8 位）を取り上げる。スコットランド高地地方と島嶼部の 13 のカレッジが連合して 2011 年に大学に昇格した UHI は，DMU 同様に地方に位置する新興の大学である。ただし，スポーツ史という

第 4 部　新しいメトリクスのために

　マイナーながらも特徴的で社会的に高い評価を受けやすいジャンルを有するDMUに比べると，UHIの歴史学はスタッフも少なく（全英最小規模の4人），知名度も低い。一方で地域に密着した研究活動を行っており，そのインパクトを巧みに説得力のあるストーリーとして組み立てることで高い評価をえている。具体的には高地地方・島嶼部の土地所有制度史に関する研究を行ったHunter教授に着目し，彼が土地所有制度改革に関する委員会に参加し積極的に提言を行っていること（政策提言）を強調している。その上で，彼の提言を受けて行われた住民による基金の設立と土地の共同所有の推進が，島嶼部の人口増（10年で倍増する島も），エネルギー会社の利益増（年間1000万円の利益増）などに繋がったと説明している。このHunter教授のインパクトの例は，地域社会に密着した人文科学研究が地域社会の実際の改革に影響を与え，それが経済的・社会的インパクトに繋がっていることを定量的証拠に基づいてストーリー化した例である。

　この二つの例は，歴史学において高いインパクト評価を受けた大学に共通する傾向を象徴的に示している。DMUの例は，伝統的なインフラ（博物館やテレビ局）などと共同で研究成果を社会的に公開するだけでなく，インターネットを通じて国内・国外に発信することが高い評価に繋がっていることを示している。インパクト評価で1位のUniversity of Hertfordshireもこのパターンである。一方でUHIの例は，地域社会への貢献をベースにした上で，研究者の活動が間接的に地域の社会・経済・政治にインパクトを与えることを示した例であり，他にも鉄の技術史研究から，ドーバー城の復興プロジェクトに社会的・経済的インパクト（職人技術の復活，雇用の創出，観光客の増加）を与えたUniversity of Aberdeenなどがある。いずれの例においてもダウンロード数や観客数，経済効果に関する定量的証拠がインパクトのストーリーに説得力をもたらしている。つまり，人文科学においてもかなり具体的に経済的・社会的インパクトを説明することが求められていることが分かる。

　ただ，DMUのスポーツ史研究のように学界内ではマイナーでも，社会的

318

需要が高い（潜在的な市場が広い）分野だけでなく，地域に密着した研究テーマの間接的な影響力を丹念に追っていくことで高い評価をえている UHI のような例もある．これは研究を始める時点で社会的需要が高いテーマを選定しているかどうかで高いインパクト評価がえられるかどうかが決まるわけではないことを示している．むしろ重要なことは，いかに研究者が産み出した研究成果を社会に伝わるようにアウトリーチし，その二次的・三次的な影響を追跡・把握することができるかである．

しかし，二次的・三次的に波及していくインパクトを全て研究ユニット内部で把握・説明することは困難である．したがって，大学として分野や部局の垣根を越え，さらには大学の枠を越えた研究活動・成果・インパクトの把握が可能な体制を整えることが求められている．例えば，ブリストル大学（University of Bristol）においては，研究活動のアドミニストレーションを行う組織である RED（Research and Enterprise Development）[16]が中心になって，研究者のあらゆる活動を収集・把握・分析するためのデータベース（Elsevier 社の Pure）を利用して対応を図っている[17]．また，インパクト評価を意識し，研究ユニット単位で研究プロジェクトの社会的意義について簡潔に説明したパンフレットを作成するなど，日常的にインパクト評価にむけた研究者の意識改革を促すとともに，大学の研究力のアウトリーチ・広報活動をインパクト評価対策と連動する形で行っている．つまり，ブリストル大学では REF 2014 のインパクト評価導入を契機として，大学全体の研究推進・研究評価・広報戦略を連動して行う体制が急ピッチで整備されたのである．

本節で検討した REF 2014 のインパクト評価は，研究成果の社会的・文化的・経済的・政治的影響力を測る新たな研究評価の方向性として注目を集めている．日本でも一橋大学の蓼沼学長が大学の社会貢献を測る上でインパク

---

[16] http://www.bristol.ac.uk/red/
[17] 現在 Pure は Elsevier 社が買収し，世界中の大学にツールとして導入されている．

ト評価が参考になるだろうとコメントするなど[18]，特にビブリオメトリクスの方法論に基づく評価が難しい人文・社会科学系の領域での注目度が高まりつつある（藤井，2015）。

一方で，REFのインパクト評価においては，定性的な説明（説得的なストーリー構築）だけでなく定量的な証拠による裏付けも求められており，高い評価を受けるためには研究者や大学にこれまで以上の負担を強いることも無視できない。しかし，大学に社会的インパクトの説明責任を求める声は今後小さくなるとは考えにくい。例えば，リサーチカウンシルが実施している競争的研究費においても，インパクトに相当する評価が徐々に重視されるようになっており（林，2012），REFを含めてイギリスにおける研究評価におけるインパクト評価の影響は益々大きくなっていくだろう。

本節で論じたREFのインパクト評価も，前節で論じた多様な指標に基づくU-Multirank同様に，大学の産み出す（研究・教育）成果の社会への影響を可視化しようとする試みであるといえるだろう。どちらもビブリオメトリクスを中心とする評価では高い順位を獲得することが難しい大学が高い評価を受ける可能性があることを示しており，筆者もその理念に賛同する部分は大きい。ただし，そのために研究者の負担が増え，研究活動が十分に行えないようでは本末転倒である。インパクト評価がランキングを含めた既存の研究評価に風穴を開けられるかどうかは，ブリストル大学のように研究成果の波及効果を可視化するための体制整備にかかっている部分も大きいだろう。

5　比較可能なデータシステムの構築のために

本章では，THEやQSなど既存の大学ランキングの最新動向にくわえて，

---

[18]「一橋大　改革の方向性，社会改善「真の実学」を磨く」日本経済新聞2015年9月7日。

U-Multirank, REFのインパクト評価が象徴している新たな研究評価の方向性について検討した。それぞれに評価の目的は異なっているが，共通しているのは，大学の成果をより多くのステークホルダーが理解可能な形で可視化するために，大学間で比較可能なデータをより多く収集しようとしていることである。ランキングの作成（とそれに基づくコンサルティング）であれ，ポートフォリオの提示であれ，予算の傾斜配分のための評価であれ，研究者や大学の活動を定量的なデータとして収集し，大学ごとの特徴を可視化しようとする動きがその根底には存在するのである。それにあわせて評価指標の多様化も進み，学生満足度調査による教育・学習を評価しようとするU-Multirank, 研究の学界外への波及効果を測定するREFのインパクト評価など，定量化の流れはこれまで定性的に把握されていた領域にまで及んできている。

そうした流れは，ランキングや評価にデータを提供する企業が積極的に新たな可視化ツールの提供を進めていることからも読みとれるだろう。エルゼビア社やトムソン・ロイター社はランキングや国による研究評価にデータを提供する一方で，メディアやSNSでの言及回数などで研究の影響力を測るオルトメトリクス（Altmetrics）関連のデータを分析できるモジュールをツールに組み込むなど，新たな評価の枠組みに対応した商品の開発を進めている。

大学が果たすべき社会的責任に対する要求が高まるとともに，ビブリオメトリクスに対する世界中の研究者から批判の声が高まることで，より多様な評価が求められている。単に研究の効率性や経済的合理性だけでなく，社会的貢献度などの観点から大学のパフォーマンスを多角的に捉えるために，あらゆる事柄を定量化・可視化し，比較可能なデータと指標に基づきベンチマーキングしようにする試みは今後より一層加速していくだろう。

そうした流れに対して，日本の大学はいかなる対応をとるべきだろうか。日本においても大学単位でIR体制の構築が徐々に進められている。その一方で，大学ポートフォリオの運用に遅れがでるなど，国単位でベンチマーキングを行う体制の整備はまだ十分に進んでいるとはいえない。日本の大学は

安倍政権の国立大学強化促進プランの中で「世界トップ 100 に 10 校」という目標が掲げられるなど，「順位表ゲーム」という米英の土俵で開発されたランキングに振り回されている。そうではなく，日本の高等教育・研究の強みを世界中の学生・研究者にも伝わる形で可視化するためには，大学単位でのデータ収集・分析を行う体制を整備するのみならず，国単位で比較可能なデータを収集する試みがより一層強化されなければならないだろう。

　これまで日本においては，大学入試時点での学力を表す偏差値という「ランキング」が大きな影響力をもっていた。しかし，カリキュラム改革と入試改革による高大接続の強化，海外からの留学生の増加などの近年の状況を踏まえるならば，偏差値とは別の形で大学の教育・研究パフォーマンスを可視化することの必要性は高まっている。本章で検討したランキングや研究評価の目的の一つとして，学生というステークホルダーの意思決定の補助がある。その一方で教育に関する国際的なベンチマーキングが難しいことは否定できない。だからこそ，国際的なベンチマーキングと相互補完する形で，国内的に大学の教育パフォーマンスを定量的・定性的に比較することの重要性はむしろ高まってきているといえる[19]。

　もちろん，ランキングの順位に一喜一憂し，安易に政策を変更するようなことは避けなければならない。しかしながら，国境を越えたヒト・モノ・カネの移動があたり前になってきている 21 世紀において優秀な人材を育成・獲得するためには，大学の強み・弱みを国内外のステークホルダーに対して積極的に伝えていくことが不可欠になっている。だからこそ，大学も政府も自らの進むべきビジョンをしっかりと示した上で，それを評価できる指標の

---

[19] 例えばイギリスでは全国共通の質問紙による学生満足度調査 (National Student Survey) を実施し，その結果と年限内卒業率や就職率，卒業後の給与などのデータを併せて，ホームページ (UNISTATS) で公開している。Natioanl Student Survey http://www.thestudentsurvey.com/; UNISTATS https://unistats.direct.gov.uk/ (2015 年 11 月 15 日閲覧)。

策定と比較可能なデータの蓄積・分析により一層真剣に取り組まなければならないだろう。

謝辞：本論文の執筆に際しては，トゥウェンテ大学（CHEPS）の Dr. Don Westerheijden 氏，Dr. Frans Kaiser 氏（U-Multirank についての調査），ブリストル大学（RED）の Sophie Collet 氏，Jane Hallet 氏（REF についての調査）に貴重な御教授を賜りました。ここに深謝いたします。

参照文献

藤井翔太（2015）「人文社会系の研究力を可視化するために —— REF2014 の Impact 評価を手がかりに」RA 協議会第 1 回年次大会（口頭発表）。

ゴンザレス，J・ワーヘナール，R（2012）『欧州教育のチューニング—ボローニャ・プロセスへの大学の貢献』深堀聰子・竹中亨訳，明石書店。

Gonzalez J and Yarosh, M (2013) Building degree profiles: The tuning approach, *Tuning Journal for Higher Education*, 1: 63-64.

林隆之（2012）「英国における大学評価（REA, REF）の概要」『科学技術・学術審議会研究計画・評価分科会資料』http://www.mext.go.jp/b_menu/shingi/gijyutu/gijyutu2/shiryo/__icsFiles/afieldfile/2012/11/13/1328060_1_5.pdf より取得（2015 年 11 月 5 日閲覧）。

大谷竜・加茂真理子・小林直人（2012）「英国における大学評価の新たな枠組み：Research Excellence Framework —— 最近の日本の研究評価の状況との比較」『シンセシオロジー』6-2。

van Vught, F and Huisman, J (2013) Institutional profiles: Some strategic tools, *Tuning Journal for Higher Education*, 1: 21-36.

van Vught, F and Ziegele, F (eds.) (2011) *Design and testing the feasibility of a multidimensional Global University Ranking: U-Multirank final report*, CHERPA-Network, pp. 97-103, http://ec.europa.eu/education/library/study/2011/multirank_en.pdf（2015 年 8 月 14 日閲覧）

Westerheijden, DF (2014) Multi-dimensional mapping and ranking: New higher education transparency tools, 平成 26 年度大学質保証フォーラム『大学の多元的道しるべ —— ランキング指標を問う』（口頭発表）http://www.niad.ac.jp/n_kenkyukai/no13_2014 forum_keynote.pdf（2015 年 8 月 14 日閲覧）。

chapter 11

学問分野による「卓越性」指標の多様性
―― 多様な研究成果への報償の必要

林隆之・土屋俊

1 はじめに

　多様な学問分野の研究活動とその成果をいかに測定し，適切に評価できるか。これは，リサーチ・オン・リサーチ（研究活動を対象とした研究）と呼ばれる研究領域の基本的な課題の一つである。この課題は大学評価や大学ランキングにおいて，現実的にもとりわけ重要な問題となる。なぜなら，大学という組織は，人文学から工学や医学まで，様々な分野の研究者を抱えた組織であるにもかかわらず，大学評価や大学ランキングでは，大学あるいは学部・研究科などの組織単位で研究活動を総括して測定し，評価することが求められるからである。さらには，資源配分や各種のインセンティブ付与の際には，かならずしも均質ではない組織間で比較が可能なように評価結果を示すことが求められるからである。本来は極めて多様な研究活動を含む組織を，その多様性を考慮しつつも，ある程度の標準性と比較可能性を有するように測定し評価しなければならない。

　大学評価についてみれば，大学の研究活動を評価する国の制度は1980年代よりいくつかの国において導入されてきた（Geuna & Martin, 2003; Hicks, 2012; 林，2009）。第10章で藤井翔太が詳しく紹介しているように，イギリスでは1986年からResearch Assessment Exercise（RAE）という評価が始まり，数年おきに大学の全分野について段階判定を行ってきた。2014年からはResearch Excellence Framework（REF）という名称で実施されており，次回は2020年に行われる。オランダは先駆的に研究評価を開始したもう一つの国であり，1993年から実施形態を変えながら行っている。この2ヶ国を追う形で，フランス，オーストラリア，香港，イタリア，そして日本といった国々が研究評価制度の導入を様々な形で図ってきた（なお，最大の研究実施国であるアメリカにはこのような国の制度としての大学研究評価は存在していない）。国によって評価の実施目的は異なっており，イギリスやオーストラリアでは大

学への資金配分（日本の運営費交付金に相当）に直結し，オランダでは大学の改善のためのみに評価が用いられる。目的によって評価の項目や方法は異なるが，多くの国で研究成果がより明示的な形で評価され，評価を通じて研究力強化を図ろうとしていることは共通する。

　このような研究評価では通常，評価の方法としてピアレビューが用いられる。すなわち，評価対象の分野の研究者が評価者となって評価を行う方式である。イギリスではRAEから現在のREFへと評価方法を変更する際に，ピアレビューでは評価のコストがかかるという問題から，論文の被引用数や研究費獲得額などの指標のみを用いた機械的な判断を行う方法が提案された（HEFCE, 2007）。しかし，すぐに人文学・社会科学では指標のみでは評価が不可能という反論が生じ，さらに自然科学においても不適合な分野が存在するとして，ピアレビュー手法へと回帰した。ピアレビューが最も信頼できる方法として認識されているということである。

　ただし，最近は全ての判断をピアの見識のみに委ねる方式がとられるわけではない。ピアレビューは，ピアの有する専門性や経験に評価の客観性を委ねる方法であるがゆえに，たとえ個人的な偏見やえこひいきが生じることを排除し得たとしても，分野を超えた判断が困難であること，評価者のみが独自に有する情報が影響するなどの問題が存在する。そのため，評価者へ評価対象の基礎的なデータや指標を提供することで，評価者が自ら有する知識や経験に加えて，より広い情報を踏まえて総合的に判断できるようにすることが望まれる。これは「情報支援を伴うピアレビュー（informed peer review）」と称され，多くの国で評価者に参考情報を提供することが行われるようになっている。

　このようなピアレビューに用いる指標の設定やデータ活用に，さらに昨今，変化が生じている。一つは収集や利用がすでに行われているデータを，よりシステマティックな形で活用するようになってきていることである。イギリスやオーストラリアでは，評価のために研究業績を収集するシステムを民間

企業が提供する論文データベースと連結させることで，個別研究業績について被引用数などのデータを検索し，評価者や大学側へ提供することが行われている。大学の研究費獲得額などのデータも高等教育統計局によりデータベース化されており，標準化した形で評価者へ提供される。これによって，数量的データの利便性は増し，研究活動の外形的状況を，他者との比較を含めて分析することが可能となっている。

指標のうち，発表論文数や被引用数などのいわゆるビブリオメトリクス指標は，大学の研究成果を共通の方法で測定することができるため，国家間の比較，大学や機関間の比較，さらには個人間の比較などに用いられやすい。また，論文の発表，引用の発生の時点でデータベース化され，オンライン提供されていることから，個人レベルでもコンピュータ上で情報を容易に処理することができる。しかし，このように論文数や被引用数などのビブリオメトリクスデータの利便性が向上しているがゆえに，それが偏重利用されることや専門知識なしに不適切に利用されることに対して懸念も増している（例えば（DORA 2013; Council of Canadian Academies. The Expert Panel on Science Performance and Research Funding, 2012; Cronin & Sugimoto, 2014）。

加えて，別の変化として，学術面以外の社会・経済・文化面でのインパクトも研究評価で重視されるようになっている（Martin, 2011; Bornmann, 2013）。このようなインパクトは発表論文数，被引用数のような学術コミュニティにおける影響力を反映する既存のビブリオメトリクス的なデータでは容易に測れない。先述のイギリスの REF では，新たに「インパクト」の評価項目を設定し，学術面以外へのインパクトを，大学から提出された事例の説明から評価するようになった。オランダでも以前から大学評価で社会的関連性（relevance）の項目を設定している。また，英国ではリサーチカウンシルが行う競争的資金の申請においても，"Pathways to Impact"としてインパクトが発現する道筋を事前に構想することが求められるようになっている（標葉・林, 2013）。これらは自然科学に決して限るものではなく，人文・社会科学

へも同様に要求されている。したがって，全ての分野において，論文数や被引用数といった指標を超える，多面的な指標群を模索する動きがみられるようになっている。

　日本に目を移せば，2004年に国立大学は法人化し，6年ごとに行われる国立大学法人評価において研究業績の評価が行われている。そこでは学部・研究科を代表する卓越した研究業績を大学が提出し，学術面だけでなく社会・経済・文化面の効果をピアレビューアーが段階判定する。日本の評価の特徴は，各研究業績が卓越していると考えられる理由を学部・研究科自身が指標・データを根拠に引きながら説明しなければならないことである。

　前回の第一期法人評価においては，この根拠・データに被引用数などのビブリオメトリクスデータを用いる事例は，ある程度みられた。この前回の評価実施以降，日本では研究大学強化促進事業やスーパーグローバル大学創成支援事業など，大学が組織的に応募する競争的資金において申請書に被引用数や引用数トップ論文数などの記載が求められ，学部・研究科の「ミッションの再定義」などの大学の戦略を決める場面においても論文数や被引用数を用いた分析が示されるようになった。また，大学内ではリサーチアドミニストレータ (URA) が専門職化して分析を行う体制も構築されるなど，ビブリオメトリクスデータの利用は急速に一般化している。

　このような流れの中で，日本の大学評価制度においてもよりシステマティックな形でビブリオメトリクスデータを利用する可能性を模索することが第一には必要であろう。不要な評価負担を下げ，評価者に統一的な仕様でデータを体系的に提出することが望まれる。ただしそれと同時に，偏重利用や誤った領域への適用を避けるために，ビブリオメトリクスの限界を把握し，それ以外の考えうる指標群を明示していくことが必要となっている。それにより，ビブリオメトリクス指標に適合しない研究業績が正当に評価されず，研究者の研究活動や成果発表方法に悪影響をもたらす恐れを回避しなければならない。

以上の背景のもと，本章では次の問いを扱う。日本でも指標利用が進む可能性を踏まえて，1) 指標の一つであるビブリオメトリクスデータが英語圏でない日本において現実の評価場面でどれほど使える可能性があるか，2) それらのデータがピアレビュー結果と一致し，レビューを支援できる可能性があるか，3) ビブリオメトリクスデータ以外の学術面ならびに社会・経済・文化面の卓越性の指標としてどのようなものを考えることができるかである。これらの問いを通じて，研究業績の卓越性を示す指標の多様化の必要性を確認する。

2 ビブリオメトリクス指標の適用可能範囲

 本章で分析対象とするのは，日本の第一期国立大学法人評価（2008年度実施）において全国立大学の学部・研究科から提出された研究業績説明書である。研究業績説明書は，学部・研究科を代表する研究業績（教員数の半数を提出上限）と，大学全体の重点的研究領域における研究業績の2種類が提出され，あわせて1万9626件であった。また，日本の結果を解釈するための対照として，イギリスにおける研究評価であるRAEの2008年実施分（RAE2008）において大学から提出された研究業績21万4287件を用いる。イギリスでは，学部・研究科を代表する業績ではなく，研究実施教員（Active Research Staff）一人あたり4件を上限に提出するため，日本の10倍以上の業績が提出されている。

 まず，大学自身が評価のために選んで提出するような優れた研究業績について，そもそもジャーナル論文の割合はどの程度であるのか，さらに，その中でどの程度が論文データベースの一つであるトムソン・ロイター社のWeb of Science (WoS) に収録されていたかを分析したい。分析の前提として行う，提出された研究業績とデータベース上の論文との紐付けは実際には大変労力

表1 日英の全提出業績中の論文割合・WoS収録割合

	提出業績数 (A)	うち，論文（「論文」(日本) あるいは「Journal article」(英国)）カテゴリの業績数 (B)		WoS収録数 (C)	全提出業績中のWoS収録割合 C/A	論文中のWoS収録割合 C/B
日本	19,626	16,158	82.3%	12,770	65.1%	78.8%
英国	214,287	161,261	75.3%	131,485	61.4%	81.5%

がかかる作業である。特に日本の評価に提出された研究業績リストについては，書誌情報の記載ぶりが雑多であり，表記揺れも多かった。そのために，提出業績に書かれたタイトルとWoS内の全論文の論文タイトルや巻号頁の一致度（編集距離指標：Levenshtein Distance）を計測して，一致度が高い候補を抽出し，目視で確認する方法を用いた。イギリスの提出論文については，上記の方法に加えて，DOIが提出書類に記載されている場合もあるためDOIによる検索を併用した。

以上の方法で検索した結果，全分野を集計すれば，表1のような結果となる。まず，日・英ともに提出業績のうちで，論文データベース収録の主たる対象となりうるジャーナル論文に相当する業績は8割程度であった。さらに，WoSに収録されていた割合は，全提出業績の65％程度にすぎず，ジャーナル論文中では80％前後であった。興味深いことに，英語圏でない日本のほうが，提出業績全体の中でのWoS収録率がイギリスよりも若干高い結果となった。

図1，2では分野別の結果を示している。提出された研究業績に占める各分野の業績の割合を円グラフで示し，各分野の中でWoSに収録されていた割合を面積比で黒く塗っている。

ビブリオメトリクスの利用がライフサイエンス分野を中心とした自然科学分野には適切であるが，人文学や社会科学，さらに工学の一部において適切でないことはしばしば指摘される（Moed, 2005; Nederhof, 2006）。上記の結果

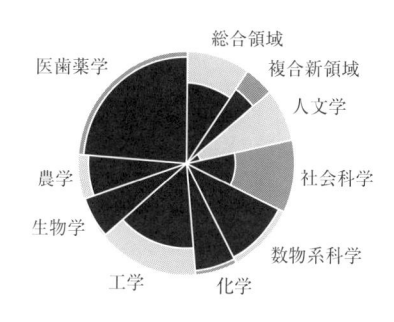

図1 日本の国立大学法人評価での提出研究業績の分野割合とWoS収録状況

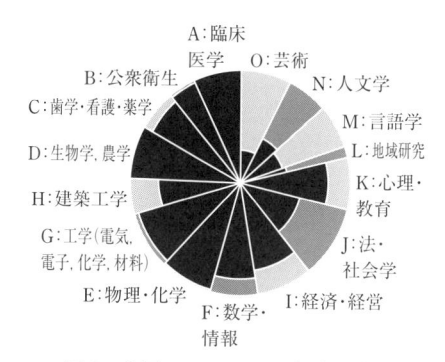

図2 英国RAE2008での提出研究業績の分野割合とWoS収録状況

からは，大学を代表するような優れた業績に関しても，そのような傾向があることが確認された。日本では，医歯薬学分野では提出研究業績の98％がWoSに収録されており，生物学，化学分野でも極めて高い。その一方で人文学の収録率は2％，社会科学は19％であり，工学では65％である。これらの結果から大学単位でビブリオメトリクス分析をする場合には，分析対象となっているのは大学の研究成果のうちで，円グラフの左側に極端に偏った対象となっていることを認識する必要が示唆される。

実際には分野の中でも分科ごとの違いがある。図3にはその状況を示している。工学分野では材料工学やプロセス工学は8割程度であるが，建築，土木や，機械，電気電子などの工学分野は5割を下回るものもある。学際的な分野でも，たとえば情報学，環境学は5割程度であり，これらにおいてはビブリオメトリクス分析の安易な利用には注意しなければならない。人文学・社会科学では，ほとんどの分野で収録率は数％程度と，分析対象とはなりえない。しかし，その中でも経済学と心理学は工学と同程度には業績が収録されている。そのため，これらの状況を考慮せずに分析を行えば，経済学・心理学を強く反映した結果を社会科学の状況として解釈することにつながる。

一方，図2について日英間の比較をしてみると，そもそも提出業績の分野構成に大きな差異がみられる。イギリスでは人文学・社会科学に相当する研

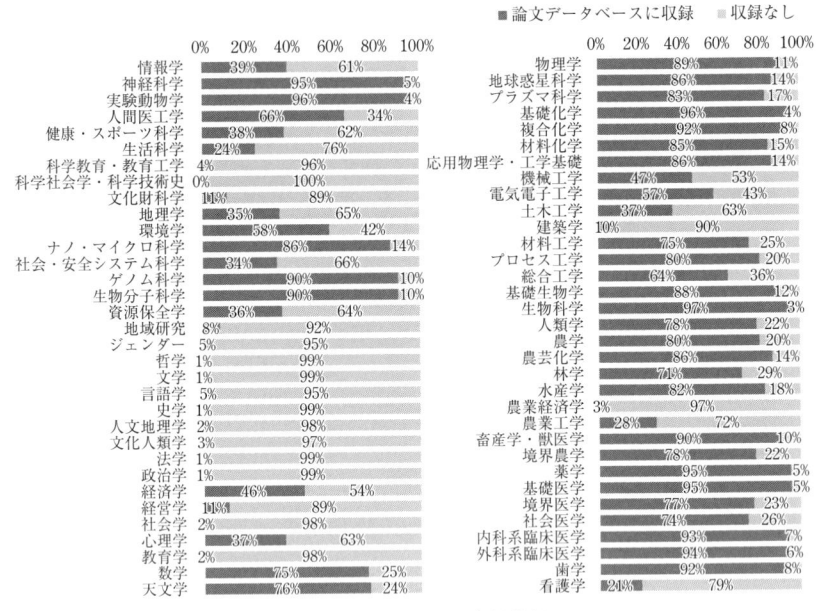

第 4 部　新しいメトリクスのために

図3　分科別の WoS 収録状況

究業績が，提出業績のうちの 47％を占める。日本の提出業績では 18％であることと比して極めて大きい。これはそもそも，大学教員のうちで人文学・社会科学分野の教員割合が多いことが一因である。すなわち，日本の国立大学の教員のうち人文・社会科学は 17％であり（学校教員統計調査 2010 年），イギリスの全大学の教員では 41％である（HESA, 2010/11）。また，イギリスでは人文学・社会科学の業績の WoS 収録率はそれぞれ 14％，47％であり，前述の日本の状況（2％, 19％）と比べれば，かなり高い。この二つの数字からは，日本の国立大学における人文学・社会科学分野の量的な弱さ，さらに，国際的な発信面での弱さの二つの事象が同時に存在していることが示されている。日本の人文学・社会科学分野が量的に少ないがために，表1で示したように全分野の研究成果の WoS 収録率を出せば，自然科学分野の業績割合が相対的に高い日本の収録率の方がイギリスよりも高くなる。そのため，研究

成果がビブリオメトリクスデータへ反映されている程度が非英語圏でありながら，イギリスよりも高いという奇妙な結果が生まれているのである。しばしば「世界大学ランキングなどでは，日本の大学の人文学・社会科学の研究成果が英語論文データベースに収録されていないために不利になっている」という推察がなされるが，以上の結果からは，全分野合計への影響でみれば，実際にはそのような状況になっていない。

3 ピアレビューとの関係

　前節では論文データベースによってどの程度の研究業績が分析対象になっているかを検討したが，では，論文データベースに収録されている研究業績について見た場合に，ビブリオメトリクス指標はピアレビューによる評価結果と相関するのであろうか。両者の関係の分析はすでにいくつか存在し（たとえば，林，2003），ある程度の整合性を認めている。しかし，本章の分析対象とするのは，大学を代表する優れた業績の中でもさらにそれを「卓越」「優秀」「それ以外」と3区分したものである。このような上位層の中での判断における整合性は明らかでない。通常，極めてすぐれた研究業績は被引用数が非常に高く，広く知られている業績であり，ピアレビューにおいても高く評価される。逆に研究者自身にとって代表業績でないものは，引用もされずピアレビュー結果が低くなることは想定される。すなわち，研究業績の質の幅が広ければ，指標でもレビューでも差がつきやすい。しかし，実際の評価などで対象とされ，また，被評価者から提出されるのは，優れた研究業績のみである。これらの間で，実際にピアレビューとビブリオメトリクスの結果が整合するかは，吟味が必要である。

　ここでは，トムソン・ロイター社が設定したWoSにおける250の分野分類（年により分野数は若干異なる），ならびに同社が論文データを分析して提

表3　ピアレビューによる3段階判定ごとの被引用数パーセンタイルの中央値

	SS 中央値	S 中央値	S未満 中央値
WoS分野によるパーセンタイル（2008年まで）	11.6%	26.3%	38.5%
WoS分野によるパーセンタイル（2011年まで）	11.0%	24.4%	35.4%
ESI分野によるパーセンタイル（2008年まで）	8.7%	25.6%	40.6%
ESI分野によるパーセンタイル（2011年まで）	8.3%	23.6%	36.5%
掲載雑誌のIFによるパーセンタイル（2008年）	4.8%	10.5%	14.9%

供しているEssential Science Indicatorsの22の包括的な分野分類を用いて，各論文が被引用数でみて，該当する分野分類の同一出版年の論文（Article, Letter, Review）の中で上位何%に位置するかというパーセンタイル指標を用いた。複数の分野分類がふられている場合には，最もパーセンタイルの値が良い（値が小さい）分野を用いた。また，評価実施年は2008年であったために，評価での利用可能性の検証のために，2008年までの被引用数と，その後3年が経過した2011年までの被引用の二つを用いて差異を確認した。実際の評価の場面では，引用分析に適切とされるような3～5年以上前に出版され，十分に認知される期間を経た論文が評価対象となるよりも，評価実施の直近に出版された研究業績が対象となる。そのため，直近の被引用数での利用可能性も検証している。

　結果では，全ての論文を合計すれば，SSと判断された業績の中央値はWoS分類を用いれば上位11%，ESI分類を用いれば8%であった。SS, S, S未満となるにつれ，被引用数のパーセンタイルは大きくなっていく（被引用数が下がっていく）。なお，引用期間によって中央値などに大きな差異はなかった。

　分散も考慮し，WoSへの収録割合が高い分野のみを取り出して3群での差のノンパラメトリック検定（クラスカル・ウォリス検定）を行った（表4は2011年のデータの場合）。結果，SSとSとでは差異が見られるが，SとS未満では統計的に有意な差異がみられない分科がみられた。すなわち，ピアレ

第*11*章　学問分野による「卓越性」指標の多様性

表4 収録割合が高い分野でのピアレビュー結果との関係

No	分科	提出数	うち「学術」への提出	「学術」のうちのWoS収録率	引用数のパーセンタイル SS中央値	S中央値	S未満中央値	クラスカル・ウォリス検定 判定結果による差	多重比較: SS-S間に差があるか	多重比較:S-S未満に差があるか
11	神経科学	348	334	98%	13.6%	20.8%	33.6%	**	**	**
23	ゲノム科学	70	66	92%	1.5%	17.2%	14.5%	**	**	−
24	生物分子科学	90	82	96%	9.5%	24.6%	33.9%	**	**	−
46	基礎化学	387	382	96%	17.3%	22.7%	39.1%	**	**	**
47	複合化学	567	534	94%	9.8%	16.7%	30.4%	**	**	**
58	生物科学	691	680	97%	9.3%	24.3%	41.5%	**	**	**
68	薬学	304	280	98%	8.0%	23.5%	30.1%	**	**	−
69	基礎医学	1401	1328	96%	5.7%	19.8%	32.9%	**	**	**
72	内科系臨床医学	1453	1355	94%	11.0%	21.0%	32.6%	**	**	**
73	外科系臨床医学	609	564	97%	9.2%	25.4%	34.7%	**	**	**
74	歯学	519	482	95%	10.9%	30.8%	32.2%	**	**	−

ビューで極めて卓越しているとされる業績については引用数でも差がつきやすいが，それ以下での区分では整合性が十分とはならない分科もあるということである。

　一方，個別業績レベルでみれば，図4に示すように，たとえ引用数が上位10％に入る場合でも，SS，Sのどちらに判断されたかは確定的でない。全体的に半数程度が判断の中間であるSとなり，引用数の高低によって，SSやS未満に判定される確率が変動している。一般的にビブリオメトリクスデータは機関全体などの集計値に対しては分析がしやすいが，個別の論文や研究者のように分析対象数が限定される場合には，特異値が出てくるなどして妥当性の高い分析を行うことは難しくなる。ここでの分析からも，個別論文の判断という場面ではビブリオメトリクス分析がピアレビューを単純に代替できる可能性は高くないことが示唆される。他方で，レビューアーの判断が完

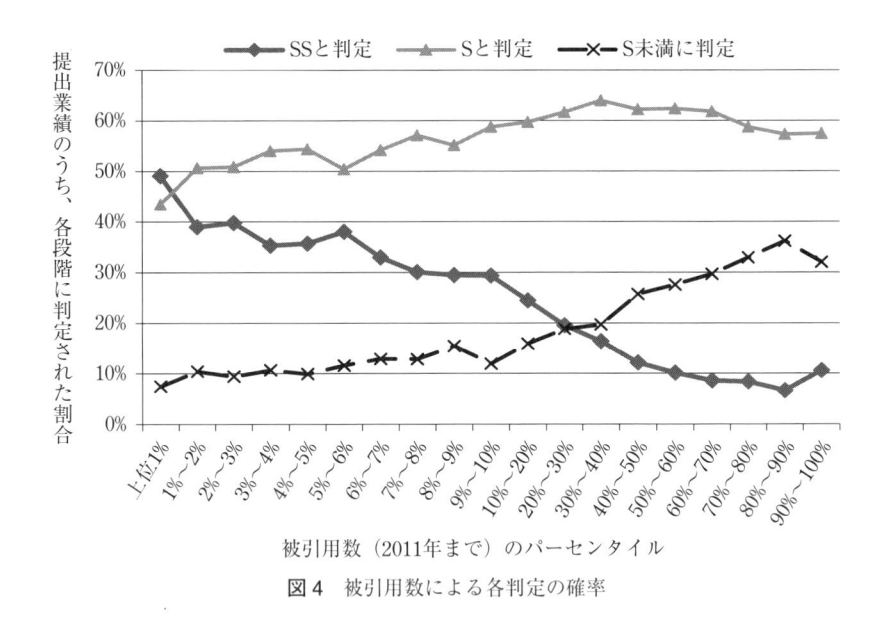

第 4 部 新しいメトリクスのために

図4 被引用数による各判定の確率

全である保証も実際にはない。このことを前提とすれば，個々の指標としては不完全であったとしても，ピアレビュー結果や複数の指標群がともに同じような傾向を示せば，その傾向は信頼性が高いと期待できるという考えがとられる（Martin, 1996）。このような複合的な判断を可能とする方法として，ピアレビューアーが複数の情報のもとで判断ができる環境構築が望まれるのである。

4 卓越性を示す多様な指標

　実際の国立大学法人評価では，大学側（教員）が，各研究業績がなぜ卓越していると考えられるかを，根拠データ等をもとに説明し，レビューアーは最上位の SS の判断を下す場合には，説明文章の中から判断材料に用いた根

第 *11* 章 学問分野による「卓越性」指標の多様性

表5 「卓越性」の主な指標の分野間の違い

	引用	うち被引用数	掲載雑誌のIF	受賞	新聞・一般紙での書評・紹介	うち,書評・紹介の内容	学術雑誌専門書での書評・紹介	掲載雑誌名	査読のある雑誌への掲載	招待講演基調講演	Faculty of 1000	他研究者による解説記事	特許化	製品化実用化	研究を行った研究費
総合領域	11%	7%	31%	40%	16%	1%	1%	46%	1%	16%	4%	0%	2%	2%	4%
複合新領域	15%	14%	18%	37%	13%	2%	5%	29%	1%	17%	0%	2%	2%	3%	6%
人文学	5%	2%	0%	39%	26%	14%	19%	7%	2%	7%	0%	0%	0%	0%	4%
社会科学	7%	4%	7%	36%	9%	1%	13%	38%	1%	9%	0%	1%	0%	0%	2%
数物系科学	25%	21%	13%	28%	11%	0%	2%	36%	1%	29%	0%	0%	1%	0%	1%
化学	14%	12%	11%	31%	15%	0%	1%	37%	0%	28%	0%	2%	1%	2%	6%
工学	11%	8%	17%	56%	9%	1%	1%	32%	0%	41%	0%	1%	4%	4%	8%
生物学	19%	16%	58%	9%	14%	0%	1%	80%	1%	11%	5%	6%	1%	0%	3%
農学	17%	16%	53%	34%	9%	1%	1%	63%	0%	18%	2%	3%	3%	1%	3%
医歯薬学	16%	12%	59%	19%	17%	0%	1%	71%	1%	13%	1%	3%	1%	0%	3%
合計	15%	12%	30%	33%	14%	1%	3%	47%	1%	21%	1%	2%	2%	1%	4%

（％：SSと判定された研究業績のうち，各指標を判定に用いていた割合）

拠データをマーキングすることが求められた。このマーキングされた根拠データが各分野で教員・評価者が重要と考える指標の種類を示すと考えられる。

表5では用いられた数が多かった指標を包括的な研究分野（科学研究費補助金の分野・分科・細目の分野）ごとに示している。ビブリオメトリクス指標である被引用数は数物系科学において最も頻繁にあがり，21％の業績の判断根拠であった。しかし，この分野ではインパクトファクター（IF）の利用は13％にとどまる。他方，医歯薬学や生物学ではIFが5割以上の業績で判断根拠とされており，掲載雑誌の格が重要視されている反面，各論文の被引用数は2割以下であり，傾向が異なる。

また，これら以外の分野では異なる根拠が頻繁に用いられている。人文学では新聞・一般誌ならびに，学術雑誌や専門書での書評がよく使われる根拠である。社会科学でも書評は比較的多い根拠である。ただし，この二つの間でも根拠データの示し方は異なる。人文学では件数ではなく，書評の内容や

339

評者が判断の根拠として用いられている。つまり，卓越性の根拠として，内容にかかわる質的事項が挙げられやすいとともに，それを評する特定個人の専門的能力への信頼が重要となっている。一方，社会科学では書評等の件数が用いられることが多く，具体的な内容は根拠としてはあまり扱われない。多くの研究者によってその研究業績が認知され，書評の対象となるほどに価値があると判断されているかが尊重されている。このことは分野によって，研究の卓越性についての文化が異なることを示している。また，社会科学では，掲載した雑誌名や，査読のある雑誌へ掲載していることが根拠となる場合が多い。内容そのものよりも，媒体を通じて卓越性を間接的に判断可能と考えられている。

工学分野では招待講演・基調講演が判断材料となることが4割を超えている。技術開発や情報流通の即時性が求められる分野では，雑誌掲載よりも講演が重視されることが反映されている。さらに研究を行った研究費がどのようなものであったかも根拠となっている。資金を獲得し，成果を即時的に公表するという短期的な研究サイクルの活発さを実証するものが根拠となる。

生物学では引用数やIFのほかに，Faculty of 1000や*Nature*，*Science*などの主要雑誌における解説記事の掲載など，論文発表後の研究者間での評価（ポスト・パブリケーション・ピアレビュー）を踏まえた指標が特徴的に現れている。多数の研究成果が生まれる中で，事前のピアレビューのみならず発刊後にも，重要な知識が選別されて蓄積されている。

ただし，上記の傾向は集計値が多かった根拠データにすぎない。根拠データは本来，種類に制約が課されるものではないため，分野によって多様なものを挙げることが可能である。たとえば表6では工学，表7では人文学で挙げられた根拠の種類を列挙している。このような多様な根拠データの存在を示すとともに，研究者間や評価者間で活用しうる根拠データについての合意を形成することで，ビブリオメトリクスに偏重せずに，多様な研究活動・研究成果に対して適切に報償していく環境の形成が望まれる。

表6 工学分野において提出された根拠データの例

学術面	・研究成果に基づく，学術面での受賞。 ・新聞，一般雑誌，業界誌，テレビでの研究成果の紹介・批評。 ・学術誌や専門書での研究成果の紹介・批評。 ・著名な学術雑誌への掲載（分野によっては，トムソンロイター社が発表する当該雑誌のインパクトファクターなどの指標を学術雑誌の国際的な評価に関する参考資料として用いることもありうる） ・被引用数。高被引用論文への選出。 ・著名な論文や講演，レビュー論文，教科書・辞典等における研究成果の引用・紹介とその扱われ方。 ・論文のアクセス数やダウンロード数。ならびに，それらの値が高い論文への選出。 ・掲載雑誌における注目論文や優秀論文としての選出。 ・著名な学術雑誌における研究動向解説論文・記事などによる解説。 ・招待講演，基調講演。 ・著名な学会や採択が厳しい学会における発表の選定。競争性の高い選定（たとえばポストデッドライン論文など）。 ・再録雑誌への採択。 ・研究成果を生んだ研究活動のための競争的研究費。研究成果に基づいて新たに獲得した競争的研究費。 ・研究費による事後評価の結果。
社会・経済・文化面	・社会・経済・文化面を重視した受賞（地方自治体，産業界等からの受賞）。 ・新聞，一般雑誌，業界誌，テレビでの紹介・批評。 ・研究成果物の展示会やその来場者数。 ・国内および国際特許化。ライセンス契約やその収入。 ・ソフトウェア，データ，装置・研究試料などの開発・公開，その利用状況や利用者側での成果。 ・研究成果に基づく起業。 ・国際標準への選定，政府・産業団体等でのロードマップにおける選定。 ・製品化・実用化，ならびに，それにより企業にもたらされた売上高や期待される市場規模。 ・書籍の出版と出版部数。 ・研究成果の教材としての利用状況。 ・研究成果を生むための企業や政府・公共団体等との共同研究の状況や，その後の共同研究の申し出状況。 ・社会・経済・文化面への貢献を重視した研究費の獲得。 ・政策や規制・ガイドライン等への貢献。 ・政府や地方自治体などにおける研究成果の反映。 ・公共サービスでの研究成果の活用。 ・医療における工学分野の研究成果の活用（臨床応用への展開や利用状況など）。 ・研究成果やそれに基づく製品等の利用者における社会・経済・文化的効果（たとえば，環境面やエネルギー面での効果や課題解決）。

表7 人文科学分野において提出された根拠データの例

学術面	・研究成果に基づく受賞（学術賞，学会賞など） ・学術誌や専門書での書評・紹介，その具体的な記述内容や評者． ・新聞，一般雑誌，テレビでの書評・紹介，その具体的な記述内容や評者 ・論文の被引用数 ・著名な論文，書籍，教科書，辞典等における引用 ・国際的に評価の高い学術雑誌への掲載（分野によっては，トムソンロイター社が発表する当該雑誌のインパクトファクターなどの指標を学術雑誌の国際的な評価に関する参考資料として用いることもありうる） ・著名な叢書の一つとしての出版 ・海外における書籍の翻訳 ・論文集への選定 ・招待講演，基調講演，招待論文等 ・研究活動のための競争的資金 ・新たな共同研究や共同事業の進展 ・外部評価の結果 ・先端的研究成果に基づく新学術分野の創成（研究センター，学術団体，共同研究組織の設立など）
社会・経済・文化面	・研究成果に基づく受賞（芸術・文化賞，出版賞など） ・新聞，一般雑誌，テレビでの書評・紹介，ならびに，その具体的な記述内容や評者 ・書籍の出版部数，教科書としての利用状況，図書館等での所蔵数 ・（特に芸術における）公演・発表などでの選定．来場者数．メディアでの評価 ・特許，ライセンス，製品化（たとえばマルチメディア語学教材やソフトウェアの製品化など） ・政府のガイドライン等での研究業績の活用

　2016年に行われる国立大学の第二期中期目標・計画の評価に際して，大学評価・学位授与機構の研究開発部では，人文科学，社会科学，理学，工学，農学，教育学，保健（医歯薬看護）の7分野について，「学系別の教育・研究水準の評価にかかる参考例」を作成した（大学評価・学位授与機構，2015）。これは，本章で述べたような研究業績の評価のみならず，研究活動全般ならびに教育活動について，過去の評価結果や昨今の政府・学会・産業界等の答申などを基にして，分野別に水準評価をする際の参考となる視点を列挙したものである。どのような事項が現在の大学の教育・研究活動に期待されており，高く評価されるべきであるのか，それについての評価者の共通見解を形成するための参考資料として用いることになっている。また，大学がその資

料を参照して，自己評価をする際の一材料にすることも想定している。研究業績については，表6・7のように根拠を例示しており，各分野に適した多様な根拠データが提出されることを期待している。

5 おわりに

　本章では，日本の大学評価での提出データを対象として，ビブリオメトリクスデータの活用可能性を確認し，その限界を踏まえて多様な指標群が存在しうることを示した。日本でもすでに指標利用が進捗していることを前提として，指標の一種であるビブリオメトリクスデータが，英語圏でない日本においても，限定された研究領域においては，現実の評価場面でも使える可能性が存在すること，それらのデータが，個別論文単位でピアレビューを単純に代替することは難しいが，全体的にはデータとピアレビュー結果との整合性がみられることから，情報提供によってピアレビューを支援できる可能性があることが確認できる。しかし，ビブリオメトリクスデータ以外の学術面ならびに社会・経済・文化面の卓越性の指標としてどのようなものを考えることができるかについては，今後さらなる検討が望まれる。

　ビブリオメトリクスデータを利用可能な研究分野は限られることは，これまでもしばしば指摘され，概ねは認識されている。だが，実際の評価の場面では，評価を定量的に行おうとする圧力の前で，他に利用可能なデータが存在しないがために，この制限は無視されがちである。まずは分野ごとに，利用可能性を実証的に把握し，特に利用可能性が低い分野については，ビブリオメトリクスデータ以外の他の指標群の存在について合意を形成し，それらのデータを収集していく体制を構築していくことが今後重要となる。

　また，本章では用いられる根拠データの種類が分野により異なることを示した。これは，分野によって価値ある知識がいかにして識別され，伝達され，

蓄積されていくのかという研究活動の文化の差異を反映する。そのため，評価制度の中で指標群の合意を各分野で形成することは，各分野において自らの研究文化について省察する機会を提供することとなる。このことは，研究評価制度を単に評価対象への総括的判断を下す機能としてのみ捉えるのでなく，評価基準や指標の設計プロセスを通じた分野の省察という社会的機能として再構築することを提起する。このようなことを通じて，国の研究評価制度が科学コミュニティ自身による質の管理・向上のために有する意義が増すことが望まれる。

参考文献

Bornmann, L (2013) What is societal impact of research and how can it be assessed? a literature survey. *Journal of the American Society for Information Science and Technology*, 64(2): 217-233.

Council of Canadian Academies. The Expert Panel on Science Performance and Research Funding (2012) *Informing research choices: IndIcators and Judgment*.

Cronin, B & Sugimoto, CR (2014) *Beyond Bibliometrics: Harnessing Multidimensional Indicators of Scholarly Impact*, The MIT Press.

大学評価・学位授与機構研究開発部(2015)「教育・研究水準の学系別評価基準のあり方にかかる調査研究報告書—学系別の教育・研究水準の評価にかかる参考例」http://www.niad.ac.jp/n_shuppan/project/syousai/3222_index.html

DORA (2013) *San Francisco Declaration on Research Assessment*.

Geuna, A & Martin, BR (2003) University Research Evaluation and Funding: An International Comparison. *Minerva*, 41(4): 277-304.

林隆之(2003)「ビブリオメトリクスによるピアレビューの支援可能性の検討—理学系研究評価の事例分析から」『大学評価』3. 167-187 頁。

—— (2009)「大学の研究評価の変容と科学研究のガバナンス」『研究技術計画』24(3)：231-242。

HEFCE (2007) Research Excellence Framework: Consultation on the assessment and funding of higher education research post-2008.

Hicks, D (2012) Performance-based university research funding systems. *Research Policy*, 41(2): 251-261.

標葉隆馬・林隆之(2013)「研究開発評価の現在 —— 評価の制度化・多元化・階層構造

化」『科学技術社会論研究』10：52-68.
Martin, BR (2011) The Research Excellence Framework and the "impact agenda": are we creating a Frankenstein monster? *Research Evaluation*, 20(3): 247-254.
―― (1996) The use of multiple indicators in the assessment of basic research. *Scientometrics*, 36(3): 343-362.
Moed, HF (2005) *Citation Analysis in Research Evaluation*, Springer.
Nederhof, AJ (2006) Bibliometric monitoring of research performance in the Social Sciences and the Humanities: A Review. *Scientometrics*, 66(1): 81-100.

基礎解説 1

世界大学ランキングの概要

■概要

　現在，世界には多数の大学ランキングが存在し，欧州大学協会が議論の対象とした主要なランキングだけでも 10 を越える[1]。その中でも，タイムズ・ハイアー・エデュケーション (THE) 誌[2]，教育情報サービスを扱うクアクアレリ・シモンズ (QS) 社[3]，後述する上海交通大学，US ニューズ＆ワールド・レポート[4]，ライデン大学[5]，そして本書第 10 章で取り上げる U-Multirank 等のランキングがよく知られている（参考①）。

　2003 年に発表された上海交通大学ランキングは，そもそも同大学の化学工学の教授であった劉念才氏が，同大をはじめとする中国のトップクラスの研究大学をアメリカの研究大学とデータで比較し，米国に負けない「ワール

---

1) Rauhvargers, A(2011) EUA Report on Rankings 2011: Global university rankings and their impact. Brussels: European University Association 及び Rauhvargers, A(2013) Global university rankings and their impact: Report II. Brussels: European University Association を参照
2) イギリスで発行されている高等教育情報誌。もともと『タイムズ (*The Times*)』の付録 (*Times Higher Education Supplements*) だったが，現在では独立した雑誌として発行されている。
3) 1990 年に設立された，教育や留学を主として扱うイギリスの企業。ランキング以外にも，主に留学生向けに高等教育機関に関する情報を提供したり，大学関係者を対象としたイベントを世界中で開催している。
4) アメリカで発行されている時事解説誌。1983 年以降，アメリカ国内の大学ランキングを発表しているが，2014 年以降は世界大学ランキングも併せて発表している。
5) オランダの大学。Web of Science をデータソースにした論文関連の指標のみを採用した世界大学ランキングを発表している。

ドクラス」の研究大学とするための戦略とタイムテーブル策定を目的として開始したと言われる。

　次いで，2004年にはTHE/QS世界大学ランキングが発表され，この時点で「世界」大学ランキングの歴史は本格的に幕を開けたといえる。なお，THEとQSは当初共同でランキングを発表していたが，2010年以降はそれぞれ別のランキングを発表している（参考②）。そして，2000年代後半にはライデン大学ランキングなど多様な世界大学ランキングが発表されるようになるとともに，2006年には十数カ国の専門家集団（IREG）によってランキングの基準やグッドプラクティスについてまとめたベルリン原則[6]が発表されるなど，世界大学ランキングは着実にその存在感を高め，同時にランキングの問題点についても広く認識されるようになった。

　一方で個々の世界大学ランキングにはそれぞれ特徴があり，評価の方法（Methodology）は異なる。また，2015年にTHEが，使用する論文データベースをWeb of Science（トムソン・ロイター）からScopus（エルゼビア）に変更したように，評価指標やウェイト，スコア算出方法はしばしば変更されており，そのたびに順位が大きく変わることもある（上位30位は比較的安定しているが，50位以下のグループはMethodologyの些少の変更によっても大きく順位が上下動する）。

　したがって世界大学ランキングを理解するには，順位の上下にのみ一喜一憂するだけでなく，ランキングのMethodologyを理解し，毎年どのように評価方法が変更されているのかしっかり把握して議論することが重要である。本解説では，そのための手助けとして主要な大学ランキングである，THE，QS，上海交通大学の3ランキングの評価指標を解説する（参考③）。なお，本稿は2015/2016年時点でのランキング手法についての解説であり，最新情報と詳細については各ランキングのHPを参照してほしい。

---

6) http://www.mext.go.jp/b_menu/shingi/chukyo/chukyo4/003/gijiroku/06070601/010.htm

■世界大学ランキングにおける主な評価指標

　現在の世界大学ランキングにおいては，研究（論文数，被引用数，研究費獲得状況など），教育（学生/教員比率，博士号授与者数など），国際化（外国人留学生・教員の比率など），知識移転（たとえば企業からの研究費獲得状況）などの指標に基づく評価が行われている。また，近年注目を集めているU-Multirankにおける学生満足度アンケート調査に基づく学習環境の評価や，就職率や卒業率，地域企業へのインターンシップ数など，評価指標の幅も徐々に広がってきている（U-Multirankの詳細については第10章藤井論文参照）。こうした評価指標の組み合わせの違いが，それぞれのランキングの特徴に繋がっており，その結果，ランキングによって大学の順位は時に大きく変わることになる。

　こうした指標の中でも特に注目を集めているのが，本書の多くの論文でも論じられたビブリオメトリクスデータに基づく研究活動の評価である。例えば，THEとQSの場合には論文の被引用回数（Citation）の項目（THE：30％，QS：20％），上海交通大学ランキングの場合にも高被引用論文著者数（HiCi，20％）の項目においてビブリオメトリクスデータに基づく評価が行なわれている。ただし，データソースとなる論文データベースの違い（THEとQSはエルゼビアのScopus，上海交通大学はトムソン・ロイター社の各種データベース），Citation評価方法の違い（大雑把に比較するとTHEは1論文あたりの被引用回数，QSは1教員あたりの被引用回数），スコア算出方法の違いなどがあるため，同じようにみえる評価指標でもランキングによってスコアは大きく異なることがある。

　また，THEとQSが採用している評判調査（Reputation）も大きな比重を占めており（THE：33％，QS：50％），順位に大きな影響を及ぼしている。しかし，THEとQSでは調査の実施方法が異なっており，それがスコアの違いに繋がることもある（参考④）。評判調査については公平性の観点から批判もあり，その取り扱いには注意が必要である。

（藤井翔太）

基礎解説1　世界大学ランキングの概要

参考①：主な世界大学ランキング（Rauhvargers, 2011）

・Shanghai Academic Rankings of World Universities（上海交通大学：中国）
・Times Higher Education World University Rankings（THE：イギリス）
・QS World University Rankings（QS：イギリス）
・US News & World Report, Best Global Universities（US News & World Report：アメリカ）
・Global Universities Ranking（Reitor：ロシア）
・EU Assessment of University-Based Research（AUBR：EU）
・Leiden Ranking（Leiden University：オランダ）
・Performance Rankings of Scientific Papers for World Universities（台湾教育評鑑中心基金会：台湾）
・CHE University Ranking（CHE：ドイツ）
・U-Multirank（U-Multirank：EU）
・Webometrics Ranking of World Universities（Centro de Ciencias Humanas y Sociales：スペイン）

参考②：主要世界大学ランキング（THE，QS，上海交通）の歴史

2003年　2004年　　2007年　　　2010年　　　　　　　　2015年

THE World University Rankings（Web of Science）　（Scopus）

THE/QS World（Web of Science）

University Rankings（Scopus）

＊評価指標の大枠はQS側が継承

QS World University Rankings（Scopus）

Academic Rankings of World Universities（上海交通大学）
（Thomson Reuters SCIE, SSCI, ESIなど）

＊括弧内はランキングで使用されている論文データベース

参考③：THE，QS，上海交通大学の評価指標一覧

(1) タイムズ・ハイアー・エデュケーション世界大学ランキング（Times Higher Education World University Rankings）

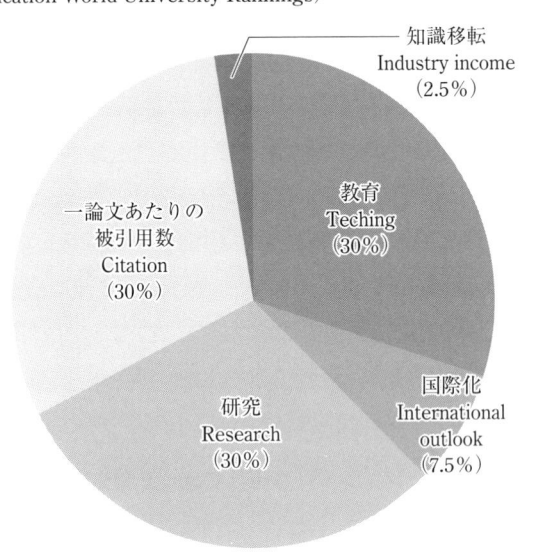

- 知識移転 Industry income（2.5%）
- 教育 Teching（30%）
- 国際化 International outlook（7.5%）
- 研究 Research（30%）
- 一論文あたりの被引用数 Citation（30%）

◇THE 評価指標詳細
（https://www.timeshighereducation.com/news/ranking-methodology-2016 参照）

◆Teaching：教育関連の評価指標（30%）
1. Reputation survey（Teaching）：教育に関する研究者の評判調査（15%）
2. Staff-to-student ratio：教員数に対する学生数の比率（4.5%）
3. Doctorate-to-bachelor's ratio：学士号授与数に対する博士号授与数の比率（2.25%）
4. Doctorate awarded-to-academic staff ratio：教員1人あたりの博士号授与数（6%）
5. Institutional income：教員1人あたりの大学の総収入（2.25%）

◆Research：研究関連の評価指標（30%）
6. Reputation survey（Research）：研究に関する研究者の評判調査（18%）
7. Research Income：教員・研究者1人あたりの研究費収入（6%）
8. Research productivity：教員・研究者1人あたりのScopusに掲載された論文数（6%）

◆Citation：論文の影響力に関する評価指標（30%）
9. Citation：1論文あたりの被引用数。データソースはScopus。分野間平準化，国別平準

化操作あり。（30％）
◆International outlook：国際化関連の評価指標（7.5％）
10. International-to-domestic-student ratio：外国人学生の比率（2.5％）
11. International-to-domestic-staff ratio：外国人研究者の比率（2.5％）
12. International collaboration：国際共著論文比率。データソースはScopus（2.5％）

◆Industry income：知識移転に関する指標（2.5％）
13. Industry income：教員・研究者1人あたりの産業界からの研究費収入（2.5％）

(2) QS世界大学ランキング（QS World University Rankings）

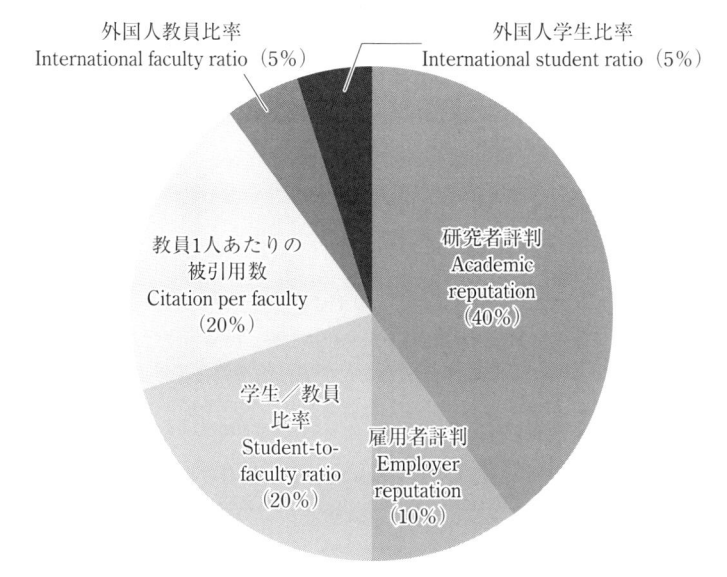

外国人教員比率
International faculty ratio（5％）

外国人学生比率
International student ratio（5％）

教員1人あたりの
被引用数
Citation per faculty
（20％）

研究者評判
Academic reputation
（40％）

学生／教員
比率
Student-to-faculty ratio
（20％）

雇用者評判
Employer reputation
（10％）

◇QS評価指標詳細
◆Academic reputation：研究者（peer-review）による評判調査（40％）
◆Employer reputation：雇用者による評判調査（10％）
◆Student-to-faculty ratio：教員数に対する学生数の比率（20％）
◆Citation per faculty：教員1人あたりの被引用数，分野間平準化あり（20％）
◆International faculty ratio：外国人教員比率（5％）
◆International student ratio：外国人学生比率（5％）

(3) 上海交通大学ランキング（Shanghai Academic Rankings of World Universities）

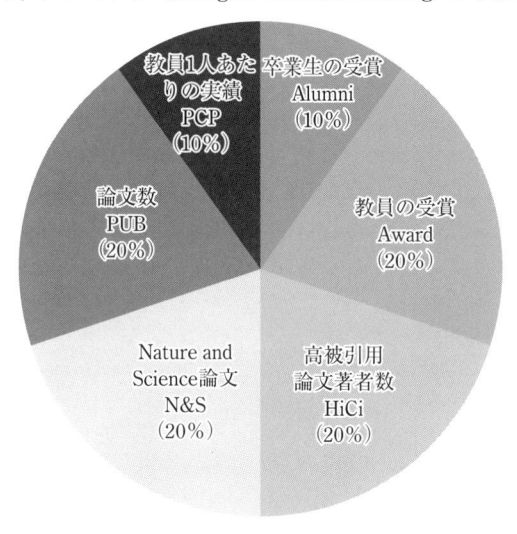

◇上海交通大学Methodology詳細
◆Alumini：ノーベル賞，フィールズ賞を受賞した卒業生数（10%）
◆Award：機関在籍中にノーベル賞，フィールズ賞を受賞したスタッフ数（20%）
＊ともに受賞年度によって補正（直近10年が100%，以下10年単位で10%ずつ減少）
◆HiCi：トムソン・ロイターによって選ばれた，「高被引用論文著者」の総数（20%）
＊2014年に「高被引用論文著者」のリストが刷新され，現在新旧2種類存在するが，2015年時点では両方のリストが利用されている。
◆N&S：過去五年間で『Nature』および『Science』誌に掲載された論文の総数（20%）
＊人文・社会科学に特化した大学の場合，N&Sは使用せず代理の指標を用いる。
◆PUB：過去1年以内にSCIEおよびSSCIに収録された論文の総数（20%）
＊責任著者を100%とし，筆頭著者は50%，第二著者は25%，以下10%の補正を掛ける。
・PCP：上記5項目を教員数で割って算出されたスコアによって評価（10%）

(4) 評価指標の一覧

	THE	QS	上海交通大学
教育	（・教育の評判調査 (15%)） ・学生／教員比率 (4.5%) ・博士号授与者数／学士号授与者数 (2.25%) ・博士号授与者数／教員数 (6%) ・大学の収入／教員数 (2.25%)	・学生／教員比率 (20%)	・ノーベル賞・フィールズ賞を受賞した卒業生数 10%)
研究	（・研究の評判調査 (18%)） ・研究費収入／教員・研究スタッフ数 (6%) ・論文数／教員・研究スタッフ数 (6%) ・1論文あたりの被引用数 (30%)	・教員1人あたりの被引用数 (20%)	・ノーベル賞・フィールズ賞を受賞した教員数 (20%) ・高被引用論文著者数 (20%) ・Nature, Science に掲載された論文数 (20%) ・論文数 (20%)
国際化	・外国人教員比率 (2.5%) ・外国人学生比率 (2.5%) ・国際共著論文比率 (2.5%)	・外国人教員比率 (5%) ・外国人学生比率 (5%)	
知識移転	・産業界からの研究費収入 (2.5%)		
評判調査	・教育の評判調査 (15%) ・研究の評判調査 (18%)	・研究者による評判調査 (40%) ・雇用主による評判調査 (10%)	
その他			・教員一人あたりの実績 (10%)

参考④：THE と QS の違い（Citation, Reputation Survey）

ランキング名	Times Higher Education World University Rankings	QS World University Rankings
論文データベース	Web of Science（2010～2014）→ Scopus（2015～）	Web of Science（2004～2006）→ Scopus（2007～）
Citation の詳細	1論文あたりの被引用回数（FWCI を利用し分野別に平準化）＋国別の平準化（Country Normalization）を行なう（2015 から調整幅を下方修正）	教員1人あたりの被引用回数（2015 年より分野別に平準化する調整を導入）
対象論文の期間	過去5年分	過去5年分
Reputation survey 回答者数	有効回答数 9794	Academic Reputation：約 76000 Employer Reputation：約 44000
Academic Reputation survey 回答方法	回答者が主に取り組んでいる学問分野で，最高の教育・研究を行なっている，①属する地域（日本の場合東アジア）（ただし自大学，および自国の機関は除く）②世界中の機関 教育・研究それぞれについて最高で 15 件ずつ選出する。	回答者が主に取り組んでいる学問分野で，最高の教育・研究を行なっていると思われる，①自国の機関（自大学は除く）②世界中の機関 について，最高で 10 件（自国），20 件（世界）ずつ選出する。

＊ THE Academic reputation survey：
　https://www.timeshighereducation.com/world-reputation-rankings-2015-methodology,.
＊ QS Academic and Employer reputation survey：
　http://www.iu.qs.com/academic-survey-responses/

基礎解説 2

研究の計量評価の問題点
── 「ビブリオメトリクス」データとランキング ──

　本書で取り上げる世界大学ランキングや研究評価においては，学術雑誌に掲載された論文数や，論文が研究者によって引用された被引用回数などが研究の質とインパクト（影響力）を測る評価指標としてしばしば用いられている（基礎解説1を参照）。こうした学術論文に関連する定量的な「ビブリオメトリクス」データは，ランキングや研究評価において大学や部局，時には研究者個人の研究力を測る指標として用いられている。しかし，ビブリオメトリクスデータが研究の「質」を測る指標として正しいかどうかに関しては議論も多い。

　また，海外の研究大学においては，第8章周論文のタイトルに使われるSSCIなどのビブリオメトリクスに関わる用語が広く認知され，使われているが，日本の研究大学，とくに文系研究者や大学院生の間でこれらが周知されているとは言い難い。このような事情をふまえて，ここではビブリオメトリクスデータ（指標）とは何かを説明した上で，ビブリオメトリクスデータの利用がもたらす影響について考える。各章における説明と一部重複する部分もあるが，全体像を捉えるためにここでまとめて解説しておく。なお，ビブリオメトリクスデータの各種大学ランキングにおける具体的な使用例については，基礎解説1（世界大学ランキングの概要）を参照いただきたい。

　「ビブリオメトリクス（bibliometrics 計量書誌学）」は元々，図書館における書籍・雑誌の管理を目的とした計量学的アプローチに基づく図書館情報学の一部を形成するものである[1]。論文タイトルやジャーナル名や著者名，そし

---

1) ビブリオメトリクスの詳細については以下を参照。藤垣裕子・平川秀幸・富沢宏

て引用文献の情報などの書誌情報に基づき，論文数，引用数，共著論文数などを定量的に把握するのがビブリオメトリクスの基本的な目的である。ビブリオメトリクスにおいては主に1本の論文を分析の単位として用い，論文の内容に関して問うことはない。その論文がなぜ引用されるのか（されないのか）といった事柄，すなわち内容や学問的・社会的背景等はブラックボックスとして扱うため，ビブリオメトリクスによる計測・評価に対する批判もみられる。こうした基本的な事柄を踏まえた上で，本書の議論を理解するために必要になるのは，サイテーション・インデックス（citation index 引用索引）とインパクト・ファクター（impact factor 文献引用影響度）である（図1も併せて参照）。

　まず，サイテーション・インデックスとは，文献の間の引用情報，すなわちある文献がどのようなより新しい文献によって引用されているかを知るための索引データのことである。サイテーション・インデックスを用いれば論文間の引用情報から，各論文の被引用回数を把握することができる。サイテーション・インデックスは通常分野別に作成され，代表的なものとしてトムソン・ロイター社が保有する『the Science Citation Index（SCI 自然科学分野）』，『the Social Science Citation Index（SSCI 社会科学分野　）』，『the Arts and Humanities Citation Index（A&HCI 人文科学分野）』，エルゼビア社が保有する『the Engineering Index（EI 工学分野，現在ではEi-Compendexと呼ばれる）』などがある。なお，現在トムソン・ロイターが保有しているサイテーション・インデックスは，Institute for Scientific Information（ISI　科学情報研究所，1960年に設立され，現在ではトムソン・ロイターの一部門）が開発した。ISIはトムソン・ロイター（当時はトムソン，第5章参照）によって1992年に買収されたが現在までこのISIという名前が海外では広く通用している。また，SCIやSSCIなど分野別サイテーション・インデックスを統合したデータ

之・調麻佐志・林隆之・牧野純一郎著（2004）『研究評価・科学論のための科学計量学入門』，丸善，6-9頁。

基礎解説2　研究の計量評価の問題点

```
┌─────────────┐         ┌──────────────────────────────────┐
│             │         │     サイテーション・インデックス         │
│             │         │ ・論文の引用に関するデータベース。        │
│             │         │ ・論文Aを引用している他の論文，逆に論文Aが │
│  データベース   │         │   引用している論文を調べることが出来る。  │
│             │         │ ・分野別で有名なもの：SSCI（社会科学），SCI（自│
│             │         │   然科学）など                    │
│             │         │ ・包括的なデータベース（ランキングでデータ │
│             │         │   ソースとして利用）：Web of Science，Scopusな│
│             │         │   ど                           │
└─────────────┘         └──────────────────────────────────┘
```

　　　　　　　　　　　　　　　算出 ↓

```
┌─────────────┐  ┌──────────────────┐  ┌──────────────────────┐
│ビブリオメトリク │  │ インパクト・ファクター  │  │ランキングのサイテーション指標│
│スデータ（指標） │  │・雑誌に掲載されている論文│  │・大学単位の1論文あたり，  │
│             │  │  が過去2年間に引用された回│  │  もしくは1教員あたりの平均被│
│＊基本的には，個 │  │  数の平均値。         │  │  引用数を評価指標として利 │
│人の論文ではなく │  │・たとえば"Nature"は41.456，│  │  用。                │
│組織や雑誌の論文 │  │  "Science"は33.611     │  │・分野によって平均被引用回 │
│集合のパフォーマン│  │・現在では雑誌を評価するた│  │  数が大きく異なるので，通 │
│スを測るための  │  │  めに使われることが多い。 │  │  常分野別に平準化処理を行 │
│指標として使われ │  │                  │  │  なう。              │
│ている        │  │                  │  │・ある大学や組織（の研究の │
│             │  │                  │  │  質）を評価するための指標 │
│             │  │                  │  │  として使われる。        │
└─────────────┘  └──────────────────┘  └──────────────────────┘
```

図1　サイテーション・インデックスとビブリオメトリクスデータ（指標）の関係

ベースであるトムソン・ロイター社のWeb of Scienceや，エルゼビア社のScopusは，被引用回数を定量的データとして把握するためのデータベースとして利用されており，広義のサイテーション・インデックスとみなすことができるだろう（図2）。本書で取り上げる大学ランキングや研究評価においては，Web of Science（US News and World ReportやU-Multirankが利用）やScopus（タイムズ・ハイアー・エデュケーション（THE）社やクアクアレリ・シモンズ（QS）社のランキングが利用）の論文数，被引用回数データに基づいて評価が行われている。ただし，本書の幾つかの章が批判しているように，注意が必要なことは，世界中の全ての論文がサイテーション・インデックス

データベース名	Web of Science （トムソン・ロイター社）	Scopus （エルゼビア社）
収録雑誌数	約 12000 誌	約 22000 誌
収録方針	自社の収録基準に則り，各分野のコアジャーナル・書籍を厳選し，収録する。	研究者や専門家によって構成される第三者機関であるコンテンツ選定・諮問委員会の承認に基づき，学術情報をできるだけ広範囲の学術情報（学術雑誌、書籍、予稿集など）を収録する。
引用期間	引用情報は 1900 年から	引用情報は 1996 年から（1976 年まで遡及予定）
分野分類数	22 分類（ESI 分類）	26 分類
ランキングでの利用	US News and World Report U-Multirank など （上海交通大学ランキングも Web of Science 収録の SCIE, SSCI を利用）	タイムズ・ハイアー・エデュケーション世界大学ランキング（2015 年〜） QS 世界大学ランキングなど

図 2　Web of Science と Scopus の比較

に掲載されているわけではなく，サイテーション・インデックスに収録されている雑誌の大部分は英語圏の，しかもエルゼビアやシュプリンガーといった大手学術出版社の発行するものである[2]。また，基本的には論文のみで，学術書つまり本は含まれないと考えた方がよい。

　サイテーション・インデックスを利用して算出された定量的データに基づいて，一定の期間内（トムソン・ロイターの場合には 2 年間）にある学術雑誌に掲載された論文 1 本あたりの平均被引用回数を数値化したものがインパクト・ファクターである。代表的なものとしてはトムソン・ロイター社が Journal Citation Reports で公開しているインパクト・ファクターが有名であ

---

[2]　エルゼビア社の Scopus は英語以外の言語で書かれた雑誌の収録もより積極的に進めているが，例えば日本語の雑誌の収録数は全収録誌約 22000 誌に対して 200 誌にすぎない。なお，それに加えて日本で発行されている英語の雑誌約 200 誌も併せて収録されている。

る。インパクト・ファクターは論文1本あたりの平均被引用回数の形で算出されるが，基本的には学術雑誌の影響力を測るものであり，論文の評価や研究者・研究組織の評価に利用することに対しては，インパクト・ファクターを考案したISIの創始者ユージン・ガーフィールド（Garfield, 1998; 2005）を含めて多くの研究者から懸念が示されている。つまり，特定の雑誌がどれだけ引用すなわち利用されているかを計り，図書館でどの雑誌を購読するかの判断に使われた指標を，論文の「質」「影響力」を測り，さらに「著者の評価」「大学の評価」にまで拡大，援用（濫用）されるようになったところに問題がある。また，研究領域ごとにインパクト・ファクターには大きなばらつきがあるため，異分野間の雑誌をインパクト・ファクターによって比較する際には注意が必要である。

世界大学ランキングにおいては，大学単位での論文数や被引用回数などのビブリオメトリクスデータを用いて評価を行っている。特に重要なのが平均被引用回数（Citation サイテーション）に関する評価指標であり，THE社（評価の比重は全体の30％）の場合には1論文あたりの平均被引用回数，QS社（評価の比重は全体の20％）の場合には1教員あたりの平均被引用回数に平準化処理を施したビブリオメトリクスデータが用いられている。平準化処理に際しては分野ごとの平均被引用回数の違いが考慮されているが，大学を構成する研究領域の違いがサイテーションのスコアの違いに影響を与えることは否定できない。

ビブリオメトリクスデータは主観的ではなく，数値を用いて容易に比較することができるため利便性が高いが，それゆえに専門知識なしに不適切に利用されることへの懸念も高まっている。論文の内容ではなく書誌情報に依存する方法論そのものへの批判もあるが，サイテーション・インデックスはどうしても英語中心にならざるをえないこと，そして分野によって収録されている論文の範囲に差が大きいことに特に気をつけなければならない。

人文・社会科学系を中心に，海外の英文学術雑誌に研究成果を発表するよ

りも，自国語の論文や著書として刊行することを重視する傾向のある学問領域も多い。本書第11章の林・土屋論文によれば，2008年の第一期国立大学法人評価において提出された（英語ジャーナル以外も含む）業績，すなわち，それぞれの大学を代表するような優れた研究成果と考えられる業績でみても，Web of Science 収録率は人文学ではわずか2％，社会科学では19％である。実は，英国においてもそれぞれ14％，47％であり，日本よりも収録率は高いものの，とびぬけて高率とはいえない。

　以上のビブリオメトリクスデータに関する説明をふまえた上で，ランキングや研究評価とビブリオメトリクスデータの関係，そしてその影響についての詳細に論じた各論を読み進めていただければ幸いである。　　（藤井翔太）

あとがき

　本書は大学の序列化とグローバルな競争を主題とするが，国，地域，学問分野を越えたコラボレーションの結果として誕生した。執筆者が研究活動を行う場所は，日本，台湾，香港，デンマーク，英国，アメリカ，オーストラリアと様々である。専門も人類学，社会学，教育学，大学および研究評価，科学計量学，学術出版論，歴史学から理論物理学まで多岐にわたる。世界大学ランキングの社会的な受容とその影響力のグローバルな拡大がもたらす課題は喫緊であり，多面的な視点から検証されるべきテーマである。国を越え，分野融合的な研究者の協働がなければ，扱うことは困難であったと考えている。

　本書が誕生した経緯を簡単に紹介して謝辞に代えたい。最初の契機は，2013年にデイヴィッド・ポスト氏がEducation Policy Analysis Archives（EPAA）誌において学術研究出版の将来と課題に関する特集号（2014年刊行）を企画し，石川に寄稿依頼があったことに遡る。この特集号には周祝瑛氏も論文を寄せた。この時に得られた共通の問題意識が，そののち共同研究プロジェクトとして発展する。当時，香港中文大学教育学部の李軍氏を代表として，大学コンソーシアム「Worldwide Universities Network（世界規模大学ネットワーク）（WUN）」の助成を受け，国際共同研究プロジェクト"World-class Universities, Publication and Research Assessment: Rethinking the Mission of Higher Education in the Global Age"（RDF/WUN, Ref.: 4930217）が始まったのである。なお，このプロジェクトは現在も進行中であり，本書と並行して英文雑誌特集号の企画が進んでいる。具体的には，香港，日本，台湾，中国，オーストラリア，ニュージーランド，南アフリカ，英国，米国の研究大学において，人類学と教育政策の2分野を端緒として，過去20年間の学術出版動向を比較分析・検討するものである。すなわち，パブリックな大学における説

明責任のツールとしての「国際的」な評価指標（インパクトファクターや論文数・引用データ）の援用の拡がりと，学術研究の英語化・グローバル化の進行，国や地域に特有の研究テーマや非欧米言語による研究成果の軽視傾向を検討し，グローバルな評価指標の広がりとローカルなニーズとの相克を比較研究することを目的とした。2014年7月に研究グループは香港でワークショップを開催し，各国・大学のデータの比較とブレインストーミングを行う機会を得た。この機会に日本の事例を国際比較の観点から見直すことができたのは幸運であった。

さらに，2015年2月には，大阪大学未来戦略機構フォーラム「世界大学ランキングと国際的研究評価を問う —— 現状・課題・展望」を大阪において開催した。この会議は平成26年度「スーパーグローバル大学創成支援事業」の支援を受け，大阪大学未来戦略機構・戦略企画室の主催，WUNの共催による。この機会に本書の執筆者であるポスト氏，周氏，李氏，林隆之氏，大谷順子氏，藤井翔太氏が参加者として一堂に会する機会を得た。そして，日本語による論集の出版企画が一気に具体化した。なお，フォーラムはシドニー大学教授のアンソニー・ウェルチ氏，慶応義塾大学教授（現政策研究大学院大学）の上山隆大氏，大阪大学副学長の池田雅夫氏の参加を受けて極めて刺激的なものとなった。

ポスト氏，李氏，周氏はこの度の日本語出版にあたり，周氏は前述のEPAA誌の論文を下敷きとした章を，ポスト，李の両氏は英語論文を書き下ろし寄稿いただいた。デンマーク・オーフス大学のスーザン・ライト氏は，大阪のフォーラムにはスケジュールが合わず来日がかなわなかったが，日本語での出版を「光栄」であるとし，翻訳の快諾を受けた。

教育社会学の苅谷剛彦氏と社会学の杉本良夫氏は，それぞれ英国とオーストラリアに本拠を構える研究者である。ともに「日本の外から」「世界から」の複眼的な視点だけでなく，国際競争の舞台上から，すなわち世界と戦うことの意味を熟知した立場から論考を寄せていただいた。大谷氏は研究者とし

て中国の専門家であるだけでなく，大阪大学が上海にもつ海外拠点のセンター長として，グローバル化の最前線の中国から見えるランキングの現実と現場の声を届けて下さった。

佐藤文隆氏は，日本が世界に誇る理論物理学の研究者であるだけでなく，科学と民主主義についての論客でもある。60年代からの日本の大学と科学研究の変化だけでなく，大学・文部行政，学会での経験もふまえ，高所大所からの議論を展開された。

大学評価・学位授与機構の林隆之・土屋俊両氏からは，国立大学法人等第3期の中期目標期間開始への準備で多忙を極めるなか，詳細なデータ分析にもとづく論考を得ることができた。大阪大学未来戦略機構の藤井翔太氏には，論文執筆に加えてランキングと用語解説を，大阪大学文学研究科博士課程の堤亮介氏には，翻訳のチェックや文献探索などをお願いした。

このように多彩な著者と協力者を得たことは，編者として存外の喜びであった。最後に特筆したいのは，執筆者として，編集者として，本書を企画アイデアの段階から制作の様々な過程で支えていただいた京都大学学術出版会の鈴木哲也編集長の存在である。学術出版・発信とは，書き手と編集者のコラボレーションであるということを改めて感じた次第である。

なお，本書の出版にあたっては，国立大学法人大阪大学「平成27年度学長のリーダーシップの発揮を更に高めるための特別措置枠」による助成を受けた。

2016年3月
石川真由美

索　引

■国・地域・大学（教育機関）

EU　305-309
アバディーン大学　318
アリゾナ州立大学　53
イェール大学　53
ウェスト・ポイント（米国陸軍士官学校）　40　→事項索引の「陸軍士官学校の成績評価システム」参照
英国　54, 208, 310-319, 327
エクセター大学　54
オーストラリア　44, 157, 327-328
オーフス大学　55, 62
オランダ　327-329
カリフォルニア大学バークレー校　193
コペンハーゲン大学　55
上海交通大学　304　→事項索引の「上海交通大学ランキング」参照
シンガポール国立大学　10
新疆大学　226
浙江大学　224-226
台湾　210-211, 243
中国　220, 229-238, 271, 277
デ・モントフォート大学　189, 315

デンマーク　57
東京大学　10
ニュージーランド　223
ハートフォードシャー大学　318
ハーバード大学　53, 222
ハイランド・アンド・アイランズ大学　189, 317
ピッツバーグ大学　212
ブリストル大学　319
米国　57, 93, 209, 212, 214
北京大学　10, 225, 228, 237
北陸先端科学技術大学院大学　306
香港　271, 278
香港大学　10, 227
香港科技大学　227
メルボルン大学　222
モンゴル　221
ライデン大学　55　→事項索引の「ライデン大学ランキング」参照
ロシア　57
ロンドン経済政治学院（LSE）　237

■事項・民間組織・人名等

211 工程（中国）　3, 230, 243, 276
5 年 500 億計画（台湾）　3, 243, 255
985 工程（中国）　3, 230, 243, 276

A&HCI（Arts and Humanities Citation Index）　165, 356　→ Web of Science, サイテーション・インデックス

索　引

alternative metrics（代替的指標）　→オルトメトリクス
EI（Engineering Index, Ei-Compendex）　356　→エルゼビア，サイテーション・インデックス
GATS（サービス貿易に関する一般協定）　58
ISI　→科学情報研究所
OECD　→経済協力開発機構
PhD　→博士号取得者数
PISAショック　11
Polity Press　142
QS（Quacquarelli Symonds）　→クアクアレリ・シモンズ
　QS世界大学ランキング（QS World University Rankings）　351　→世界大学ランキング
　QSスターズ（QS STARS）　303
RAE（Research Assessment Exercise）　→研究評価，大学評価
　（イギリスの）　42, 45, 184, 311, 328, 331
　（香港の）　278
REF（Research Excellence Framework）　311, 328-329　→インパクト評価，研究評価，大学評価
SCI（Science Citation Index）　287, 356　→Web of Science，サイテーション・インデックス
Scopus　24, 164, 301-302　→エルゼビア
SSCI（Social Sciences Citation Index）　236, 286-287, 356　→Web of Science，サイテーション・インデックス
　「SSCI症候群」　251, 273
STAP細胞　190
THE（Times Higher Education）　→タイムズ・ハイアー・エデュケーション，世界大学ランキング
Trans Pacific Press（TPP）　142-143
U-Multirank　60, 183, 305　→研究評価，世界大学ランキング，大学評価
USニューズ・アンド・ワールド・レポート（US News and World Report）　51-52, 299
Web of Science（WoS）　6, 24, 164-165, 301-302, 331　→サイテーション・インデックス，トムソン・ロイター
　A&HCI（Arts and Humanities Citation Index）　165, 356
　SCI（Science Citation Index），287, 356
　SSCI（Social Sciences Citation Index）　236, 286-287, 356

アイデンティティ　28, 121-122, 128
アカデミック・ジャーナリズム　138-139
アカデミック・ドリフト　245-246
アングロフォセントリズム（Anglophocentrism）　136　→英語中心主義，欧米中心主義
イノベーション　219
移民　232
インパクト・ファクター（impact factor: IF 文献引用影響度）　18, 44, 59, 95, 164, 339, 356, 358　→ビブリオメトリクス
インパクト評価　312-320, 329　→REF
引用　4, 19, 94, 149, 161-162　→被引用
ウェイト　52, 252
内向き志向（若者の）　8, 12, 96
運営費交付金　87, 114
英語　257, 260-261　→学術出版，非英言

365

語
　　英語出版　144, 152
　　英語中心主義　136　→アングロフォセ
　　　　ントリズム，欧米中心主義
　　英語に基礎をおく覇権　261, 290
英文校閲　145-148　→翻訳
エスノセントリズム　157
エルゼビア社（Elsevier）　164, 172
追い付き型教育　112
欧米中心主義　136, 156, 164　→アングロ
　　フォセントリズム，英語中心主義
オーディット・カルチャー　→監査文化
大手学術出版　→学術出版の寡占化
オープンアクセス　172
「遅れ」意識　116
オルタナティブ　210
オルトメトリクス（altmetrics）　183-184,
　　321
オンライン化　161, 177

ガーフィールド，E　164, 359
外圧　94
海外拠点　220, 227
海外留学生　103
海外流出　249
「階級闘争」としての「ワールド・クラス」
　　競争　201, 210
乖離　→社会との乖離
科学
　　科学技術　118, 120
　　科学技術基本法　86
　　科学技術立国　122
　　科学と民主主義　79
　　異議申し立てを受ける科学　80

　　職業としての科学　85
科学情報研究所（Institute for Scientific
　　Information: ISI）　161, 206, 356
格差　87, 123
　　格差の拡大　260, 313
　　格差社会　134
学術軍拡　49, 62　→「階級闘争」として
　　「ワールド・クラス」競争
学術コミュニケーション　20, 26, 162, 167,
　　177-182
学術雑誌　19, 59, 161, 164, 169
　　学術雑誌の価格高騰　6, 171-172,
　　　　180-181　→学術出版の寡占化
　　学術雑誌論文　17, 286
　　学術雑誌における欧米大手学術出版社の
　　　　占有率　170, 172　→学術出版の寡
　　　　占化
　　日本関連の学術雑誌　165-166
学術出版　19, 59, 141-142, 159-181
　　学術出版の寡占化　6, 28, 95, 169,
　　　　181-182　→メディア・コングロマ
　　　　リット
　　学術出版の市場・流通　139, 146, 150,
　　　　176-177
　　学術出版の電子化　177, 180
　　学術出版の読者　150, 177-178
学術書の意味・機能　17, 164, 167, 169
学生満足度調査（EU，イギリス）　321-
　　322
可視化（研究成果の）　321
ガバナンス　45, 47, 62, 245
ガラパゴス的状況　104, 138
監査文化（audit culture）　8-9, 19, 43,
　　53-54, 272
技術革新　219

索 引

キャッチアップ意識　101
狭隘化　→知の狭隘化
教育改革　127
教育再生実行会議　103
業績主義　250
業績評価　27, 94-95, 253, 280　→評価
競争　140
　競争力　→国際競争力
　競争原理　190
　競争国家　5, 39, 46, 64
　競争的資金　87, 114
共著論文　→国際共著論文
共通言語　207
共同研究　229
クアクアレリ・シモンズ（Quacquarelli Symonds: QS）　10, 303　→世界大学ランキング
　QS 世界大学ランキング（QS World University Rankings）　351
　QS スターズ（QS STARS）　303
空洞化　13, 90
グローバル化　89, 101, 105-106, 117, 122, 126, 140, 201, 207, 217, 219, 222, 229, 253
　グローバル化の遅れ　104
グローバル人材　7-8, 12-13, 103, 105, 113, 219
グローバル対応　126
経済協力開発機構（OECD）　14, 43, 58, 89
経済審議会　115-116, 119
経済大国　134
計量書誌学的評価　163-164　→ビブリオメトリクス
研究
　研究開発費　233

　研究者数　89-90
　研究費　86, 89
　研究評価　94, 138, 274-275, 283, 330-331　→監査文化，大学評価，ビブリオメトリクス，評価
　　RAE（Research Assessment Exercise）
　　　（イギリスの）　42, 45, 184, 311, 328, 331
　　　（香港の）　278
　　REF（Research Excellence Framework）　311, 328
　　U-Multirank　60, 183, 305
言語格差　141　→英語中心主義
権力　28
工学　340
公共財産　86
高等教育
　高等教育の国際市場開放にともなう問題　58
　高等教育の商品化・商業化　16, 28, 237-238, 303
　高等教育の大衆化　229, 231
高度化　72
高度人材　47
国家　→競争国家
国際化　→グローバル化
国際競争力　11, 27, 92, 103, 105-106, 118, 126, 243
国際共著論文　4, 223, 234
国際指標　4, 127
国際比較　89, 91-92
国立大学　280
　国立大学評価　→大学評価
　国立大学法人化　21, 114, 190, 243,
戸籍制度（中国の）　230-231　→中国人留

学生
国家主義　140
子供貧困国　92

サイテーション・インデックス（citation index 引用索引）　44, 164, 166, 248, 252-253, 286, 356　→ビブリオメトリクス
　A&HCI（Arts and Humanities Citation Index）　165, 356　→ Web of Science
　EI（Engineering Index, または Ei-Compendex）　356　→エルゼビア
　SCI（Science Citation Index）　287, 356　→ Web of Science
　Scopus　24, 164, 301-302　→エルゼビア
　SSCI（Social Sciences Citation Index）　236, 286-287, 356　→ Web of Science
　Web of Science（WoS）　6, 24, 164-165, 301-302, 331　→トムソン・ロイター
雑誌　→学術雑誌
サルミ，J.（Salmi）　208
産学連携　234
産業競争力会議　102
事業仕分け　15, 76
資金集中　9, 24
資金配分　259, 279
自然科学　16, 18, 222
質保証　21, 272
指標　→評価指標
シフレン，A.　172
資本主義　89
社会科学　16, 18, 134, 139, 168, 187, 189, 255-256, 258, 261, 320, 328, 334, 340
　日本の社会科学　154
社会的関連性　329　→インパクト評価
社会との乖離（学問の）　185, 187
ジャパン・アズ・ナンバーワン　71, 123-124, 134, 191
上海交通大学ランキング（Academic Rankings of World Universities: ARWU）　3, 50, 230, 299, 352　→世界大学ランキング
集団主義　134
集中（研究資源の）　260
集中投資　24, 92
周辺／周縁　135, 139, 155
重要業績評価指標（Key Performance Indicators: KPIs）　42
市場としての留学生　→高等教育の国際市場開放，留学生市場
出版　→学術出版
昇進　259, 283
商品化・商業化　→知の商品化
職業としての科学　85　→科学
書籍　→学術書の意義
書店　→学術出版の市場
序列化　→知の序列化　40, 140
新自由主義　9, 21, 23, 176, 243
人文学　16, 18, 168, 187-189, 255-256, 258, 261, 320, 328, 334, 339
数値化・数量化　39, 93, 208　→評価，ビブリオメトリクス
スーパーグローバル大学創成支援事業　4, 102, 128, 222
頭脳流出　249
成果主義　92
請願活動　257

索 引

政策
　政策ツール化する世界大学ランキング
　　5　→世界大学ランキング
　政策提言　108
　政策目標　127
世界ランキング　127
世界大学ランキング
　QS 世界大学ランキング（QS World
　　University Rankings）　351　→クア
　　クアレリ・シモンズ
　QS スターズ（QS STARS）　303
　U-Multirank　60, 305
　上海交通大学ランキング（Academic
　　Rankings of World Universities:
　　ARWU）　3, 50, 230, 299, 352
　タイムズ・ハイアー・エデュケーション
　　世界大学ランキング（Times Higher
　　Education World University
　　Rankings）　4, 51, 299, 350　→タイ
　　ムズ・ハイアー・エデュケーション
　ライデン大学ランキング　304
　世界大学ランキングの方法論的弱点
　　53
　世界大学ランキングの社会経済的バイア
　　ス　183　→メディア・コングロマ
　　リット
　政策ツール化する世界大学ランキング
　　5
世代間格差　22
設備投資　225
説明責任　22-23, 53, 64, 189, 272
　トータル・アカウンタビリティ・システ
　　ム　40, 63-64
選択と集中　→集中投資
総合科学技術会議　87

大学改革　246
大学監査　→監査文化
大学評価　19, 26, 327, 330　→評価
　インパクト評価　312-320, 329
大学ランキング　→世界大学ランキング
大衆化　→高等教育の大衆化
タイムズ・ハイアー・エデュケーション
　（THE）　10, 50, 206, 230　→世界大学
　ランキング
　タイムズ・ハイアー・エデュケーション
　　世界大学ランキング（Times Higher
　　Education World University
　　Rankings）　4, 51, 299, 350
ダブルディグリー　237　→高等教育の商
　品化・商業化
多様性　→評価指標の多様化
知識　72
　知識基盤社会　163, 179
　知識経済　47
　知識産業国家　74
知の狭隘化　162, 192
知の商品化　→高等教育の商品化・商業化
知の序列化　40, 140
中央教育審議会　181
中国人留学生　222-223, 227
凋落（日本の大学の世界ランキングにおけ
　る）　7, 10
電子化　→学術出版の電子化
透明性　75, 272
トータル・アカウンタビリティ・システム
　40, 63-64　→説明責任，歪み
読者　→学術出版の読者
図書館　177, 179　→学術出版
トムソン・ロイター（Thomson Reuters）
　10, 50, 59, 161, 164

369

ナショナリズム　156
二極分化　8-9, 16
日米比較　233
日本関連の学術雑誌　165-166　→学術雑誌
日本研究　152, 154　→学術出版
日本語出版市場　138　→学術出版
日本の社会科学　154　→社会科学
ニュー・パブリック・マネジメント　42
ニュープレス社　175
認定評価　→評価
ノーベル賞　221, 234
能力主義　250

バイアス　→世界大学ランキングの社会経済的バイアス
博士号取得者数　93
覇権主義　28, 260
パブリッシュ・オア・ペリッシュ　254, 290
パンセオン社　173-174
ピアレビュー　22, 328, 335
　情報支援を伴うピアレビュー　328
被引用　339
　被引用数　6, 15, 95, 234, 330
非英言語　7, 19　→英語
ビジネス化　→高等教育の商品化・商業化
ビブリオメトリクス　6, 8, 44, 162-163, 273, 330, 335, 355
　インパクト・ファクター（impact factor: IF 文献引用影響度）　18, 44, 59, 95, 164, 339, 356, 358
　サイテーション・インデックス（citation index 引用索引）　44, 164, 166, 248, 252-253, 286, 356
ヒューマン・キャピタル理論　49
評価　5, 40, 213, 219, 247, 335
　評価指標　7, 56, 162, 252, 277, 306-307, 350
　評価指標の多様化　28, 321
　評価主義　→監査文化
　評価の公開性　76
　業績評価　27, 94-95, 253, 280
　研究評価　94, 138, 274-275, 283, 330-331
　大学評価（国立大学法人評価）　19, 23, 26, 327, 330
　認定評価　212
　数値化・数量化　39, 93, 208
評判管理（レピュテーション・マネージメント）　19, 39, 51, 60-61, 64
福田歓一　79, 83-84
フラット化　78
閉鎖性　207
ヘーゼルコーン，E.（Hazelkorn）　49, 62
ヘゲモニー　→覇権主義
ベンチマーキング　302-303, 306
法人化　→国立大学法人化
ポリアーキー　83-84
翻訳　135, 145-146　→英文校閲
マクナマラ，R.　41
マスタージャーナルリスト　164-165, 259　→サイテーション・インデックス
民主主義　69, 72, 76-77
無関心　189-190
メディア・コングロマリット　163, 169　→学術出版の寡占化，世界大学ランキングの社会経済的バイアス

歪み　44, 55, 209
ユネスコ　58-59

ライデン大学ランキング　304　→世界大学ランキング
陸軍士官学校の成績評価システム　40, 45
留学生　39, 103, 226, 233
　留学生30万人計画　12
　留学生市場　56-61
臨教審　111, 113

歴史の単純化　120
レピュテーション管理（reputation management）　→評判管理
労働疎外　209-210
論文・引用データベース　→サイテーション・インデックス
論文引用　→引用，被引用
論文数　6, 207　→学術雑誌，学術出版，研究評価
ワールド・クラス・ユニバーシティ（WCU）　62, 202, 276

執筆者紹介

石川真由美（いしかわ　まゆみ）

大阪大学未来戦略機構教授．

東京都立大学社会科学研究科社会人類学専攻博士課程退学．大阪大学博士（人間科学）．専攻は社会人類学．高等教育のグローバル化，知識構築とヘゲモニー，学生・研究者の国際移動，科学人材政策等を研究．

在マレイシア大使館専門調査員，国連児童基金（UNICEF）ニューヨーク本部および駐日事務所勤務を経て，2003 年大阪大学人間科学研究科講師．国際企画推進本部准教授・教授を経て現職．

近著に Ranking Regime and the Future of Vernacular Scholarship, *Education Policy Analysis Archives*, 22 (30), 2014. University Rankings, Global Models, and Emerging Hegemony: Critical Analysis from Japan, *Journal of Studies in International Education*, 13 (2), 2009. International Student Mobility and After-Study Lives: The Portability and Prospects of Overseas Education in Asia, *Population, Space and Place* (co-authored with Collins, Ho, & Ma), forthcoming.

大谷順子（おおたに　じゅんこ）

大阪大学大学院人間科学研究科教授，大阪大学副理事（社学連携室），大阪大学東アジアセンター長（海外拠点上海オフィス）．

大阪大学歯学部卒，ハーバード大学公衆衛生大学院 MPH・MS，英国ロンドン経済政治学院（LSE）・ロンドン衛生熱帯医学校（LSHTM）PhD in Social Policy. 専攻は，国際保健・人口学，社会開発，地域研究，国際災害社会学，研究方法論．

世界銀行，世界保健機関（WHO）中国代表事務所（北京），同ジュネーブ本部に勤務の後，九州大学助教授を経て，2008 年より大阪大学．2013 年カンタベリー大学客員教授（ニュージーランド王立学士院），2015 年メルボルン大学客員教授（オーストラリア科学アカデミー）．

主な著書に，*Older People in Natural Disasters* (Kyoto University Press & Trans Pacific Press, 2010)，『事例研究の革新的方法 —— 阪神大震災被災高齢者の五年と高齢化社会の未来像』（九州大学出版会，2006），『国際保健政策からみた中国』（九州大学出版会，2007）など．

苅谷剛彦（かりや　たけひこ）

オックスフォード大学社会学科およびニッサン現代日本研究所教授.
米国ノースウェスタン大学大学院で Ph.D.（社会学）を取得. 専門は, 教育社会学, 現代日本社会論.
2009 年 9 月まで東京大学大学院教育学研究科教授を勤めた.
主な著書に,『階層化日本と教育危機』(有信堂, 2001　大佛次郎論壇賞奨励賞受賞),『大衆教育社会のゆくえ』(中公新書, 1995),『教育の世紀』(弘文堂, 2005　サントリー学芸賞受賞),『教育と平等』(中公新書, 2009) などがある.

佐藤文隆（さとう　ふみたか）

京都大学名誉教授.
1960 年京都大学理学部卒, 京都大学大学院理学研究科博士課程中退. 理学博士. 専攻は理論物理学, 宇宙物理学, 一般相対論.
京都大学助手（理学部), 助教授（基礎物理学研究所), 教授（基礎物理学研究所, 理学部), 甲南大学教授（理工学部), 2014 年より現職.
主な著書に,『アインシュタインが考えたこと』,『宇宙物理への道』,『職業としての科学』,『宇宙論への招待』,『科学と幸福』,『雲はなぜ落ちてこないのか』,『火星の夕焼けはなぜ青い』,『宇宙物理』,『一般相対性理論』,『科学にすがるな』,『科学者の将来』(以上, 岩波書店),『アインシュタインの反乱と量子コンピュータ』(京都大学学術出版会),『量子力学イデオロギー』,『科学と人間』,『科学者には世界がこう見える』,『科学者, あたりまえを疑う』(以上, 青土社) など.

周祝瑛（Chou, Prudence Chuing）

台湾国立政治大学教育学部教授.
カリフォルニア大学ロサンゼルス校比較・国際教育学博士. 教育改革の国際比較, 教育とジェンダー, 競合する国家間の文化交流等を研究.
トロント大学, ハーバード大学, 華南師範大学, 国際教養大学, 東北大学等で客員教授を歴任. 2006 年より台湾教育改革フォーラムのコーディネーターを務める.
主な著書に, The Great Experiment of Taiwanese Education: 1987-2003 (Taipei, Psychology Publisher, 2003), Taiwan Education at the Crossroad: When Globalization Meets Localization

(New York, Palgrave Macmillan, 2012). *SSCI Syndrome in Higher Education: A Local or Global Phenomenon* (Netherland, Sense Publishers, 2014) "Chinese Education Models in a Global Age" (Singapore, Springer, forthcoming).

杉本良夫（すぎもと　よしお）

豪州ラトローブ大学（La Trobe University）名誉教授．
京都大学法学部卒．米国ピッツバーグ大学で社会学博士．専攻は社会学．
1973 年からラトローブ大学で教鞭を執り，社会科学部長などを務める．モナシュ大学（Monash University）所在の日本研究センター初代所長．豪州人文系学士院（Australian Academy of the Humanities）フェロー．2000 年に英文出版社トランス・パシフィック・プレス（Trans Pacific Press）を設立．
著書に *An Introduction to Japanese Society*, fourth edition (Cambridge University Press, 2014). *Images of Japanese Society: A Study of Social Reconstruction of Reality*, paperback edition (Routledge, 2015, co-authored with Ross Mouer). 編著に *The Cambridge Companion to Modern Japanese Culture* (Cambridge University Press, 2009). 論文に 'Japanese Society: Inside out and outside in', *International Sociology* 29 (3) (2014) など．

鈴木哲也（すずき　てつや）

京都大学学術出版会専務理事・編集長．
京都大学文学部および教育学部に学ぶ．出版社勤務を経て 2006 年より現職．
著書に，『学術書を書く』（京都大学学術出版会，2015，高瀬桃子との共著），『京都の「戦争遺跡」をめぐる』（つむぎ出版，1991／1996，池田一郎との共著），『かくされた空襲と原爆』（つむぎ出版，1993，小林啓治との共著）．論文に，「大学出版部は存在意義を示せるか」（『情報の科学と技術』53 (9)，2003），「集約点としての英文出版」（『大学出版』56，2003），「知のコミュニケーションの核としての共同 —— 学術情報リポジトリと大学出版部」（『大学出版』74，2008）など．

土屋　俊（つちや　しゅん）

大学評価・学位授与機構教授．
東京大学教養学部卒，東京大学人文科学研究科博士課程単位取得退学．専攻は哲学等．
千葉大学助教授，教授（文学部）を経て2011年から現職．
主要著作に，「デジタルメディアによる大学の変容または死滅」広田照幸他編『グローバリゼーション，社会変動と大学（シリーズ大学第1巻）』（岩波書店，2013），『デジタル社会の迷いと希望』（くろしお出版，2011），『なぜ言語があるのか』（くろしお出版，2009）など．

林　隆之（はやし　たかゆき）

大学評価・学位授与機構准教授．
東京大学教養学部卒，東京大学大学院総合文化研究科修了．博士（学術）．専攻は科学技術政策論，科学計量学．
大学評価・学位授与機構助手，助教授を経て2007年から現職．
主要著作に，「大学の機能別分化・強化と評価指標の課題」『研究技術計画』29巻1号（2014），「日本の研究パフォーマンスと研究実施構造の変遷」塚原修一編『リーディングス日本の教育と社会　第12巻　高等教育』（日本図書センター，2009），『研究評価・科学論のための科学計量学入門』（丸善株式会社，2004，藤垣他と共著）．

藤井　翔太（ふじい　しょうた）

大阪大学未来戦略機構特任助教．
京都大学文学部卒，京都大学大学院文学研究科博士後期課程単位取得退学，De Montfort University, Sport History and Culture MA 修了，博士（文学）．専攻は西洋史学，スポーツ史学．
大阪大学国際交流オフィス特任研究員を経て2014年より現職．
主要著作に，「戦後期イングランドにおけるプロ・フットボールの社会的文脈の変化──フットボール争議の分析を中心に」」（『史林』96-6，2013），'Trend of International Students and International Student Policy in Japanese Higher Education' (*Bildung und Erziehung*, 66-1, 2013), Japan: Restoring faith in science through competitive STEM strategy (Mayumi Ishikawa, Ashlyn Moehle との共著), In: Brigid Freeman, Simon Marginson and Russell Tytler

(eds), *The Age of STEM: Educational policy and practice across the world in Science, Technology, Engineering and Mathematics* (Routledge, 2014).

デイヴィッド・ポスト（David Post）

米国ペンシルバニア州立大学教育政策教授.
シカゴ大学教育学博士. 主な研究テーマは児童労働と学校教育, 社会階層化と教育アクセス. 加えて, 高等教育に関する著作も多い.
2014-15 年に UNESCO のシニア・ポリシー・アナリストを勤めたほか, FLACSO エクアドル, ピッツバーグ大学, カリフォルニア大学, 香港技科大学, エル・コレジオ・デ・メヒコ等で豊富な教育研究歴を有する. また, *Comparative Education Review* 誌の編集長を10 年間務めた.
近年の業績に, 'One Country Two Peoples? Trends in the Assimilation and Separation of Hong Kong's Mainland-born Population' (*Asian Population Studies* 11, 2015, Suet-ling Pong and Dongshu Ou との共著), 'Ethnic Inequality in Mexican Education' (*Social Forces*, 2015, Mathew J. Creighton, Hyunjoon Park との共著) 等.

スーザン・ライト（Susan Wright）

デンマーク, オーフス大学教育学部教育人類学教授.
オックスフォード大学社会人類学博士. 研究テーマは監査文化, 社会変容, ガバナンス, 競合の概念や政策の人類学的研究. イラン革命前後の政治変革の研究を経て, 80 年代から英国における大学ガバナンス改革の臨地調査を行う. 近年はデンマークの大学改革のみならず EU の大規模研究プロジェクト「知識経済と大学」を主導.
サセックス大学講師, バーミンガム大学教授を経て現職.
近著に *Policy Worlds: Anthropology and the Anatomy of Contemporary Power* (Berghahn, 2011, Shore and Peró との共編), 'Cris Shore and Susan Wright, Governing by Numbers: Audit Culture, Rankings and the New World Order' (special issue of *Social Anthropology* 23 (1), 2015).

李軍(Li, Jun)

香港大学教育学部准教授,同学部教育政策部門副部門長.
華東師範大学およびメリーランド大学カレッジパーク校博士.専門は比較国際教育学,教育政策,高等教育.
香港中文大学国際教育政策学部准教授を経て2015年より現職.香港教育研究学会会長,香港比較教育学会前会長.西南大学と南京農業大学にてアドバイザー教授,OECDのPISA香港センター研究員.
主要業績に,*A History of Chinese Thought on Education* (Shanghai People's Press, 1998), *Quest for World-Class Teacher Education?: A Multiperspectival Approach on the Chinese Model of Policy Implementation* (Springer, 2016) を含む4冊の単著および,英語,中国語,日本語の3言語にて約80論文を刊行.

【扉写真提供】
序章・3章・6章・9章 ： 大阪大学
1章・4章・7章・10章 ： 大阪大学（左・中）
　　　　　　　　　　： アフロ（右）
2章・5章・8章・11章 ： 大阪大学（左上・左下）
　　　　　　　　　　： アフロ（右）

世界大学ランキングと知の序列化―大学評価と国際競争を問う
© Mayumi Ishikawa et. al. 2016

2016 年 3 月 31 日　初版第一刷発行
2017 年 2 月 20 日　初版第二刷発行

編　者　　石　川　真由美
発行人　　末　原　達　郎
発行所　　京都大学学術出版会

京都市左京区吉田近衛町 69 番地
京都大学吉田南構内（〒606-8315）
電　話（075）761-6182
FAX（075）761-6190
Home page http://www.kyoto-up.or.jp
振　替　01000-8-64677

ISBN 978-4-8140-0001-2
Printed in Japan

印刷・製本　㈱クイックス
装幀　谷なつ子
定価はカバーに表示してあります

本書のコピー、スキャン、デジタル化等の無断複製は著作権法上での例外を除き禁じられています。本書を代行業者等の第三者に依頼してスキャンやデジタル化することは、たとえ個人や家庭内での利用でも著作権法違反です。